KB076281

당신을
초대합니다

다시 연결된 세상, 코로나 이후의 커뮤니티를 말하다

당신을 초대합니다

초판 1쇄 발행 2021년 10월 30일
초판 4쇄 발행 2022년 12월 20일

지은이 **존 리비**
옮긴이 **최소영, 우태영**
펴낸이 **우태영**
펴낸곳 **씨앤에이치북스**
등 록 2017년 12월 27일 제2017-000100호

주 소 경기도 김포시 김포한강11로 288-37
전 화 0507-1418-0784   팩   스 050-4022-0784
이메일 ilove784@gmail.com   카카오톡 천그루숲

마케팅 백지수
유 통 천그루숲

ISBN 979-11-88348-88-6 (13320) 종이책
ISBN 979-11-88348-89-3 (15320) 전자책

You're Invited

당신을 초대합니다

다시 연결된 세상, 코로나 이후의 커뮤니티를 말하다

존 리비 지음 | 최소영, 우태영 옮김

CNH | 천그루숲

한국의 독자 여러분께

저는 우리의 삶 속에서 영향력을 갖게 하는 것이 무엇인지 이해하기 위해 평생을 보냈습니다. 그 과정에서 저는 그 해답이 우리 모두가 가지고 있는 보편적인 것으로 귀결된다는 사실을 깨닫고 매우 행복했습니다.

우리의 영향력은 우리가 누구와 '연결'되는지, 그들이 서로를 얼마나 '신뢰'하는지, 그리고 우리가 어떤 '공동체 의식'을 공유하는지에 의해 결정됩니다. 제가 사는 여기 뉴욕에서도, 파리, 모스코바 또는 서울에서도 마찬가지였습니다. 또한 사하라 사막, 남극 대륙, 중국 하동의 차 농장에서도 저는 그것을 목격할 수 있었습니다. 그리고 이 내용을 한국에 계신 독자 여러분과 공유할 수 있게 되어 너무 뿌듯합니다.

당신을 초대합니다

> **❝** 무엇보다 당신의 삶에 가장 큰 영향력을 미치는 사람들과
> 깊고 의미 있는 관계를 만드세요. **❞**

저는 사람들이 서로의 삶에서 깊고 의미 있는 관계를 형성하도록 돕고 싶습니다. 그 관계를 통해 관련된 모든 사람들의 삶이 나아지기를 바랍니다. 이것이 이 책에서 제가 말하고 싶은 내용입니다.

제가 이 책을 쓰며 매우 즐거웠던 만큼, 여러분도 즐겁게 읽어주셨으면 좋겠습니다. 그리고 여러분이 맺는 인간관계, 이루고자 하는 성공, 그리고 앞으로 만들어지는 놀랍고도 의미 있는 커뮤니티에 대해 함께 이야기 나누기를 기대합니다.

여러분의 새로운 친구,

존 리비 Jon Levy

2021년 4월, 나는 약속된 시간에 뉴욕 센트럴파크 서쪽에 있는 브런치로 유명한 더 스미스 레스토랑으로 향했다. 커플과 가족들이 주로 앉아있는 야외테이블 맨 구석에 검은색 가죽 재킷을 입은 한 남자가 최신형 아이폰을 들고 영상통화를 하고 있었다. 반쯤 마신 음료 잔과 하얀색 마스크에도 가려지지 않는 진한 턱수염을 보자마자 나는 바로 존 리비를 알아봤고, 그의 테이블로 다가갔다.

그는 나를 발견하고 반가운 표정과 함께 앞의 의자를 가리키며 통화가 끝날 때까지 잠시만 기다려 달라고 눈빛으로 말했다. 나는 약 10분 동안 그의 인터뷰의 마지막 부분을 들을 수 있었다.

"이러한 것은 '이케아효과'라고 불리는데요, 기업들이 그저 고객에게 퍼주기만 하지 않고 고객들이 그 브랜드에 더 투자하도록 유도할수록 충성도가 올라간다는 뜻이죠."

당신을 초대합니다

브랜딩, 홍보, 심리, 고객 커뮤니티 구축 등 다양한 주제를 아우르며 대화를 마무리한 그는 전화를 끊자마자 나에게 아침부터 저녁까지 30분 단위로 빼곡히 적혀 있는 아이폰 속 스케줄을 보여주며 말했다.

"올해 하반기에 코로나19 백신 접종률이 높아지게 되면 사회 전반에서 일상으로 돌아가려는 노력이 많아질 텐데, 그 과정 속에서 인간관계와 커뮤니티를 어떻게 되찾고 잘 활용할지 고민하는 개인과 기업이 많은 것 같아요."

내가 처음 그를 접하고 그의 책을 우리나라에 소개하고 싶었던 이유를 정확히 꿰뚫고 있었다.

저자를 직접 만나기 두 달 전이었던 2021년 2월 초, 나는 당시 전 세계적으로 폭발적인 인기를 누렸던 오디오 기반 SNS '클럽하우스'를 통해 존 리비를 처음 만났다. 미국 마케팅 전문가들이 모인 대화방에서 '미국 최상류층이 참가하는 비밀 저녁식사 모임을 만든 행동과학자'로 소개된 그가 마이크를 잡고 있었고, 그의 경험담을 들은 나는 마치 또 다른 내가 다른 세상에 존재하는 듯한 느낌을 받았다. 10년 동안 한국과 미국에서 강연, 모임, 공연 그리고 다양한 행사를 기획했던 나는 존이 사람들을 커뮤니티로 모았던 이야기를 들으며 특별한 동질감을 느꼈고, 그가 곧 관련 책을 출간한다는 이야기를 듣고 인스타그램을 통해 연락을 취했다. 고맙게도 그는 나의 여러 질문들에 장문의 답변을 보내주었고, 내가 대한민국의 독자들에게 이 책을 소개하고 싶다는 제안에 흔쾌히 응해주었다.

코로나 팬데믹으로 인해 일상의 삶이 바뀐 지 거의 2년이 흐른 지금, 사회적 동물인 인간에게 대면접촉 금지령이 내려지면서 우리는 단순히 여가로 느껴지는 모임만을 잃은 것이 아니다. 지금까지 우리들의 모임은 시장에 새로운 제품을 소개했고, 인간에게 노동의 성취감을 안겨주었고, 사회적 변화의 원동력이 되어주었으며, 개개인에게 살아있음을 느끼게 해주었다. 공동체 속 연대감에 너무나 익숙했던 우리는 모임이 불가능해진 순간 가장 비슷한 효과를 느낄 수 있는 기술적인 대안을 발 빠르게 찾았다. 그리고 인터넷, 컴퓨터, 카메라, 마이크 등을 활용해 우리는 연결의 끈을 놓지 않았다.

역사 속에서 반복적으로 경험할 수 있었듯이, 인류는 항상 팬데믹을 극복해 왔고 이번에도 극복할 것이다. 2021년을 백신 접종과 사회적 거리두기 완화로 마무리하며, 약 2년 동안 우리를 괴롭혔던 바이러스와의 무기력한 싸움을 끝내고 2022년부터는 새로운 사회적 삶을 다시 시작할 것이다. 팬데믹으로 인해 멈췄던 많은 모임과 행사들은 새로 회복될 것이고, 새로운 공동체와 새로운 삶의 방식이 만들어질 것이다. 그렇기 때문에 우리는 이제, 인간에게 가장 중요한 소속감과 연대감을 주는 커뮤니티의 힘을 팬데믹 이후의 세상에 맞게 다시 연구해야 한다.

존 리비는 자신의 경험과 함께 그가 만날 수 있었던 세계 최고의 기업가, 아티스트, 스포츠 스타, 지식인 등을 통해 인간이 무엇에 끌리고 무엇을 갈망하는지 연구했고, 그 이야기를 이 책에 모두 소개하고 있다. 또 이케아, 레드불, 디즈니 등 익숙한 글로벌 기업들부터 스포츠 국가대표팀 감독, 전과자 출신의 헬스 트레이너, 해병대 교

당신을 초대합니다

관 등 우리 사회 곳곳에서 다양한 역할을 하고 있는 사람들이 커뮤니티의 힘을 활용해 어떻게 목표를 이루었는지에 대해 이 책을 통해 배울 수 있다.

2019년 '세계의 지혜를 소개하다'라는 슬로건과 함께 시작한 CNH북스의 세 번째 책으로 이 책을 독자 앞에 내놓게 되었다. 코로나 팬데믹을 경험하면서 우리는 온라인 세상에 더욱 깊이 연결되었고, 곧 일상활동의 회복과 함께 오프라인 세상에서도 새로운 관계를 위해 다시 활동을 시작할 것이다. 이 책을 통해 '커뮤니티의 힘'을 새롭게 정립하여 앞으로 다가오는 미래에 더욱더 의미 있는 도전을 추진하기를 바란다.

2021년 10월
우태영

차 례

Part 1   **당신을 초대합니다**

Part 2   **신뢰**

Part 7   **온라인 공간에서 커뮤니티를 운영하는 방법**

당신의 인생을 바꿀 초대의 힘

대릴 데이비스는 열 살이 되어 마침내 미국으로 돌아왔다. 외교관으로 근무하는 부모님을 따라 대릴은 2년마다 이 나라 저 나라를 떠돌며 생활했다. 외국에서 국제학교를 다닐 때 붙임성 좋고 활달한 성격으로 꽤 인기가 있었던 대릴은 고국으로 돌아와 컵스카우트에 가입해 다양한 단체활동을 체험하게 되었다.

몇 달 뒤 컵스카우트 대원들은 미국의 독립운동가 폴 리비어의 활약을 기리기 위한 거리행진에 초청을 받았다. 빳빳하게 잘 다린 유니폼에 배지를 단 소년들이 의기양양하게 거리를 행진하는데 난데없이 병과 깡통, 돌맹이들이 대릴의 머리로 날아들었다. 대릴은 이때 '왜 사람들이 스카우트를 싫어하는 거지?' 하는 의문이 들었다. 공포와 혼란 속에서 스카우트 리더들은 그가 다치지 않게 보호해 주었다. 그리고 주위를 살펴보니 무리에서 보호를 받는 사람은 모든 스카우트 대원이 아닌 대릴뿐이었다. 하지만 누구도 이 상황에 대해 설명해 주지 않았다.

집에 돌아와 대릴은 부모님께 무슨 일이 있었는지 설명드렸다. 부모님은 대릴을 앉혀 놓고 처음으로 인종차별이 무엇인지 설명해 주었다. 세계 여러 곳을 옮겨다니며 자라는 동안 대릴이 다닌 학교의 친구들은 모두 다른 생김새에 다양한 체격과 피부색을 가지고 있었고 배경도 가지각색이었다. 그는 어느 집단이든 다 그런 줄로만 알았다. 그런데 지금의 스카우트 대원 중 대릴은 유일한 흑인 아이였다. 열 살의 나이로는 알지도 못하는 사람들이 돌을 던질 정도로 자기를 그토록 격렬하게 싫어한다는 사실이 도무지 이해가 안 되었다. 피부색에 신경을 쓴다는 것 자체가 말이 안 되는 것 같아 그는 부모님이 인종차별이라는 개념을 지어냈다고 생각했다. 하지만 한 달 뒤 마틴 루터 킹 주니어 목사가 암살당하고, 미 전역의 도시에서 시위가 벌어지고서야 비로소 그는 인종차별이 실제로 존재한다는 사실을 깨달았다.

자라면서 대릴은 자신의 열정을 좇아 재즈로 학위를 받았다. 얼마 지나지 않아 그는 척 베리 같은 거장들과 함께 블루스, 부기, 록앤롤을 연주할 정도로 실력을 인정받았다. 그리고 영화 〈도시의 카우보이〉 개봉 후 컨트리 음악의 인기가 폭발하면서 대릴은 컨트리 밴드에 합류해 전국 순회공연을 다니게 되었다. 그런데 전국 어느 공연장에 가더라도 그는 그곳의 유일한 흑인이었다.

어느 날 저녁 매릴랜드주의 한 바에서 공연을 마치고 내려오니 한 남자가 대릴의 어깨에 팔을 두르며 말했다.

"흑인이 제리 리 루이스처럼 피아노를 잘 치는 건 처음 봐요."

대릴은 자신이 제리 리 루이스를 개인적으로 잘 안다면서 제리의 스타일이 원래는 흑인 음악에서 나온 것이라고 설명해 주었다. 대릴의 말을 믿는 기색은 아니었지만 그를 흥미롭게 여긴 남자는 대릴에게 자기 친구들이 있는 테이블에 동석하자고 권했다. 대릴이 그 자리에 합석해 주스 잔을 집어들자 남자는 친구들과 같이 잔을 들어올리며 말했다.

"난생처음으로 흑인과 술을 마셔 보네요."

그런 상황이 의아했던 대릴은 순진하게도 이렇게 물었다.

"어떻게 그럴 수 있죠?"

남자는 테이블을 묵묵히 내려다보며 머뭇거리다 그의 친구가 대답을 재촉하니 겨우 입을 뗐다.

"왜냐하면 내가 KKKKu Klux Klan(미국의 백인 우월주의 비밀결사단체) 단원이거든요."

대릴은 웃음을 터뜨렸다. 남자는 농담을 하고 있는 게 틀림없었다. KKK 단원이 어째서 자신을 끌어안고 술자리에 초대를 하겠는가? 하지만 남자가 단원증을 꺼내 보이자 대릴의 얼굴에서 웃음기가 사라졌다. 남자는 정말로 백인 우월주의를 내세우는 혐오단체의 회원이었던 것이다. 하지만 그 후에도 그들은 한참 더 이야기를 나누었고 남자는 대릴에게 자기 전화번호를 주면서 다음에 다시 공연을 오게 되면 연락을 달라고 했다. 친구들을 데리고 '제리 리 루이스만큼 연주를 잘하는 흑인 남자를 보러 오겠다'는 것이었다. 이후 6주에 한 번씩 대릴은 그에게 전화를 걸었고 남자는 그때마다 동료

KKK 단원들을 대동하고 나타나곤 했다. 그중에는 그를 만나고 싶어하는 이들도 있었고 회피하는 이들도 있었다. 그렇게 수개월을 보낸 대릴은 어릴 적 스카우트 사건 이후로 그를 괴롭혀 왔던 '사람들이 왜 나를 싫어하지?'라는 의문에 대한 답을 찾아보기로 했다.

대릴은 확실한 해답과 해결책을 찾기 위해 전국을 돌아다니며 KKK 단원들을 인터뷰하겠다는 결심을 하게 되었다. 먼저 그는 바에서 만난 남자에게 메릴랜드주의 그랜드 드래곤(각 주의 KKK단 지부장에 해당하는 직함)인 로저 켈리를 소개해 달라고 부탁했다. 대릴은 자신이 흑인이라는 사실을 숨길 의도가 없었지만 상대방 누구도 그 점을 확인하려 들지 않았다. 인터뷰 장소에 나온 로저와 그의 개인 경호원은 그들의 철천지원수인 흑인 남자 하나가 맞은편에 서 있는 모습을 보고는 흠칫 놀라지 않을 수 없었다. 어쨌거나 그들은 대릴과 악수를 나누었고, 시원한 탄산음료와 앉을 자리를 권유받은 뒤 인터뷰에 들어갔다. 대릴은 녹음기와 성경만을 앞에 두고 로저와 마주앉아 3시간 동안 이야기를 나누었다.

긴장감이 팽배한 와중에 갑자기 "탁!" 하는 정체 모를 소리에 모두가 소스라치게 놀랐다. 대릴은 목숨을 잃을까 두려운 마음에 자리에서 벌떡 일어나 하마터면 그랜드 드래곤을 공격할 뻔했다. 동시에 경호원 역시 대릴이 무슨 짓을 하려는 줄 알고 얼른 차고 있던 권총으로 손을 가져갔다. 다행히 그 정체 모를 소리는 탄산음료에 들어있던 얼음이 녹으면서 캔이 쭈그러지며 난 소리였다. 진상을 파악한 세 사람은 다같이 웃음을 터뜨렸다.

대릴은 그후에도 전국의 KKK 단원들과 신나치주의자들을 찾아

다녔고, 그중 가장 극단적이라고 평가받는 매릴랜드주 다른 지부의 그랜드 드래곤이자 전직 경찰관 밥 화이트를 만나게 되었다. 대릴은 그때를 이렇게 술회했다.

"밥 화이트는 극도로 폭력적인 데다 반유대주의자에 인종차별주의자였고, 안 좋은 점은 다 갖다 붙여도 될 만한 사람이었습니다. 그에게는 세상에서 일어나는 모든 잘못된 일들이 모두 흑인과 유대인 때문이었죠."

대릴은 밥과 이야기를 나누고 나누고 또 나누었다. 대릴은 자신을 동등한 존재로 받아들이기보다 언제라도 죽이려 드는 사람과 함께 시간을 보내기 위해 꾸준히 노력을 기울였다. 그러자 조금씩 변화의 조짐이 보였다. 짧으나마 인간애가 공유되는 순간들이 나타났다. 결국 빈번한 접촉과 대릴의 착한 심성 덕분에 두 사람은 점점 가까워졌고 뜻밖에도 절친이 되었다. 그리고 흑인 남자와 친구가 되는 것은 KKK의 원칙과 맞지 않았기에 밥 화이트는 KKK단을 탈퇴했다.

사람들이 자신을 알지도 못하면서 어떻게 싫어할 수 있는지에 대해 대릴이 답을 찾은 것은 로저 켈리와의 인터뷰 도중 정체 모를 소리가 났을 때 두려움과 불확실성 속에서 양쪽 모두가 목숨을 위협받는 듯한 반응을 보였던 바로 그날이었다. 대릴은 말했다.

"그 소리가 무엇인지 알지 못하는 무지의 상태가 우리를 두려움에 빠뜨렸고, 그 두려움은 돌연 강렬한 증오를 불러일으켰습니다. 그 증오는 그들이 나를 총으로 쏘든 내가 그들을 다치게 하든 하마터면 파괴적인 결과를 가져올 뻔했습니다. 어린 시절 사람들이 나에게 병과 돌을 던졌던 가장 큰 이유는 나를 '모름에도 불구하고'가 아니라 나를 '모르기 때문'이었습니다. 미지의 존재라는 점이 그들로 하여금 나에 대해 두려움을 갖게 했고, 그 두려움이 증오를 불러일으켰으며, 나아가 파괴적인 행위로 이어졌습니다. 이에 대한 유일한 해결책은 사람들이 나에게 친숙해지도록 만드는 것이었습니다."

30년 동안 대릴은 수백 명의 KKK 단원들을 인터뷰했다. 그중 200명 이상이 백인 우월주의 이데올로기를 단념했으며, 50명 이상이 증오의 삶을 뒤로 하고 자신의 단복을 대릴에게 넘겨주었다. 로저 켈리는 대릴과 첫 인터뷰를 한 지 약 10개월 뒤에 임페리얼 위저드(KKK 전국 지도자를 부르는 명칭)로 추대되었지만 대릴은 절대 그를 포기하지 않았다. 한 해 두 해 대릴과 대화를 나누고 친분을 쌓아가던 로저는 그와 만난 지 8년 차 되는 해에 KKK를 떠나 대릴에게 자신의 단복을 넘겼다.

*　*　*

대릴이 말도 못하게 용감했다는 사실 외에 내가 이 스토리를 무척이나 마음에 들어하는 이유는 바로 '초대'의 놀라운 힘을 보여주기 때문이다. 대릴은 인터뷰를 통해 인연을 맺는 참신한 방법으로 신뢰를 쌓으며 백인 우월주의자들을 변화시킬 수 있었고, 이후 그들을 자신의 공동체로 끌어들일 수 있었다. 그의 스토리를 보면 사람들이 그 어느 때보다 증오와 분노로 가득차 있는 것 같지만 그것은 그들이 고립감으로 인해 두려움과 외로움을 느끼기 때문일지 모른다는 사실을 암시한다. 그렇다면 타인에게 우리를 더 많이 노출하면 할수록 그들이 우리를 더 좋아하게 되고, 우리도 그들을 더 좋아하게 될 것이다. KKK단의 그랜드 드래곤과 흑인 뮤지션이 절친이 될 수 있었다면 세상에 인연을 맺지 못할 사람은 아무도 없다.

이 책을 쓰면서 나는 어떤 문제를 해결하는 데 있어 가장 빠른 방법이 '초대'일지 모른다는 사실을 깨달았다. 왜냐하면 누군가가 나의 초대를 수락해 줄 때 함께 마법을 일으킬 수 있기 때문이다. 초대를 했을 때 상대방이 "예스"라고 말하는 순간 그들은 참여를 약속한 것이다. 그렇게 되면 내가 그들의 참여를 부탁하는 수동형에서 그들 스스로가 참여하겠다는 능동형으로 맥락이 바뀐다. 대릴이 KKK 단원에게 인터뷰를 하자고 초대한 순간, 내가 누군가를 저녁식사 자리에 초대하는 순간, 또는 당신이 고객에게 당신 회사의 프로젝트에 초대하는 순간 그런 일이 일어나는 것이다.

그 순간이 시작이다. 좋아하는 사람에게 데이트 신청을 하는 경우처럼 용기를 내어 초대를 해야 할 때도 있고, 결혼식에 지인들이 와서 축하해 주기를 바라는 경우처럼 기쁜 마음으로 초대를 하게 될 때도 있다. 이 과정에서 우리는 평생 함께할 수 있는 깊고 유의미한 관계로 발전할 뿐 아니라 서로를 응원하는 긍정적인 영향력도 행사할 수 있게 된다. 이 모든 일들이 지금부터 내가 이야기할 '초대의 힘'에서 비롯되었다.

* * *

나는 당신이 당신의 인생을 바꿀 경험에 적극적으로 참여하기를 간절히 바란다. 근대 역사상 그 어느 때도 지금처럼 사람들이 외로움을 느끼고 고립되어 있었던 적은 없었다. 그리고 이런 현상은 소득과 성공 여부와 상관없이 누구나 겪고 있는 상황이다.

이제 당신은 다시 사람들과 만나고 신뢰를 쌓고 공동체 의식을 키울 수 있는 모든 도구와 지식을 접하게 될 것이다. 그 과정에서 당신은 더 행복하고 충만해질 것이며, 조직에서 더 큰 성공을 일구고, 커뮤니티의 지원을 받으며, 사랑하는 이들의 인생과 당신에게 중요한 모든 일들에 긍정적인 영향을 미치게 될 것이다. 누가 당신과 여정을 함께하게 될지 궁금한가? 당신이 바라는 누구와도 함께할 수 있다. 다만 시간이 좀 필요할 뿐이다.

당신이 이 책에 소개된 모든 아이디어를 다 활용하지는 못할 것이다. 따라서 한 사람이 되었건 몇십 명이 되었건 누군가에게 손을 내밀고 함께할 수 있는 무언가를 찾은 다음, 그것을 지속해 나가기를 당부한다. 무엇을 하든 나만의 영향력을 만들어 그것이 당신의 가치와 일치되도록 하라. 당신에게는 놀라운 삶이 기다리고 있으며, 그 모든 것은 한 번의 초대에서 시작될 것이다.

인플루언서즈
창립자이자 주최자
존 리비

you're invited

Part 1

당신을
초대합니다

1

'초대'가 불러온 놀라운 변화

다이어트 모임을 만들어
수십억 자산가가 된 주부

뉴욕에 사는 진 나이디치는 170㎝의 키
에 몸무게가 100kg에 육박하는 서른여덟의 가정주부였다. 1961년
가을의 어느 날, 진은 평소와 다름없이 헐렁한 드레스를 입고 슈퍼
마켓에 장을 보러 갔다. 그녀는 계산대에 수북이 쌓아놓은 과자 상
자들을 보며, 계산원이 '다 아이들 먹이려고 사는 것이려니' 하고
생각해 주길 바랐다. 실은 자신이 욕실에 숨겨 놓았다가 밤이면 모
조리 먹어치우곤 했지만 말이다. 계산을 마치고 슈퍼마켓의 통로를
지나는데 아는 아주머니 한 분이 진에게 참 좋아 보인다며 인사를
건넸다. 진이 고맙다고 막 대답을 하려는데 곧바로 이런 질문이 이

어졌다.

"예정일이 언제예요?"

진은 당황스러워 어쩔 줄 몰랐다. 그분은 진이 임신을 한 줄 알았던 것이다. 집으로 돌아온 진은 거울을 들여다보며 살을 빼리라 다짐했다. 하지만 자제력과 결단력만 있으면 목표를 달성할 수 있을 줄 알았는데, 그 생각은 오산이었다.

다이어트를 해본 사람이라면 누구나 고된 운동과 자제력만으로 되는 일이 아님을 잘 알 것이다. 진은 건강한 체중에 도달하기 위해 오로지 달걀이나 자몽만 먹기, 쫄쫄 굶기, 잡지에서 본 연예인의 다이어트법 따라하기까지 온갖 방법을 다 시도해 보았다. 그때마다 몇 kg씩 살이 빠지긴 했지만 좋아하는 음식을 보는 순간 폭식을 하게 되어 늘 몸무게가 원상태로 돌아갔고, 때로는 전보다 더 찌기도 했다. 이런 과정을 반복하며 진은 감량한 체중을 유지하기 위해서는 뭔가 다른 접근방식이 필요함을 깨달았다.

그로부터 1년 뒤 진은 몸무게를 30kg 넘게 감량했다. 그리고 이번에는 전과 달리 53년 간 그 체중을 유지했을 뿐만 아니라 전 세계 수천만 명의 몸무게도 빼도록 도왔다. 모르긴 해도 덕분에 무수한 사람들이 목숨을 건졌을 것이다. 이 과정에서 진 나이디치는 수십억 달러의 자산가이자 세계적인 유명인사가 되었다. 진이 설립한 다이어트 전문회사 '웨이트 워처스 인터내셔널Weight Watchers International'의 성공은 그녀가 연대와 공동체 효과의 중요성을 이해했기 때문에 가능한 일이었다.

다이어트 실패 경험을 함께 공유하며 성장한 '웨이트 워처스 인터내셔널'의 정기모임

(출처 : Daily Mail)

노예 해방운동의 선구자가 된
도망자 노예

진이 건강한 몸을 원하는 과체중의 주부였다면 프레드릭 베일리는 자유를 갈망하는 흑인 노예였다. 도망친 노예였던 그는 붙잡힐 경우 고문이나 총살감이었고, 본보기로 사나운 개들에게 던져질 수도 있었다.

1838년 9월, 프레드릭은 노예제도가 있었던 메릴랜드주의 볼티모어에서 자유의 도시 뉴욕으로 가기 위해 필라델피아행 열차에 몰래 올라탔다. 그리고 흑인 승객들이 모여 있는 일명 '깜둥이칸'에 숨어들어 객실 내의 혼잡하고 부산스러운 분위기 때문에 차장이 자신이 내미는 가짜 서류에서 문제점을 찾아내지 못하기를 빌었다. 차장을 속이기 위해 프레드릭은 자유인 신분의 선원에게서 서류를 빌리고 선원처럼 보이도록 빨간 셔츠와 모자 등으로 복장을 갖춰 입었다. 운이 좋으면 서류와 옷차림, 선박에 대한 지식(그는 한동안 조선소에서 강제 노역을 한 적이 있었다)이라는 삼박자로 의심을 피하기를 바랐다. 차장이 다가오자 프레드릭은 그에게 서류를 건넸다. 다행히 차장은 서류를 보는 둥 마는 둥 하더니 다음 사람에게로 건너갔고, 그렇게 프레드릭은 첫 번째 관문을 무사히 통과했다. 다음 날 그는 열차에서 연락선으로, 다시 열차로, 또 증기선으로 갈아타고 마침내 필라델피아에 다다랐다. 필라델피아에 도착한 뒤 그는 마지막으로 한 번 더 뉴욕행 열차에 올랐다. 그리고 다음 날 아침 꿈에 그리던 자유인이 되었다.

다시 붙잡히는 일이 없도록 베일리에서 더글러스로 성을 바꾼 프레드릭은 3년 뒤 미국노예제폐지협회AASS, American Anti-Slavery Society의 한 강연회에 참석해 달라는 초대를 받았다. 노예제 폐지론을 주장하던 주간지 〈리버레이터〉의 발행인이자 공동창립자인 윌리엄 로이드 개리슨이 주관하는 강연회였는데, 참석자들에게 그의 경험담을 들려 달라는 요청이었다. 강연회에서 프레드릭의 이야기를 들은 개리슨은 프레드릭이 장차 노예 해방운동을 이끌어 갈 커다란 재목이 되리라 직감했다. 그러나 정작 프레드릭 본인은 그날 자신의 대중연설이 향후 노예제 폐지 운동과 에이브러햄 링컨의 대통령 당선, 그와 동료 흑인들의 자유 획득에 중추적인 역할을 하게 되리라고 전혀 예상하지 못했다.

'초대의 힘'을 통해 시작한
인플루언서 디너

진의 다이어트 목표와 프레드릭의 노예제 폐지운
동의 목표는 전혀 달랐다. 그래서 내가 이 두 사연을 선택한 것이다.
그들은 살았던 시대도 백 년 이상 차이가 날 뿐더러 인종과 종교는
물론이고 문화와 지향하는 바도 달랐다. 세계적으로 최소 280만 명
이 해마다 비만 관련 문제로 사망한다. 진은 전 세계 각계각층의 사
람들에게 다이어트를 통해 건강을 회복하도록 돕는 지극히 개인적
인 투쟁에 헌신했다. 반면에 노예제 폐지론자들은 자유를 구속당한
사람들에게 자유와 평등을 되찾아 주려는 사회적·도덕적 의무를 위
해 싸웠다. 서로의 여정과 사명은 달랐지만 그들을 성공으로 이끈
방법은 동일했다. 둘 다 '영향력 방정식Influence Equation'과 '초대의 힘
Power of an Invitation' 덕분에(이 두 가지 개념에 대해서는 앞으로 상세히 다룰
것이다) 사람들을 한데 모으고 그들 사이에 깊고 유의미한 연대를 창
출할 방법을 찾아냈던 것이다.

나는 이 두 스토리를 통해 진이 그녀의 다이어트 프로그램에서 깨
달았던 사실과 미국노예제폐지협회가 그들의 메시지를 전파하는 데
사용했던 전략이 무엇인지 종합적으로 파악할 수 있었다. 다분히 개
인적·직업적 성공을 도모하려는 마음에서 살펴보았던 인간행동과
의사결정에 관한 연구였지만 이 이야기들은 내가 행동과학자이자
연구자로서의 길을 걷는 계기가 되었다.

새로운 통찰을 얻은 뒤 나는 좀 별난 일을 벌였다. 일면식도 없는

사람들을 불러보아 나에게 저녁식사를 차려 주도록 한 것이다. 그들 중 대다수는 각자의 분야에서 가장 영향력 있는 축에 드는 인물들이었다. 그렇게 시작한 저녁식사 모임은 십여 년 동안 이어졌고, 이 식사는 세상에서 가장 특별한 식사 모임으로 알려지게 되었다.

이 저녁식사에 나는 서로 모르는 사람들을 12명씩 초대한다. 여기에는 한 가지 규칙이 있는데, 함께 식사 준비를 하는 동안에는 자신의 직업은 물론이고 이름도 밝혀서는 안 된다는 것이다. 준비를 마치고 식사를 위해 자리에 앉고 나서야 참석자들은 동석한 이들이 저마다 각계각층에서 내로라하는 인물들임을 알게 된다. 참석자의 면면은 노벨상 수상자나 올림픽 메달리스트에서부터 음악가와 화가, 심지어 왕실의 일원에 이르기까지 다양하다. 참석자들이 저마다 각자의 분야에서 지대한 영향력을 행사하는 인물들인지라 이 식사는 '영향력 있는 사람들의 만찬Influencers Dinner'으로 알려지게 되었다.

존 리비Jon Levy는 '영향력 있는 사람들의 만찬'이라는 이름의 저녁식사에 사람들을 초대했다.

(출처 : INFLUENCERS 홈페이지)

그리고 이 인플루언서들의 커뮤니티는 저녁식사 외에 문화행사, 모임 등에서 만남을 이어가며 내부 사람들과 지역사회, 나아가 전 세계에 긍정적인 영향을 미치겠다는 사명을 갖게 되었다. 십여 년 동안 나는 수백 번의 저녁식사에 수천 명의 사람들을 초대했으며, 참석자들에게 서로 필요로 하는 사람들과 깊고 유의미한 관계를 맺을 수 있도록 도움을 주었다. 또 IT기업에는 개별 커뮤니티를 만들어 주었고, 일반기업에는 보다 건강한 기업문화를 조성해 주었으며, 스타트업에는 고객들과 의미 있고 지속적인 관계를 개발하는 데 초점을 두고 세일즈 프로세스를 만들어 주었다. 비영리재단의 경우는 대의에 충실한 후원자 모임을 구성하여 지원했다.

인플루언서 디너와 행사, 프로젝트를 진행할 때마다 나는 스물여덟 살 때 참석했던 세미나에서 배웠던 '성공을 위한 단 한 가지 기본 원칙'을 재차 확인하게 된다. 그 원칙은 다음과 같다.

> **❝** 우리 삶의 질을 결정짓는 근본요소는
> 우리와 가까이하는 사람들 그리고 그들과 나누는 대화다. **❞**

이 원칙을 알기 전까지 나는 자기계발서나 경영서, 강의에서 배운 전략들을 활용해 삶을 개선해 보려고 애썼다. 그 전략들이 내 문제점을 바로잡아 주리라 기대하면서 말이다. 효과가 아주 없지는 않았지만 좋은 결과도 얻지 못했다. 결국 나는 20대 시절을 돈이 없다고, 몸매가 좋지 않다고, 이상형과 연애를 하지 못한다고 스스로를 자책하며 보냈다. 하지만 이 원칙을 접한 후 나는 불안정한 생활과 실패에 허덕이지 않고 특출한 성과를 낼 능력, 내가 중요하게 여기는 사람들과 교류할 능력을 갖기로 마음먹었다. 다시 말해 나는 영향력을 갖길 원했다. 이는 소셜 미디어의 영향력을 이야기하는 게 아니다. 솔직히 나는 아보카도 토스트를 먹지도 못하고 손바닥만한 수영복을 입을 만한 몸매도 못되는지라 내가 셀럽이 될 수 있다고 생각하지 않았다. 내가 말하는 영향력이란 내 커리어와 소득에 영향을 미치는 능력을 말한다. 그 외에도 나는 업계 리더들의 존중을 받고 내가 관심을 가지는 사회적 대의에 영향을 미치며 건강한 라이프스타일을 영위할 능력을 갖기를 원했다.

그 세미나 강사의 말이 맞다면 내 삶의 방향에 영향을 미칠 수 있는 훨씬 더 쉬운 방법이 있었다. 그 방법은 내가 원하는 취미를 가진 사람들과 가까이 지내는 것이었다. 오전 6시에 알람을 맞추고 체육관에 가는 대신 그저 운동선수나 피트니스 마니아들과 친해지면 되었다. 그러면 곧 운동이 내 생활의 일부가 될 테니까. 빠듯한 예산에 맞춰 생활하려 애쓰는 대신 비즈니스 전문가들과 친해지면 돈을 더 많이 벌 수 있고 인맥을 활용하여 보다 나은 직장을 구하는 방법을 찾을 수 있었다. 내가 존경하고 흠모하는 사람들과 사귀는 것만으로 알람을 네 번이나 끄고 더 자느라 운동을 빼먹었다는 사실에 기분이 꿀꿀해지거나 신용카드 연체대금을 갚느라 쩔쩔매지 않아도 된다니 실로 솔깃한 방법이 아닐 수 없었다.

다이어트 모임의 성공비결

결국 진이 택한 방법이 바로 이런 것이었다. 진은 늦게나마 같은 목표를 가진 사람들과 함께했다. 임신부로 오해를 받은 지 얼마 지나지 않아 그녀는 맨해튼에 뉴욕시 보건국 산하의 무료 비만 클리닉이 있다는 정보를 들었다. 버스를 두 번, 전철을 한 번 갈아타고 찾아간 클리닉에서 진은 뚱뚱한 여자들이 가득 들어찬 방 안에 조용히 앉아 날씬하고 깐깐한 영양사의 설명을 들었다. 진이 보기에 영양사는 공감능력이라곤 털끝만큼도 없는 사람이었다. 몸무게와 씨름한다는 게 어떤 느낌인지 전혀 이해하지 못했고, 수치심과 슬픔, 마음껏 먹지 못하는 괴로움을 조금도 공감하지 못했다. 97kg의 진에게 영양사는 64kg이라는 목표 체중을 제시했다. 진은 충격을 받았다. 성인기 내내 그런 체중에는 근처에도 가본 적이 없었다. 게다가 영양사는 진에게 지정된 음식 외에 다른 어떤 음식도 절대 입에 대지 않도록 지시했다.

10주 뒤 진은 9kg이 빠졌다. 결과는 고무적이었지만 다이어트 과정이 치료식으로 진행되는 데다 참가자들 간에 대화를 장려하지 않는 분위기여서 진은 고립감에서 벗어나 누군가와 함께 마음을 나누고픈 생각이 간절했다. 특히 다이어트를 지속하고 감량한 체중을 유지하려면 보다 나은 지원체계가 필요했다. 자신의 고충을 터놓고 이야기할 수 있는 그런 공간 말이다.

그래서 진은 어느 날 저녁, 카드게임이나 하자며 뚱뚱한 친구들을 집으로 초대했다. 여자들 여섯이 게임을 즐긴다는 명목으로 모였지만 진의 진짜 의도는 살을 빼는 어려움에 대해 서로 속마음을 터놓고 이야기할 자리를 만드는 데 있었다. 저녁이 깊어가도록 그들은 각자의 건강하지 못한 강박적 습관들과 창피한 속마음을 털어놓았고, 그러면서 홀가분한 기분을 느꼈다. 이 모두가 가벼운 초대 한 번에서 비롯된 일이었다. 손님 한 명이 다음 주에도 또 모이자고 제안하자 진은 아예 이 모임을 정례화하기로 했다. 한 번 두 번 만남이 이어지면서 기존 멤버들이 다른 지인들을 초대하고 그들이 또 다른 지인들을 초대한 결과 이 모임의 인원은 두 달도 안 되어 40명이 되었고, 만나는 횟수도 일주일에 두 번으로 늘었다.

모임을 주최하며 진은 자신이 다이어트에 대한 전문성이 부족함을 솔직히 밝혔다. 그녀는 의학전문가가 아니라 그저 평범한 주부에 불과했다. 그러나 그들에게 의사의 조언은 효과가 없었다. 의사들은 간단한 해결책으로 인생을 완벽하게 만들 수 있다고 장담했지만, 현실 속의 삶은 그리 녹록치 않았다. 그들에게 필요한 것은 서로에게 고충을 털어놓을 때 생겨나는 놀라운 공동체 의식이었다.

우리는 모두 무언가와 씨름한다. 직장에서의 걱정거리, 우울증으로 인한 고립감, 건강 악화의 두려움, 내가 느꼈던 것과 같은 패배감, 또 그밖의 여러 가지 문제들이 우리를 괴롭힌다. 신경안정제에 의존하거나 폭식을 해대거나 자신의 문제를 꽁꽁 감추는 사람들과 해결책을 찾아내는 사람들 사이의 차이점은 바로 '관계'에 있다. 이것이 진의 모임이 지니는 장점이다. 진은 사람들이 서로 만나 마음을 나누고 금세 신뢰를 쌓으며 나아가 서로를 응원할 수 있는 공간을 제공했다. 여기에 공동체 효과의 강점이 있다.

> **" 우리 관계에 공동체 의식이 싹틀 때
> 눈부신 성과가 피어난다. "**

　진은 내가 들은 세미나 강사의 말이 옳다는 것을 증명하고 있었다. 아무런 문제도 없는 척 사람들과 다과를 나누며 친목만 도모할 수도 있었지만, 진은 관점을 전환하여 일주일에 두 번씩 꾸준히 만남을 가지면서 건강에 관한 대화를 나눌 시간을 계획했다. 체중 문제에 관한 공동체 의식을 공유하는 자리를 만든 것이다. 그러면서 건강을 해치는 습관을 전파하는 대신 서로에게 무비판적인 지원자가 되었고, 참석자 모두가 새로운 우정과 신뢰, 아이디어, 규칙적 일과를 공유하며 좋은 변화를 만들어 갔다.

　진이 알버트와 펠리스 리퍼트 부부를 만난 것도 이 모임에서였다. 이 부부는 떼굴떼굴 굴러갈 만큼 살이 많이 쪘다며 자기들 스스로 비치볼이라 부를 정도였다. 하지만 이 모임에 참석한지 4개월 만에 알버트는 몸무게가 18kg 줄었고 펠리스는 23kg 가까이 줄었다. 다이어트의 효과를 직접 경험한 부부는 진을 회사의 간판으로 내세우고 진의 성공사례를 토대로 프랜차이즈 사업을 벌여도 괜찮겠다는 아이디어를 떠올렸다. 웨이트 워처스 인터내셔널이 탄생되는 순간이었다.

　회사 설립 후 첫 공식모임이 1963년 5월 15일에 있었는데, 50명 정도 오리라 예상하고 마련한 공간에 400명이 넘는 사람들이 참석했다. 이후 6년이라는 기간 동안 알버트의 프랜차이즈 사업은 무럭무럭 성장하여 참가자 전체가 총 7,700만 kg에 달하는 체중을 감량하는 대기록을 달성했다. 1973년에 진과 리퍼트 부부는 뉴욕의 매디슨 스퀘어 가든에서 웨이트 워처스 마니아들과 함께 창립 10주년을 기념했다. 가맹점 수가 110개로 늘었고, 연매출이 1,500만 달러에 이르는 등 성장세가 가팔랐다. 그리고 설립 15년 만인 1978년에 웨이트 워처스는 유명 케첩회사 H. J. 하인즈에 7,100만 달러(현재 기준으로 약 2억 8,000만 달러)에 매각되었다.

인맥을 성공의 발판으로 활용하는 전략은 분명 유효하다. 인간관계가 개인적·사회적·사업적 도전에 지대한 영향을 미쳤던 사례는 무수히 많다. 그러나 인생을 바꿔보려던 시도에서 번번히 고배를 마시고 나니 내게는 단순히 감명 깊은 이야기 이상의 것이 필요했다. 인맥 쌓기를 꾸준히 하다 보면 실제로 성과가 나타난다는 증거가 필요했고, 나는 그 증거를 과학적 연구 결과에서 찾았다.

미국의 비만 인구는 2000년대에 최고점을 경신했다. 두 연구자 니컬러스 크리스타키스와 제임스 파울러는 이런 의문을 품었다.

"비만이 감기처럼 이 사람에게서 저 사람에게로 옮겨지는 전염병일까? 아니면 유전자나 습관 같은 다른 요인들에 의해 발생하는 개인적 경험일까?"

이 질문의 답이 인간관계에 대한 우리의 이해를 바꾸어 놓았다.

크리스타키스와 파울러는 다양한 공동체의 32년치 데이터를 검토하여 비만인 친구를 둔 사람이 비만이 될 확률은 그렇지 않은 사람에 비해 45% 증가하고, 다시 이 사람의 친구(맨 처음 사람을 모르는 친구)가 비만이 될 확률은 20% 증가하며, 다시 그 친구가 비만이 될 확률은 5% 증가한다는 사실을 발견했다. 이러한 효과는 인간관계의 연결고리가 3단계 이상 멀어지면 소멸되는데 행복감, 결혼율 및 이혼율, 흡연, 투표 습관에서도 마찬가지로 이런 효과가 나타난다. 흔히 말하듯 우리의 삶은 절친한 친구 5명의 산물일 뿐만 아니라 우리가 속한 전체 공동체의 산물이기도 한 것이다.

이 두 사람의 연구에 의하면 뚱뚱한 여자들이 한자리에 모일 경우 오히려 살이 더 찔 수도 있다. 그러나 진은 그들의 모임에 특별한 형식을 부여하여 공동체의 대화 주제를 바꾸었다. 그들은 건강에 나쁜 습관을 전파하는 대신 서로를 응원하는 데 집중했다. 진의 초대가 이 사람에게서 저 사람에게로 전달된 것처럼 새로운 습관과 아이디어, 소속감과 수용감도 같은 방식으로 퍼져 나갔다. 공동체 기반의 조직들이 큰 성과를 거두는 것은 바로 이런 이유에서다.

습관과 행동, 감정의 전염성이 이렇게 강하다면 무엇보다 우리는 우리가 희망하는 가치나 특성을 가진 사람들을 곁에 두어야 할 것이다. 그러면 가까이에서 그런 특성들을 배울 수 있을 테니까 말이다. 그러나 거기에서 그치면 안 된다. 이들을 서로에게 소개함으로써 모두가 전체 집단에 긍정적인 영향을 미치도록 해야 한다. 그러면 그들의 삶이 개선되면서 우리의 삶도 덩달아 몰라보게 달라질 것이다.

노예제 폐지 운동이 성공한 배경

개리슨의 노예제 폐지 운동의 중심에도 바로 이런 전략이 있었다. 단지 신문을 발간하는 것만으로는 부족했다. 그는 사람들을 불러모아 하나의 대의 아래에 뭉치게 하고, 그들에게 권한을 부여해 보다 많은 사람들을 끌어들이는 동시에 정치인을 압박해 법 개정을 이끌어 내야 했다.

이를 위해 개리슨과 노예제 폐지론자들은 강연 전담기구를 만들어 북부 전역의 도시로 강연자들을 파견했다. 그들은 노예제를 옹호하는 폭력적인 무리들에게 때때로 목숨의 위협을 받으면서도 노예제도가 당시 기독교의 교리에 얼마나 철저하게 위배되는지를 설파하는 사상과 사례들을 전했다. 강연 소식을 들은 사람들은 한자리에 모여 연대하고 노예제의 부당성을 공개적으로 성토했다. 참가자들은 각지에 지부를 개설하고 메시지를 전파할 것을 요청받았다. 북부 전역의 도시들에서 지역회의부터 연례회의에 이르는 각종 모임이 개최되었고, 그 결과 지지세가 급증했다. 1835년부터 1838년까지 3년 만에 미국의 노예제 폐지론 및 노예제 반대 단체는 225개에서 1,000여 개로 증가했으며 회원 수는 25만 명에 달했다.

노예제 폐지 단체들이 증가하고 그들의 영향력이 확산되자 대중의 정서도 바뀌었다. 역사가 마니샤 신하는 그러한 대의를 미국 전역에 확신시킨 주역이 바로 이 노예제 폐지론 공동체였다고 지목한다. 이들의 주장은 1850년대에 노예제 반대 노선을 취했던 공화당의 부흥과 링컨 대통령 당선의 밑거름이 되었다. 이들의 압박으로 링컨 대통령이 남북전쟁 중 노예제 폐지에 나서며 노예해방선언을 발표함으로써 미국의 노예제는 비로소 종식을 맞게 된다.

2
영향력 방정식

습관 형성에서부터 성공적인 커리어 관리, 사업 운영에 이르기까지 성취하려는 것이 무엇이든 간에 혼자서는 이룰 수 없다. 목적의식을 가지고 사람들을 한 곳에 모을 때 전염성 있는 결과가 만들어진다. 이때 중요한 것은 주변 사람들이다. 주변에 어떤 사람들을 두느냐에 따라 성공할 수도 있고 실패할 수도 있으며(사람마다 성공의 의미야 다르겠지만), 그들에 의해 우리 인생과 사회의 방향이 바뀔 수 있다. 그 방법을 이 책이 알려줄 것이다.

> **"** 성공을 위한 가장 보편적인 전략은
> 당신의 인생에 영향을 미칠 수 있는 사람들과
> 유의미한 인맥을 형성하는 것이다. **"**

어떻게 하면 근사한 인생을 살 수 있는지, 어떻게 하면 커리어나 직장, 습관과 관련하여 원하는 바를 성취할 수 있는지 알려주는 이론은 많다. 그러나 누구에게나 통용될 수 있는 방식이려면 명문대 학위나 막대한 부 또는 괜찮은 집안의 자녀일 것을 요구해서는 안 된다. 그보다는 누구나 공통적으로 지닌 인간 내면의 특성과 우리의 행동 및 소통방식을 기반으로 해야 한다. 이처럼 공통적인 환경 속에서 '연대'야말로 인간에게 가장 보편적인 요건이다. 인간이 만물의 영장으로 지금까지 살아남을 수 있었던 이유는 바로 이러한 연대 덕분이다. 우리는 호랑이나 바다거북처럼 홀로 살아가지 못하며, 누구나 사회적 상호작용을 필요로 한다.

진은 바로 이런 면에서 탁월했다. 그녀는 사람들에게 식단만 짜준 것이 아니라 함께 모이고 유대할 방법을 제시했다. 그것이 건강을 원하던 사람들의 방식을 완전히 바꾸어 놓았다. 마찬가지로 노예제 폐지론자들도 사람들을 불러모아 사상을 공유하고 의견을 교환하면서 새로운 단체를 만들고 신문을 발간해 사람들의 의식을 일깨웠다. 그 과정에서 그들은 미국이 나아갈 길을 새롭게 설정했다.

역사는 진과 노예제 폐지론자들을 중요한 인물로 기억하고 있다. 그러나 정작 그들 본인은 목표를 향한 첫걸음을 내딛었을 때 성공하리라는 것을 전혀 알지 못했다. 진은 유명 인사나 저명한 의사들을 알지 못했다. 그녀 스스로 말했던 대로 그저 '뚱뚱한 가정주부'였을 뿐이다. 개리슨과 도망 노예인 프레드릭 역시 영향력 있는 사업가도, 선출된 공직자도 아니었다. 그들에겐 실질적으로 아무런 힘이 없었지만 그런 건 중요하지 않았다. 그들은 사람들을 불러모아 함께 배우고 진실을 들을 수 있는 공간을 만듦으로써 자신들의 목표를 달성했다.

진과 노예제 폐지론자들은 저명한 지도자나 정치가, 유명인을 모르는 채로 그들의 여정을 시작했다. 하지만 그들의 영향력은 여러 해에 걸친 모임을 통해 점차 커져 갔고, 명성이 높아질수록 더 큰 영향력을 지닌 사람들과 만나기가 수월해졌다. 실제로 진은 웨이트 워처스 창립 10주년 기념일 무대에 여러 유명 인사 및 영향력 있는 인물들과 함께 올랐다. 미국 남북전쟁 중 프레드릭은 예고 없이 백악관에 방문해 불과 몇 분 만에 링컨 대통령을 만나기도 했다. 이런 일이 특출한 소수의 사람들에게만 일어나는 일로 생각될지 모르겠지만, 활달한 사람이든 조용하고 내성적인 사람이든 누구나 무대에 오를 수 있다. 활달한 사람들이 두루두루 많은 사람을 사귀는 데 능하다면, 내성적인 사람들은 특정한 소수와 보다 깊고 의미 있는 관계를 맺는다. 이 책에서 우리는 각자의 성격과 관심사에 맞는 인맥 형성방법들을 살펴볼 것이다.

노예제 폐지론자들과 진은 우리의 삶이 우리 주변의 사람들에 의해 결정된다는 사실을 알려주고 있다. 그들의 행동과 습관에 전염성이 있을 뿐만 아니라 깊은 신뢰와 공동체 의식이 존재할 때 우리가 중시하는 일을 이룰 수 있기 때문이다.

> **"** 우리 영향력의 크기는 우리와 관계를 맺는 사람들과
> 그 테두리 안에서 그들이 우리를 신뢰하는 정도
> 그리고 그들과 공유하는 공동체 의식에 따라 결정된다. **"**

영향력 방정식

'영향력 방정식'은 다음과 같이 계산할 수 있다.

$$영향력 = (인맥 \times 신뢰)^{공동체 \ 의식}$$

이 사실을 깨달은 뒤 나는 다음과 같은 세 가지 질문에 대한 답을 구하고자 했다.

1) 무엇이 사람들을 연대시킬까?

함께하고 싶은 마음이 들도록 사람들의 관심을 끌 수 있는 방법은 무엇일까?

2) 빠른 신뢰 형성 방법은 무엇일까?

중요한 인물일수록 함께할 수 있는 시간이 적다. 어떻게 하면 빠른 시간 내에 깊고 유의미한 관계를 맺을 수 있을까?

3) 무엇이 공동체 의식을 갖게 할까?

어떻게 하면 모르던 사람에게 연대감을 느끼게 될까? 그리고 공통된 목표를 향해 나아갈 연대감은 어떻게 조성할까?

이 질문들에 답하기 위해서는 무엇보다 인맥 형성connection과 네트워킹networking이 다르다는 점을 이해해야 한다. 네트워킹을 생각하면 힘들이지 않고 남들에게 능숙하게 다가가 말을 걸고 그들을 쉽사리 SNS에 친구로 추가하는 카리스마 넘치는 사람들이 떠오른다.

물론 그런 성격을 가진 사람들에게는 네트워킹이 훌륭한 무기가 될 수 있다. 그러나 안타깝게도 대다수의 사람들에게는, 특히 내성적인 성격의 사람들에게는 낯선 사람에게 다가가 선뜻 말을 건다는 것이 생각만 해도 진땀나는 일이다. 그래서 우리는 부자가 아니라도, 내성적이거나 부끄러움을 많이 타는 성격이어도, 국적이나 인종·성별이 다르더라도 상관없이 언제나 통할 수 있고 실행할 수 있는 즐거운 방법을 찾아야 한다. 그런 방법이야말로 대단히 효과적이고 지극히 인간적으로 즐길 수 있는 성공전략이다. 그것은 바로 탄탄한 공동체의 일원이 되는 것이다.

우리에게 자극을 주는 여러 분야의 지식인이나 훌륭한 지도자들과 인연을 맺고, 그들과 꾸준히 교류하다 보면 머지않아 그런 관계에서 하나의 공동체가 탄생하게 마련이다. 진의 다이어트 모임에서 보았듯이 같은 관심사를 지닌 사람들로 이루어진 공동체에서는 모든 참가자가 이익을 얻을 수 있다. 어느 한 사람만 관심분야의 기술을 개발하고 긍정적인 습관을 갖게 되는 것이 아니라 공동체의 다른 구성원들도 모두 같은 분야에서 이익을 얻기 때문이다. 즉, 모두가 동반성장하는 것이다. 진의 경우, 진 혼자만 살이 빠진 것이 아니라 모임의 다른 참가자들도 전부 체중을 줄였다. 이런 이익은 경력개발이나 양육, 학문과 관련하여 얻을 수도 있고, 노예제 폐지론자들의 경우처럼 도덕적·윤리적 대의와 관련하여 얻을 수도 있다.

인플루언서 디너는
어떻게 성공했을까?

공동체의 중심 인물에게는 업계에서 주는 상이나 지위가 달리 필요없다. 자신이 보내는 '초대'의 가치가 훨씬 더 크기 때문이다. 그의 초대를 통해 공동체의 구성원들이 의미 있는 만남을 가지고 친분을 쌓을 때 그 사람은 아이디어의 대중화, 상품의 출시, 기업의 성장 등 무슨 일이든 할 수 있게 된다. 즉, 공동체의 성공과 더불어 본인의 잠재력도 성장하게 되는 것이다.

나 역시 처음의 목표는 국가의 향방을 결정짓거나 수백만 명의 건강상태를 변화시키는 것만큼 그리 숭고하지 않았다. 그저 내가 흠모하는 사람들을 한자리에 모이게 하고 싶을 따름이었다. 물론 스물여덟에 스타트업을 파산한 청년에게는 엄청나게 야심찬 목표가 아닐 수 없었다. 내가 초대하는 사람들은 그들의 영향력을 얻고자 막대한 돈을 쏟아붓는 글로벌 브랜드로부터도 수없이 많은 제안을 받고 있었다. 나는 당연히 경쟁상대가 못 되었다. 그래서 나는 아예 경쟁할 생각은 꿈도 꾸지 않고 대신에 그들에게 특별한 경험, 상상도 못했던 체험을 하게 해줄 방법을 궁리했다. 손님들 대부분이 호사라면 얼마든지 누릴 수 있는 사람들이었기에 나는 그들에게 정반대의 경험을 선사하기로 했다. 우리집에 와서 나에게 저녁식사를 차려 주고 설거지를 한 다음 마무리로 바닥 청소까지 깔끔하게 할 기회를 말이다. 무엇보다 기분 좋은 건 그들이 그런 기회를 준 내게 고마워했다는 점이다.

노벨상 수상자, 올림픽 선수, 재벌과 예술가 등이 인플루언서 디너에 초대받지만, 식사를 하기 전까지는 서로가 누구인지를 알지 못한다.　　　　　　　　　　　(출처 : © INFLUENCERS, INC.)

　'인플루언서 디너'라고 이름 붙인 이 저녁식사는 소박한 분위기에서 손님들이 직접 수고를 해야 했음에도 불구하고, 아니 바로 그 점 때문에 성공을 거두었다. 나는 이를 통해 체험 설계를 잘하면 마지막에 모두가 이익을 얻게 될 뿐 아니라 굳이 많은 돈을 들일 필요도 없다는 사실을 알게 되었다. 내 첫 번째 식사 손님들은 전부 내가 이미 아는 사람들이었다. 내가 처음부터 노벨상 수상자나 유명 인사들을 알았던 것은 아니다. 나의 부모님은 이민자였고 그런 사람들과는 친분이 전혀 없었다. 그러나 이 식사에 대한 입소문이 퍼지면서 노벨상 수상자부터 올림픽 메달리스트, 글로벌 기업 CEO 등 점점 더 유명한 사람들이 우리집을 찾게 되었다. 이후로 나는 대상자를 발굴하여 초대하고 모두가 소속감을 느낄 수 있는 경험을 계획하는 과정을 계속해서 다듬어 나갔다.

지난 10년 동안 나는 수백 번의 저녁식사에 수천 명의 사람들을 초대했다. 그리고 이 책을 출간하는 현 시점을 기준으로 3개국 10개 도시에서 인플루언서 커뮤니티가 활동 중이며 지금도 계속해서 성장하고 있다. 코로나 팬데믹 확산 이전에는 매달 4~5번 식사 자리를 마련하여 새로운 멤버를 영입하고 연간 5회 이상 문화행사를 열어 커뮤니티 멤버들이 다시 모여 교류하는 시간을 가졌다. 팬데믹 확산 이후에는 온라인으로 행사를 이어갔다.

나는 인플루언서 디너를 통해 스물여덟에 꿈꾸었던 모든 것을 이루었다. 미 해군 특수부대 네이비 실에서 훈련하며 몸을 만들었고, 사업 실패로 인한 빚을 전부 청산했으며, 테드TED 강연을 했고, 일곱 대륙을 두루 여행했으며, 패션 잡지 〈엘르〉 선정 미국 최고의 신랑감으로 뽑히기도 했다. 또 유명 TV 프로그램에서 행동과학 관련 자문을 하고, 컨설팅회사를 차려 기업들이 고객 및 직원들과 유의미한 관계를 맺도록 돕고 있으며, 전 세계를 돌며 강연도 하고 있다.

열거하자면 끝이 없지만 내가 강조하고 싶은 것은 내 개인적인 목표 달성만이 아니라는 것이다. 저녁식사 모임을 시작한 지 몇 년 뒤에 우리는 '인플루언스 포 굿Influence for Good'이라는 비영리단체를 설립했는데, 이곳은 중요한 사회적 이슈를 부각시키고 커뮤니티의 지원을 통해 그 문제에 대한 영향력을 행사하는 역할을 하고 있다. 그뿐 아니라 우리는 여성과 유색인, 성소수자들만을 위한 모임도 진행하고 있다. 영향력이 커질수록 우리는 그 영향력을 보다 좋은 목적을 위해 사용할 필요가 있음을 깨달았기 때문이다.

진과 마찬가지로 나도 내가 보낸 저녁식사 초대장이 내 삶에 이토록 커다란 변화를 가져올 줄은 상상도 못했다. 이는 우리 삶의 질이 근본적으로 우리가 관계를 맺는 사람들과 그들에게 얼마나 신뢰를 받느냐, 또 서로가 얼마나 공동체 의식을 공유하느냐에 따라 결정된다는 사실을 증명한다.

사실 자녀의 학교생활을 도우려는 부모이든, 유명해지고 싶은 1년 차 변호사이든, 고객 유치와 브랜드 가치 상승을 꾀하는 CEO이든, 기금을 모금하고 특정 이슈에 대한 관심을 끌고 싶은 비영리단체이든 누구나 이 책에서 말하는 접근법으로 도움을 받을 수 있다. 그 이유는 이 책이 인간답다는 것의 의미가 무엇인지, 우리의 결정과 행동에 영향을 미치는 것은 무엇인지, 깊고 유의미한 관계를 만들며 공동체 의식을 가지게 하는 것은 무엇인지를 다룬 책이기 때문이다. 이 책에는 첨단기술이나 인공지능, 기계학습에 대한 이야기도, 박사학위가 있어야만 이해할 수 있는 어려운 지식에 관한 소개도 없다. 물론 모두 알아두면 유용한 정보이겠지만 이런 것들이 훌륭한 공동체의 강점과 사람들 간의 신뢰를 대체할 수는 없기 때문이다.

3

커뮤니티의 기본은
'친밀한 관계'와 '느슨한 연대'

헤로인에 중독된 퇴역군인들이
헤로인을 끊을 수 있었던 이유

1971년 5월, 미국의 국회의원 로버트 스틸과 존 머피가 발표한 보고서에는 미국이 200년 역사상 최대의 보건 위기에 봉착하게 될 것임을 암시하고 있었다. 베트남전 참전용사의 15~20%가 군복무 중 헤로인에 중독되었다는 추정치가 나온 것이다. 어림하면 다섯 명 중 한 명 꼴인데, 이런 군인들이 하루에 약 천 명씩 귀환하고 있었다.

리처드 닉슨 대통령은 신속한 조치에 나섰다. 보고서 발표 한 달 만인 1971년 6월 17일, 닉슨 대통령은 기자회견을 열고 약물남용을 '미국의 공적 제1호'로 선포했다. 그리고 이 적과 싸우기 위해 선도적인 메타돈(헤로인 중독 치료에 쓰이는 약물) 치료 전문가 제롬 재프 박사를 수장으로 하는 약물남용 예방 특별조치국을 설치하겠다고 발표했다.

하지만 기자회견으로 인해 전쟁터를 종회무진하던 헤로인 중독자들이 치료도 받지 않은 채 매일같이 들어온다는 사실을 알게 된 사람들은 불안에 떨었다. 이에 재프 박사는 전문가를 소집해 채 20일도 안 되어 '골든플로 작전'을 개시했다. 이는 미국으로 귀환하는 모든 군인들에게 비행기에 오르기 전 소변검사를 받도록 강제하는 조치였다. 말썽의 소지를 줄이기 위해 약물 양성 판정을 받은 사람은 베트남에서 치료를 끝내야만 귀국할 수 있었다.

그런데 불행하게도 약물에 중독된 적이 있거나 그 효과를 경험한 사람은 약물을 완전히 끊기가 얼마나 어려운지를 잘 안다. 일반 인구집단에서 약물 사용 재발율은 상당히 높은 편으로, 추적기간에 따라 32~88%에 달했다. 그래서 그해 9월부터 연구자들은 이런 문제가 얼마나 심각하게 나타나는지 확인하여 이에 대한 대처방안을 마련하기 위해 퇴역군인 수백 명을 수년간 추적했다.

데이터가 생성되기 시작하자 연구자들은 최악의 결과에 대비해 마음을 단단히 먹었다. "한 번 중독자는 영원한 중독자다"라는 말을 귀에 못이 박히도록 들어 왔기 때문에 그들은 끔찍한 상황을 예상하고 있었다. 그러나 추적 결과는 그들의 예측과 전혀 달랐다. 퇴역군인들의 약물 사용률이 일반 인구집단에 비해 현저한 수준으로 뚝 떨어졌던 것이다. 이해가 안 되었다. 헤로인은 중독성이 무척 강한데, 어떻게 수십만 명의 군인들이 헤로인을 단박에 끊을 수 있다는 말인가?

쥐 공원의 쥐들은
왜 모르핀 물을 먹지 않았을까?

이런 현상을 이해하기 위해서는 역사상 가장 희한한 놀이공원인 쥐 공원Rat Park에 대해 살펴볼 필요가 있다. 이 놀이공원은 캐나다 심리학자 브루스 알렉산더가 1970년대에 만든 것이다. '디즈니월드에도 커다란 미키마우스가 있으니 비슷한 거겠지'라고 생각할 수 있겠지만, 이 공원은 사람을 위한 공원이 아니라 말 그대로 쥐를 위한 공원이었다.

쥐 공원을 만들기 전 알렉산더 박사는 한 약물 중독 실험에 주목했다. 이 실험에서는 여러 개의 작은 우리에 담긴 실험쥐들에게 맹물과 모르핀을 탄 물이 주어졌고 쥐들은 두 가지 물 중에서 선택하여 마실 수 있었다. 얼마 지나지 않아 쥐들은 모르핀이 든 물을 너무 많이 마신 나머지 하나둘 죽어갔다. 이 실험은 사람도 일단 약물에 중독되고 나면 죽을 때까지 계속 약물을 사용하게 된다는 증거로 활용되었다. 그러나 알렉산더 박사는 다른 해석의 여지는 없을지 고민했다. 쥐의 중독성을 유발한 것이 모르핀의 중독성 때문만이 아니라 작은 우리에 갇혀 있는 극심한 고립감과 지루함 때문이기도 하다면? 감옥에서 가장 심한 처벌이 독방에 감금되는 것이 아니던가! 고립은 우울증과 환각에서부터 조현병과 자해에 이르기까지 다양한 정신적 문제를 일으킬 소지가 있다. 인간과 마찬가지로 쥐도 사회적인 동물이다. 사람도 홀로 작은 공간에 수주일 동안 아무런 할 일도 없이 갇혀 있으면 모르핀이 든 물을 선택하게 될 확률이 높다.

알렉산더 박사는 자신의 이론을 시험하기 위해 쥐들이 친구를 사귈 수 있고 좋아하는 장난감을 가지고 놀 수 있는 이상적인 놀이터인 쥐 공원을 만들었다. 그는 쥐 공원에 맹물과 모르핀을 탄 물을 쥐들이 골라서 마실 수 있게 한 다음 이 쥐들이 마신 물과 격리된 우리에 갇힌 쥐들이 마신 물을 비교했다. 결과는 가히 충격적이었다. 쥐 공원의 쥐들은 격리되어 있던 쥐들에 비해 모르핀 물을 거의 마시지 않았던 것이다.

약물 남용이 순수하게 접근과 노출의 문제라면, 쥐 공원의 쥐들도 격리되어 있던 쥐들처럼 모두 중독이 되어야 마땅했다. 하지만 이 실험은 중독이 되려면 약물 자체만이 아닌 또 다른 요인이 있어야만 한다는 것을 시사한다.

이 결과를 토대로 알렉산더 박사는 '중독의 혼란이론Dislocation Theory of Addiction'을 정립했다. 이 이론은 애착과 소속감, 정체성, 의미, 목적이 결여될 때 실제로 중독의 가능성이 발생함을 설명한다. 어떤 사람이 혼란에 빠지면 그로 인해 궁극적으로 불안과 우울, 방향감 상실, 절망, 자살, 분노성 폭력 등의 형태로 문제가 발생한다. 잠시 당신이 과거 우울하거나 불안했을 때 또는 절망감이나 자살 충동을 느꼈던 때를 떠올려 보라. 매일매일이 이런 혼란의 연속이라면 그런 사회적 고통을 피하기 위해 무슨 짓을 저지를지는 단지 시간문제일 것이다. 혼란스러운 상태에 있을 때는 약물이 훌륭한 선택지처럼 느껴질 수 있는 것이다.

혼란이론은 쥐나 사람을 중독되게 하는 것이 단지 약물만이 아니라 감금으로 인한 혼란 때문일 수도 있음을 제시한다. 이 이론은 그토록 많은 군인들이 친구와 공동체로부터 단절된 채 베트남에 고립되어 의미도 목적도 없는 전쟁을 한다는 생각 때문에 중독에 빠져들었다가 가족과 친구와 사랑하는 이들의 품으로 돌아온 뒤에는 더 이상 헤로인을 찾지 않게 된 이유를 설명해 준다.

베트남전 참전 군인들의 경우 약물을 하면 단지 기분이 좋아질 뿐 아니라 괴로운 기분도 중단되었다. 약물이 일시적이나마 고립으로 인한 불안이나 우울감 등의 사회적 고통을 줄여준 것이다. 그러나 그들이 고국으로 귀환한 뒤에는 그런 고립과 고독이 사라졌기 때문에 계속 약물을 사용할 이유가 없어졌다.

타이레놀이
이별의 아픔을 치료할 수 있을까?

인간은 사회적 동물인지라 이런 고립감은 특히나 더 고통스럽다. 그래서 이를 탈피할 수만 있다면 어떤 결과가 초래되든 상관없이 무슨 짓이든 하게 된다. 결국 헤로인 사용자들이 위험이나 건강상의 피해에 특별히 무지한 것이 아니라, 어느 사회 계층에서든 중독에 취약한 사람이 나올 수 있는 것이다. 그래서 인간은 유대가 중요하다. 겉보기에는 완벽한 삶을 살아가는 것처럼 보이는 사람들이 유명하고 부유하고 근사한 외모를 지녔다고 해서 중독에 빠져들지 않는 게 아니다. 알렉산더 박사의 말이 옳다면 그들이 중독되는 이유는 지식이나 수치심, 공감능력이 부족해서가 아니라 엄청난 고통에 시달리고 있기 때문이다.

　사회심리학자이자《사회적 뇌, 인류 성공의 비밀》의 저자인 매튜 리버먼 박사는 상실·거부·소외·고독 등 사회적 고통의 심대한 영향력을 확인하고, 사이버볼Cyberball이라는 이름의 온라인 게임을 통해 우리가 어떻게 그런 고통을 이겨내는지를 조사했다.

　세 사람이 공 던지기 게임을 하는 모습을 상상해 보자. 당신은 가지고 있는 공을 나머지 두 사람 중 누구에게나 던질 수 있다. 공을 받는 사람은 다시 당신이나 다른 한 사람에게 공을 던질 수 있다. 처음엔 모두가 서로에게 골고루 공을 던진다. 그러다가 왠지 이상한 일이 발생한다. 다른 두 사람이 당신에게는 공을 주지 않는 것이다. 다섯 번, 열 번, 열다섯 번이 지나도록 그들은 아예 당신이 보이지도 않는다는 듯이 자기들끼리만 공을 주고받는다. 두 플레이어에 의해 당신이 배제당한 것이다. 그러면 어떤 느낌이 들까?

　리버먼 박사는 참가자들이 온라인 사이버볼 게임을 하는 동안 기능적 MRI를 촬영했다. 그 결과 누군가가 게임에서 배제당할 때 신체적 고통을 나타내는 뇌 부위가 활성화되는 것이 관찰되었다. 기분이 나빴다고 토로하는 정도가 심할수록 활성화 정도가 강하게 나타났다. 일반적으로 인간은 사회적 고통보다 신체적 고통을 더 심각하게 취급하는 경향이 있다. 타인을 물리적으로 폭행한 사람에게는 엄중한 법적 처벌이 뒤따르지만, 언어폭력이나 따돌림 같은 사회적 고통을 가한 사람에게는 이런 처벌이 거의 이루어지지 않는다. 그런데 리버먼 박사의 연구는 사회적 고통이든 신체적 고통이든 모두 똑같은 고통임을 보여준다. 사랑하는 사람을 잃는 것과 같은 사회적 고통이 우리 삶의 기억 속에서 가장 고통스러운 순간에 포함되는 것도 이런 이유에서다. 뼈가 부러지면 한동안은 많이 괴롭지만 제대로 치료받고 나면 당시의 고통을 떠올리더라도 상실의 고통을 떠올리거나 다시 체험할 때만큼 심하게 괴롭지는 않다.

리버먼의 연구진은 다음 번 실험에서 한 걸음 더 나아갔다. 게임을 하기 전 2주에 걸쳐 참가자들에게 타이레놀 진통제를 복용하도록 했는데, 그중 절반에게는 몰래 가짜 약을 주었다. 그러자 아주 흥미로운 결과가 나타났다. 진짜 진통제를 복용한 사람들의 경우 배제로 인한 사회적 고통을 경험하지 않은 것이다. 진통제는 신체적 고통을 완화하듯이 사회적 고통도 완화시켰다. 한편 가짜 약을 복용한 사람들은 아무 약도 복용하지 않았던 첫 번째 실험 그룹과 마찬가지로 배제로 인한 사회적 고통을 겪었다. 이는 곧 사회적 고통이든 신체적 고통이든 원인에 관계없이 고통은 고통이라는 것이다.

이처럼 사회적 고립과 고독의 위험은 고통과 약물 중독에 국한되지 않고 훨씬 더 심대한 수준의 영향을 미친다. 연구 결과에 의하면 외로운 사람들은 집중력이 낮고 생산성이 떨어지며 열의가 낮을 뿐 아니라 더 일찍 사망한다고 한다. 즉, 보다 유능한 사람이 되고 싶다면 친구나 동료들과 교류하는 시간을 늘리는 게 효과적이라는 것이다.

현재 우리는 다른 사람들과 여러 가지 형식으로 교류할 기회를 무궁무진하게 갖고 있으면서도 한편으론 지금껏 한 번도 경험해 보지 못한 고독이라는 유행병에 직면해 있기도 하다. 그 영향을 가장 크게 받고 있는 집단이 1980년대 초~2000년대 초에 태어나 이제 막

노동인구에 편입된 밀레니얼 세대와 Z세대다. 인터넷을 사용하고, 문자 메시지를 수시로 보내며, SNS에 게시물을 활발히 올리는 이들 초연결세대들은 어느 때보다도 디지털 세상에서 긴밀히 연결되어 있으면서도 또 그 어느 때보다 더 고립되어 있다. 온라인상의 관계가 직접적인 접촉을 대신할 수는 없기 때문이다.

시대가 지날수록 외로움을 덜 타는 것도 아닌데 고립은 이제 아예 사회적인 트렌드가 되고 말았다. 1980년대 중반부터 2000년대 중반까지 20년 동안 평균적인 미국인이 응답한 절친한 친구의 수는 3명(2.94명)에서 2명(2.08명)으로 떨어졌다. 고독의 중대한 영향과 사회적 고통을 고려할 때 이는 우리 사회의 건강지수에 상당히 심각한 영향을 미치는 요인이 아닐 수 없다. 이 또한 인간관계를 기반으로 한 접근법이 중요한 이유다.

상황이 암담해 보이지만 하늘이 무너져도 솟아날 구멍은 있는 법이다. 리버먼 박사는 우리가 사회적 신호를 잘 감지할 수 있다면 매우 유용할 뿐더러 엄청나게 큰 힘이 될 수 있다고 강조한다. 인간이 하나의 종으로 살아남을 수 있었던 것은 놀라운 스피드나 우월한 체력, 음식물을 섭취하지 않고도 먼 거리를 이동할 수 있는 능력 때문이 아니다. 인간은 서로 협력하여 덩치 큰 동물을 사냥할 수 있으며, 위험으로부터 스스로를 보호할 피난처를 만들 수 있다. 즉, 우리는 서로 관계를 맺고 언어를 뛰어넘어 타인을 이해할 수 있는 능력 덕분에 하나의 종으로 살아남을 수 있었다. 이런 특성들은 우리에게 각자의 관심분야에 커다란 영향을 미칠 수 있는 사람들과 공감하고 관계를 발전시킬 수 있도록 커다란 기회를 주고 있다.

장수마을 '블루존'의 비밀

지중해 한가운데, 이탈리아 사르데냐 인근에 있는 작은 섬마을은 이런 측면을 잘 엿볼 수 있는 곳이다. 어느 일요일 오후, 상가와 주택들이 빽빽이 모여 있는 이 마을의 한 집을 들여다본다면 으레 할머니가 딸과 손녀와 함께 음식을 만들고 있는 모습과 마주치게 될 것이다. 이들이 작은 주방 겸 식당에서 두런두런 이야기를 나누며 식사 준비를 하고 있노라면 간간이 이웃이나 친척이 마실을 온다.

이 마을엔 한 가지 비밀이 숨겨져 있다. 세계적으로 유명한 탐험가이자 〈내셔널 지오그래픽〉의 작가인 댄 뷰트너는 이곳을 세계 5대 블루존 중 하나로 꼽았다(이곳에는 고작 320㎞밖에 떨어져 있지 않은 이탈리아 본토에 비해 100살이 넘는 노인이 6배 많고, 미국보다는 10배나 많다). 블루존이란 세계에서 몇 안 되는 장수마을을 뜻한다. 심리학자이자 《빌리지 이펙트》의 저자 수전 핀커는 이곳이 지구상에서 남성과 여성이 같은 나이에 생을 마감하는 유일한 곳이라고도 했다. 그밖의 지역에서는 여성이 남성보다 평균 6~8년을 더 오래 산다고 한다.

브리검영대학에서 연구 중인 줄리앤 홀트-런스태드 박사는 장수의 비결이 무엇인지 이해하기 위해 수십만 명의 사람들을 관찰하며 그들의 식단과 흡연 습관에서부터 결혼 여부, 운동 정도에 이르기까지 제반사항을 검토했다. 7년의 추적 끝에 그의 연구진이 얻은 답은 누구도 예상하지 못한 것이었다.

우선 맑은 공기가 기대수명에 다소 긍정적인 영향을 미쳤다. 그러

서로 교류하며 오랫동안 행복하게 살고 있는 장수마을, 샤르데냐　　　　　(출처 : 월스트리트저널)

나 그보다는 독감 백신 접종이나 운동이 더 중요했고, 또 그보다는 술과 담배를 끊는 것이 더 중요했다. 연구진이 무엇보다 놀란 점은 '관계'가 가장 큰 예측변수로 나타났다는 점이다. 관계 중에서도 친밀한 관계는 두 번째로 큰 영향을 미치는 요소였다. 힘든 일이 생겼을 때 의지할 수 있는 사람, 문제가 생겼을 때 상의할 수 있는 사람이 있으면 유사시에 돈을 빌려주거나 퇴근이 늦어질 때 아이를 대신 데려와 줄 수 있어서 좋다. 이런 정서적 유대가 필수적인 것은 당연하다. 그런데 장수의 가장 중요한 예측변수가 '사회통합'으로 나타날 줄은 누구도 예상하지 못했다. 사회통합지수는 하루 동안 한 사람이 얼마나 많은 사람과 이야기를 나누고 접촉을 하는지를 나타낸다. 접촉의 상대는 세탁소 주인일 수도 있고, 직장 동료나 요가 수업을 같이 듣는 사람일 수도 있다. 꼭 가까운 친구가 아니더라도 가볍

　　　　　　　　　　　　　　　　　Part 1 당신을 초대합니다

게 교류하는 사람이면 족하다.

홀트-런스태드 박사의 연구 결과는 행복하게 오래 살려면 무엇보다 주변 사람들과 깊고 의미 있는 관계를 맺는 것은 물론 느슨한 교분도 함께 쌓을 필요가 있음을 알려준다. 인간관계의 단절은 건강과 생산성, 만족감에 여러 악영향을 끼친다. 하지만 다행스럽게도 친밀한 관계와 느슨한 교분을 통해 우리는 장수와 집중력에서부터 생산성과 단절에 이르는 갖가지 문제를 해결하거나 대폭 줄일 수 있다.

아무리 부끄러움을 많이 타는 사람이라도 타인과 관계를 맺을 수 있다. 불편한 느낌은 좀 들지 몰라도 누구에게나 이런 능력이 있다. 그렇지 않았다면 우리는 하나의 종으로 살아남지 못했을 것이다. 이는 곧 사람은 누구나 타인과 관계를 맺을 놀라운 잠재력을 지니고 있다는 뜻이다.

> **“** 인간관계를 맺는 데에는
> 많은 돈이 들지도, 특별한 기술이 필요하지도 않다.
> 거의 아무런 비용도 안 들이고
> 우리는 자신과 타인의 삶의 질을 향상시킬 수 있다. **”**

*　　*　　*

인간관계는 사람들을 결속시킨다. 1장에서 우리는 사람들을 한곳에 모으고 공동체의 중심적 인물이 될 때 자신의 관심분야에 커다란 영향을 미칠 수 있음을 알았다. 그러나 공동체를 만드는 것은 단지 자기 자신만을 위한 일이 아니다. 사람들은 요즘 그 어느 때보다 더 많은 유대를 필요로 한다. 상투적으로 들리겠지만 각종 연구 결과가 이를 뒷받침한다. 당신이 관계를 맺고 싶어하는 사람들 역시 유대감을 필요로 하지만 미처 이를 깨닫지 못하고 있을 확률이 높다. 성공하고 유명해진다고 해서, 부유하고 중요한 인물이 된다고 해서 인간다움이나 의미 있는 관계를 맺을 필요성이 사라지지는 않는다.

현대사회가 주는 편리함은 도리어 우리를 더 고립시킬 수도 있다. 오히려 지중해의 작은 섬에서 태어난 사람이 더 깊은 유대감 속에서 행복하게 살 것이다. 그러므로 이제부터 무엇이 우리로 하여금 중요한 사람들과 관계를 맺도록 해주며, 그 과정에서 관련된 모든 이들의 삶을 개선시켜 주는지 살펴보도록 하자.

Part 2

신뢰

1 / 신뢰의 3가지 요소

23년간 200명의 환자를 살해한
연쇄살인마 의사

해럴드 프레드릭 쉽먼 박사는 1970년에 의학대학을 졸업한 뒤 여러 종합병원과 개인병원에서 월급 의사로 일했다. 이후 1993년에 잉글랜드 맨체스터에서 멀지 않은 하이드시에 자기 병원을 차려 3,000명이 넘는 환자를 수용할 수 있는 규모로 키웠다. 환자들의 상당수는 노인이었다. '프레드'라는 애칭으로 친근하게 불리던 그는 학술저널에 뛰어난 논문을 많이 내는 전설적인 외과의사는 아니었지만, 지역사회에서 사랑과 신뢰를 받는 의사였다. 다정한 눈과 온화한 태도를 지닌 그에게는 사랑스러운 아내와 네 자녀가 있었다. 나이가 들어 턱수염이 하얗게 세어갈수록 그의 모습은 산타

할아버지를 닮아가는 듯했다.

1998년 여름, 안젤라 우드러프는 쉽먼 박사의 병원에서 어머니의 죽음을 맞았다. 그런데 어머니가 돌아가시고 며칠이 지난 어느 날 아침, 뜻밖의 편지가 우편함에 도착했다. 어머니가 사망 며칠 전에 유언장을 수정했다는 내용이었고, 어머니의 새 상속자로 지정된 사람은 다름 아닌 어머니의 담당의사였던 쉽먼 박사였다. 안젤라는 혼란스러웠다. 늘그막의 어머니가 친딸을 대신할 만큼 쉽먼네 가족과 가까워졌다는 게 말이 될까? 혹시 어머니가 그 의사에게 빚이라도 졌던 걸까?

쉽먼 박사 주변에서 이상한 일이 발생한 것은 안젤라가 처음이 아니었다. 몇 달 전에는 그 지역 검시관이 이례적으로 많은 수의 사망진단서에 쉽먼 박사의 서명이 있는 것을 발견했다. 왕진을 다니며 노령의 환자들과 가깝게 지내는 마음씨 따뜻한 의사라면 그럴 수도 있는 일이긴 했다. 어쩌면 쉽먼 박사는 사랑하는 사람의 임종을 앞두고 가족들이 가장 먼저 부르는 의사일지도 몰랐다. 그러나 검시관은 꺼림칙한 느낌을 떨칠 수 없었다. 별 문제가 없을 수도 있지만 그는 혹시나 하는 마음에 당국에 이 사실을 보고했고 수사가 개시되었다.

잉글랜드의 사무 변호사였던 안젤라도 어머니가 남긴 유언장의 증인들을 찾아보기로 결심했다. 그리고 마침내 찾아낸 증인에게서 알게 된 사실은 충격 그 자체였다. 어머니를 수술할 당시 쉽먼 박사는 대기실에 있던 환자들을 불러들여 어떤 서류에 서명을 하게 했는데, 그들은 그것이 수술동의서일 거라고 생각했다. 비록 서류가 접혀 있어서 서명란만 보이긴 했지만 그것이 통상적인 의료 문서가 아닐 거라고 의심할 이유는 없었다. 그래서 그들은 자신들이 서명하는 문서가 어머니의 유언장과 사망확인서인 줄은 꿈에도 모른 채 서명을 한 것이다. 그러고 나서 며칠 뒤 쉽먼 박사가 가족들에게 그녀의 사망 소식을 알렸다.

이 사실을 수사관에게 연락할 당시만 하더라도 안젤라는 쉽먼 박사가 감추고 있던 진실이 얼마나 무시무시한 것인지 전혀 짐작하지 못했다. 안젤라의 고소와 검시관의 의심 속에서 경찰은 증거를 찾기 위해 시신 15구를 발굴했다. 그리고 마침내 그 '좋은' 의사 프레드는 잉글랜드에서 가장 사람을 많이 살해한 연쇄살인범임이 드러났다.

1975년에서 1998년까지 23년에 걸쳐 쉽먼은 다정하고 인정 많은 의사라는 허울 아래 최소 215~265명이 넘는 사람들을 살해해 영국 역사상 두 번째로 많은 사람을 죽인 연쇄살인범으로 기록되었다. 희생자 중 다수는 암에 걸렸던 쉽먼 자신의 어머니가 진통제를 맞았던 것과 유사한 방식으로 치사량의 모르핀을 투여받았다.

이런 이야기를 들으면 정신이 아득해진다. 쉽먼은 사랑하는 가족이 있었고 돌보던 환자도 수천 명이었다. 아무도 그가 잔혹한 짓을 저지르고 있다고는 생각하지 못했다. 무엇보다 이상한 부분은 그가 살인이 아닌 사기로 인해 덜미가 잡혔다는 점이다. 어떻게 그런 일이 가능했을까? 어떻게 23년 동안 그토록 많은 사람들이 의심 한 번 못해 본 채 죽음을 맞이했을까? 그리고 이 사건이 사람들과 깊고 유의미한 관계를 맺고자 하는 우리에게 의미하는 바는 무엇일까?

신뢰 프로젝트
- 사람을 신뢰하는 이유

신뢰는 기꺼이 의탁하는 마음이라 할 수 있다. 누군가를 신뢰하면 할수록 우리는 그들과 더 가까이 함께하고픈 마음이 든다. 그리고 신뢰는 특정한 전문성에서 비롯되는 경우가 많다. 세금 업무를 배관공에게 맡기거나 심장 수술을 친한 친구에게 맡기지는 않을 것이다. 건강이나 재정 문제는 특수한 지식과 경험을 지닌 전문가에게 맡기는 편이 안전하기 때문이다. 그러나 비밀이나 두려운 마음, 창피한 일은 친한 친구에게 거리낌없이 털어놓을 수 있다. 따라서 우리는 먼저 사람들이 어떤 이유에서 신뢰를 하는지 이해할 필요가 있다. 그러고 나면 어떤 사람이 우리의 신뢰를 받을 만한지 판별할 수 있으며, 우리가 그들의 신뢰를 받을 만하다는 것도 보여줄 수 있다.

켄트 그레이슨 박사는 켈로그경영대학원에서 '신뢰 프로젝트'를 진행 중이다. 그는 과학계 및 철학계의 동료들과 함께 신뢰가 어떻게 작동하며 언제 신뢰가 깨지는지, 신뢰를 회복하려면 어떻게 해야 하는지에 관한 최신 연구와 견해들을 탐구하고 있다. 그레이슨을 비롯한 연구자들 대부분은 대체로 신뢰가 3가지 기본요소에서 비롯된다는 데 의견을 같이한다.

1) 역량 Competence
어떤 일을 성공적으로 해낼 수 있는 능력을 말한다. 만약 당신의 담당 신경외과 의사가 갓 졸업한 의사라면 걱정이 이만저만이 아닐 것이다. 반면에 어떤 요리사가 미슐랭 가이드에서 별 3개를 받은 사람이라면 그가 식사 준비를 하는 데 필요한 기술을 충분히 갖추고 있으리라는 확신이 들 것이다.

2) 정직성·진실성 Honesty/Integrity

어떤 기업이 진실되다면 그들이 내놓는 상품은 그들이 말한 그대로의 효용을 지닐 것이다. 그들은 사람들을 속이지 않으며, 또 문제점을 발견하면 그 사실을 인정하고 시정할 것이다.

3) 선의 Benevolence

타인의 이익을 우선시하는 행동을 말한다. 자동차 수리를 맡기러 가는 고객은 정비사가 돈을 더 벌기 위해서 또는 목표량을 달성하기 위해서 엉뚱한 수리를 추가로 하지 않고 꼭 필요한 수리만 하기를 바랄 것이다.

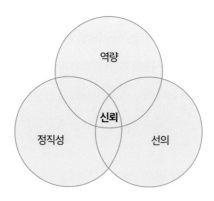

그레이슨은 이 밖에도 다양한 요소가 신뢰도에 영향을 미친다고 말한다. 그 요소들에 대해서도 살펴보겠지만 가장 기본은 역량, 정직성, 선의 이 세 가지다. 이 중에서도 상대적으로 취약한 것과 다른 요소들에 많이 좌우되는 것이 있다. 예컨대 평소 유능하다고 여겼던 사람이 어쩌다 한 번 실수하면 아마 사람들은 '한 번쯤 그럴 수도 있지' 또는 '운수 나쁜 날인가 보다'라며 대수롭지 않게 넘길 것이다. 담당 미용사가 약속을 깜빡했다 하더라도 단박에 그를 무능한 사람으로 낙인 찍지는 않을 것이다. 또 구글 지도가 어떤 주소지를 다른 곳과 혼동했다 하더라도 당장 서비스 이용을 중단할 가능성은 높지 않다. 하지만 어떤 사람이나 브랜드가 거짓말이나 지나친 사익 추구로 정직성이나 선의 같은 요소들에서 약점을 드러낸다면 곧바로 신뢰를 잃고 말 것이다. 이 요소들은 거래를 개시할지 또는 어떤 대의를 위해 기부를 할지, 영향력을 얼마나 키울 수 있을지의 여부를 결정짓는다. 우리는 이러한 점을 고려하여 신뢰의 요소들이 하는 기능을 이해할 필요가 있다.

　어떤 사람이 심각한 거짓말을 하고 있다는 사실을 알게 되면 우리는 이후로 그 사람이 무슨 말을 하든 의심이 들 것이다. 언젠가는 불신이 해소될 수 있겠지만 당분간은 그 사람이 하는 말이 전부 의문투성이일 것이다. 우리가 거짓말을 가벼이 넘기지 않기 때문이다. 그러나 한 가지 예외는 있다. 선한 의도에서 거짓말을 하는 경우다.

　그레이슨은 사람들이 선의의 위반을 정직의 위반보다 더 중시하며, 정직의 위반을 역량의 위반보다 훨씬 더 엄격히 판단한다고 지적한다. 그래서 소비자의 신뢰를 저버린 기업들이 그 사안을 일시적인 능력상의 실수로 돌리는 경향을 보이는 것이다. 만약 당신이 거래하는 은행이 당신의 계좌에서 임의로 돈을 인출해 갔다면 그들은 당신이 그 사건을 정직이나 선의의 위반으로 보지 않기를 바랄 것이다. 그럴 경우 신뢰 회복이 훨씬 더 힘들기 때문이다. 대신에 그들은 그 문제가 프로그램상의 오류로 발생한 것이며, 그들이 실수를 바로잡았을 뿐 아니라 그런 오류의 재발을 방지할 팀까지 꾸렸다고 해명할 것이다. 그리고 그 말이 사실이든 아니든 능력을 구실로 변명을 하면 대부분의 사람들은 용서하고 넘어간다. 이를 통해 우리가 그레이슨의 연구에서 배울 점이 있다면, 언제나 선의로써 행동하는 것이 무엇보다 중요하다는 점이다. 사람들의 이익을 우선시한다는 사실이 알려지고 정직하다는 평판을 들을 수 있다면 역량 부분은 시간을 두고 차차 개선할 수 있다.

이제 어째서 하이드시 사람들이 연쇄살인범 의사의 악행을 알아차리는 데 그토록 오랜 세월이 걸렸는지 이해가 갈 것이다. 한 대규모 조사에 의하면 서구 문화권에서는 의료 전문가들(의사와 간호사)이 가장 신뢰할 수 있는 사람들로 간주되는 것으로 나타났다. 사람들은 그들이 자기 일에 유능하고(철저한 수련과 시험을 거치므로), 정직하며(윤리적·의학적 검증, 서류 및 절차적 요건, 엄격한 법령이 존재하므로), 선의(의료업을 타인에게 관심이 있는 사람들의 직업으로 바라보므로)를 지녔으리라 기대하는 것이다.

그래서 쉽먼 박사의 환자들이 죽어나갈 때에도 그것이 역량의 부족이나 태만의 결과로 보이기보다는 노령의 환자들이 때가 되어 사망한 것으로 여겨진 것이다. 사람은 언젠가는 죽게 마련이고, 의사

Part 2 신뢰

에게 환자의 죽음은 곧 고객의 감소를 뜻하므로 누구도 그가 거짓말을 하거나 악행을 저질렀을 것이라고 생각할 이유가 없었다. 덕분에 쉽먼은 200명이 넘는 사람을 살해할 수 있었다. 그리고 그가 몰락한 이유는 역량의 위반이 아니라 정직과 선의의 위반에 있었다. 취약한 82세 노인의 유산을 가로채기 위해 서류를 위조한 혐의는 그냥 넘길 수 없는 문제였다.

사람들은 세상에 더 많은 신뢰가 필요하다고들 말한다. 그러나 분명 쉽먼 사건에서는 신뢰의 부족이 문제가 아니었다. 그때 이후로 영국 의료계는 그런 일이 다시 재발하지 않도록 의료업에 대한 관리 감독을 강화했다. 하지만 잘못 부여된 신뢰가 불러올 수 있는 파괴적인 영향(속앓이, 절도 피해, 죽음 등)을 생각할 때 한 가지 의문이 고개를 든다. '우리는 왜 타인을 신뢰해야 하는가?'에 대한 것이다.

우리는 왜 타인을
신뢰해야 하는가?

이런 상상을 해보자. 때는 4,000년 전이고 한 임산부가 딸을 낳았다. 엄마는 출산 후 녹초가 되었고 갓난아기는 젖을 먹고 싶어한다. 다행히 엄마에겐 비축해 놓은 식량이 좀 있었지만 산후조리와 딸을 돌봐야 하는 스트레스가 극심하다. 식량은 며칠이면 바닥이 난다. 엄마에게 나무에 올라가 열매를 딸 기운과 체력이 있다 하더라도 어떻게 아기를 안고 나무에 오를 수 있겠는가? 아기가 울기라도 하면 먹잇감을 노리는 짐승들이 사방에서 몰려들 것이다. 엄마와 아기는 어떻게 살아남을 수 있을까?

지금 그대로는 생존이 불가능할 것이다. 과거·인류의 빠른 신진대사와 식량 조달의 가능성, 신체적인 한계를 고려할 때 인간은 홀로 살아가도록 설계되어 있지 않았다. 사슴의 새끼는 태어난 지 몇 분 지나지 않아 엄마와 함께 달아날 수 있지만, 사람의 아기는 태어난 뒤 몇 년이 지나도록 제 몸 하나 돌보지 못한다. 아기를 홀로 키우는 엄마는 공동체로부터 도움을 받지 않고서는 생존할 수 없을 것이다.

딱하게도 이 지점에서 생존의 역설이 발생한다. 사람들과 관계를 맺을 경우에는 상처를 받거나 이용을 당할 우려가 있다. 그렇다면 항상 방어적인 태도를 취해야 마땅하다. 그러나 사람들과 관계를 맺지 않을 때도 생존에 필요한 도움을 받을 수 없어 궁지에 몰리게 된다. 이래도 문제, 저래도 문제다. 따라서 우리에겐 언제 위험을 감수할 가치가 있는지를 판단할 체계가 필요하다. 신뢰의 존재 이유가 여기에 있다.

상처받을 위험이 있더라도 그 위험은 하나의 종으로서 멸종할 위험에 비하면 별것 아니다. 신뢰를 키워 왔기에 인류는 살아남을 수 있었다. 신뢰를 통해 무리 지어 살면서 사냥을 하는 기능적 공동체가 만들어졌으며, 이곳에서 아이들은 함께 어울려 놀고 어른들은 한데 모여 외부의 위협으로부터 서로를 보호할 수 있었다. 다만 이런 체제가 완벽한 것은 아니어서 때로는 사람들이 속임을 당하거나 도둑을 맞기도 하고 쉽먼 사건과 같은 극단적인 사건들이 발생하기도 한다. 그러나 필멸보다는 이따금의 피해가 훨씬 낫다.

누군가를 신뢰할지 말지의 판단은 자연스럽게 내려진다. 잠시 벌새가 나는 모습을 상상해 보자. 벌새는 날개가 보이지도 않을 만큼 빠르게 날갯짓을 한다. 벌새가 날개를 한 번 파닥이는 데 걸리는 0.03초 만에 인간의 뇌는 어떤 사람을 보고 그 사람을 신뢰해도 좋을지 아닐지에 대한 기본적인 판단을 내린다고 한다. 영화의 한 프레임이 스쳐지나가는 시간 만에 사람들은 우리가 믿을 만한 존재인지를 판단하는 것이다.

문제는 신뢰도를 판가름짓는 우리의 판단과 편향이 미리 프로그래밍되어 있거나 각자의 문화권에서 배운 내용에 기초해 거의 즉각적으로 발생한다는 것이다. 간호사 복장을 한 사람은 대개 자동차 판매원이나 로비스트보다 훨씬 더 신뢰를 받는다. 그러나 믿음직스러워 보이려고 수술복을 입고 돌아다니거나 의학용어를 섞어서 말하는 사람은 없을 것이다. 그러면 어떻게 해야 할까?

우리가 추구하는 관계는 모두에게 유익한 관계이기 때문에 우선 선의가 전제되어야 한다. 이 말을 누차 반복하는 이유는 사업상의 관계에서는 이익을 먼저 챙기는 경우가 많기 때문이다. 사업상의 관계는 상대방으로부터 최대한의 가치를 뽑아낼 목적으로 맺어진다. 깊고 유의미한 교류를 하기보다 마치 흡혈귀처럼 빨아먹을 수 있는 한 끝까지 빨아먹으려 한다. 하지만 잠깐은 이런 이들이 남을 속여먹을 수 있겠지만 결국엔 안 좋은 평판에 발목이 잡히게 마련이다. 정직성의 경우도 마찬가지다. 한 번 부정직한 사람으로 낙인 찍히면 그 낙인을 지우기가 여간 어려운 게 아니다. 반대로 선량하고 정직하다는 평판을 얻게 되면 능력을 입증하기가 훨씬 수월해지고, 그러고 나면 신뢰가 뒤따른다.

　그러나 여전히 커다란 문제가 하나 남는다. 시간이 한정되어 있고 사람들의 편향이 심할 때에는 우리가 믿을 만한 사람인지 어떻게 보여줄 수 있을까? 한 가지 가능한 접근법은 이런 편향의 역학을 이해하고 그 작동원리를 무너뜨리는 것이다. 그러고 나면 사람들과 만났을 때 기본적인 수준의 신뢰를 다질 수 있다. 성급한 의사결정 방식에 휘둘리는 대신 오히려 이를 역이용해 우리가 중요하게 여기는 사람들에게 우리의 진면목을 보여줄 수 있다.

2
해병대 교관이 훈련병을
결속시키는 특별한 방법

해병대 교관은 왜 부하들을
혹독하게 다룰까?

밤 9시 45분, 스티븐 윌슨의 하루가 저물어간다. 피곤하고 목도 칼칼하다. 그의 유일한 소망은 얼른 잠자리에 들어 눈을 붙이는 것이다. 내일도 동이 트기 전에 일어나 같은 일과를 반복해야 한다. 부하들이 하나같이 자신을 싫어한다는 것을 알기에 그는 뿌듯한 마음이다. 정신이 멀쩡한 사람이라면 보통 그런 일을 반길 리 없지만 스티븐에게는 그것이 성공의 징표다. 웬만한 직장에서 스티븐이 부하들에게 하듯이 부하 직원을 대했다간 그 사람은 당장 해고될 것이다. 물론 그도 부하들에게 사랑을 받으면 더 좋겠지만, 그들의 목숨이 달린 일이니 유능하지만 미움받는 상관이 될 것인가 아니면 부하들의 목숨이 위태로워지더라도 사랑받는 상관이 될 것인가 둘 중에 하나를 선택할 수밖에 없다.

스티븐은 일반적인 회사의 팀장이 아니다. 스티븐이 책임지고 있는 이들은 훈련소에 입소한 70명의 신병들이다. 스티븐의 공식 직함은 미합중국 해병대 훈련교관 스티븐 조지프 윌슨 하사이며, 그는 동료 교관들과 함께 패리스 섬의 해병대 신병교육대에서 신참들에게 군 생활과 언제 닥칠지 모를 전쟁 대비 훈련을 시키고 있다. 내가 이 이야기를 하는 것은 훈련교관들이야말로 평범한 사람이지만 불가능한 결과를 만들어 내는 숨은 영웅들이기 때문이다. 단 몇 주 만에 그들은 서로 생면부지였던 신병들을 전우를 위해서라면 목숨도 바칠 만큼 아끼고 신뢰하도록 만든다.

낯선 이에게 자기 지갑이나 휴대전화를 선뜻 맡길 사람은 거의 없을 것이다. 그러나 스티븐은 종교와 정치적 견해, 인종, 출신지역이 서로 다른 사람들을, 다시 말해 같은 날에 입소했다는 우연 외에는 공통점이 전혀 없는 사람들을 서로에게 무엇이든 맡길 수 있는 끈끈한 관계로 만든다. 그것도 몇 주밖에 안 되는 짧은 기간에 말이다. 그가 어떻게 이런 일을 해내는지 이해하려면 우리가 앞에서 살펴봤던 신뢰의 요소 외에, 이 요소들 자체가 어떻게 생성되는지를 이해할 필요가 있다.

사람들 간의 관계는 서로 신뢰하는 만큼 단단해지기 때문에 우리는 깊은 신뢰감을 빠르게 형성하는 데 능통해져야 한다. 대개 오랫동안 알고 지낸 사람일수록 더 신뢰하게 되는 경향이 있다. 기업이나 브랜드의 경우도 마찬가지다. 물론 이처럼 수십 년에 걸쳐 깊은 관계를 발전시켜 나갈 수 있다면야 좋겠지만, 스티븐도 우리도 그만큼의 시간적인 여유가 없다. 오히려 누군가와 함께 할 시간이 고작 몇 분에서 몇 시간밖에 없을 때가 많다. 그렇다면 다른 방도는 없을까?

사람들은 흔히 누군가의 목숨을 구해 주거나 깜짝파티를 열어 주거나 큰 선물을 하는 등의 거창한 행위에서 신뢰감이 싹튼다고 생각하지만, 연구 결과에 의하면 신뢰는 배려심과 소속감을 보여주는 소소한 행위들에서 비롯되는 경우가 더 많다고 한다. 자녀들의 이름을 기억해 안부를 묻거나 생일을 잊지 않고 축하해 주거나 적절한 때 사려 깊은 칭찬을 하는 등의 행위들 말이다. 이렇게 관심받는다는 느낌과 공동체나 집단에 대한 소속감은-심지어 우정으로 맺어져 있다는 소속감까지도-굉장한 영향력을 발휘하며, 그 영향력은 시간이 갈수록 더더욱 커진다. 하지만 행여나 어떤 고객에게 전화를 걸어 그 사람 가족의 신상을 일일이 열거했다가는 상대방을 겁에 질리게 만들지도 모른다. 정상적인 행동의 범주 안에서 꾸준히 기념일을 챙기고 배려하고 적절한 수준의 신체적 접촉(어깨를 두드리거나 악수를 하는 등)을 할 때 오래 가는 관계를 만들 수 있다.

당신도 누군가를 알게 되면 그들에게 소중한 일들을 적어두었다가 나중에 만나거나 문자로 연락할 때 언급해 보라. 그 사실을 기억하고 있다는 점이 그들에게 얼마나 큰 의미가 되는지, 그것이 얼마나 관계를 끈끈하게 만들어 주는지 알게 될 것이다.

이런 세심한 마음의 표현은 오랜 세월에 걸쳐 신뢰감을 키워준다. 그러나 스티븐도 우리도 사람들이 우리가 바라는 만큼의 깊은 신뢰감을 갖게 될 때까지 마냥 기다리고 있을 수만은 없다. 그래서 우리는 다른 방안을 찾아야 한다. 그 답은 아마 지노 레오카디라는 한 이탈리아 노인의 경력에서 찾아볼 수 있을 것이다.

방문판매만으로 500만 달러의 매출을 올린 비결, 후광효과

지노의 동료들이 그에 대해 설명할 때 가장 많이 쓰는 단어는 시쳇말로 '레전드'다. 이 79세 노인의 동료들 대부분이 대학생이라서 그럴 수도 있다. 존경하는 사람을 지칭할 때 대학생들이 흔히 쓰는 말이 레전드니까. 지노는 지난 56년간 보통 사람들의 기준으로 보기에는 완전히 정신 나간 일을 해왔다. 그는 나이프가 가득 든 가방을 매고 대개 여자 혼자 있는, 생판 모르는 사람의 집을 찾아가서는 문을 열어 달라고 집주인을 설득한 다음 그 집에 들어가 주방용품을 판다. 지금껏 그가 판매한 주방용품의 총 금액은 500만 달러(약 55억 원)가 넘는다. 그가 처음 이 일을 시작했을 때 지금 시세로 3,000달러 하는 나이프 세트가 고작 169달러였음을 고려하면 실로 어마어마한 액수가 아닐 수 없다. 그는 이러한 성과를 모두 일대일 방문판매로 달성했다.

여기까지 들으면 여러분은 지노를 백과사전이나 정수기를 파는 전형적인 세일즈맨 유형의 친절하고 적극적인 사람으로 상상할지 모르겠다. 하지만 지노의 판매방식은 그보다 훨씬 더 비상하다. 그는 신뢰를 얻는 지름길로 '후광효과halo effect'를 이용했다.

주방용품을 주로 방문판매로 팔던 1970년대에는 사람들이 집으로 찾아온 외판원을 보면 문을 쾅 닫으며 쫓아내거나 성가시다며 구시렁대기 일쑤였다. 그래서 당시 일부 외판원들은 이런 생각을 했다.

'처음 만나는 고객들이 우리를 생판 모르는 남으로 여기지 않게 할 수 있다면 어떨까? 기존 고객들에게서 그들의 지인을 소개받을 수는 없을까? 그러면 새로운 곳을 찾아갈 때마다 맨땅에서 다시 시작하지 않아도 되고 더 돈독한 신뢰관계를 키울 수 있을 텐데.'

그런 생각에서 고안해 낸 방식이 어찌나 성공적이었던지 이들은 벡터마케팅Vector Marketing이라는 별도의 회사를 설립하기에 이르렀다. 현재 이곳은 프리미엄 주방용품회사 컷코 커트러리Cutco Cutlery의 독점 영업권을 보유하고 있다. 컷코/벡터는 해마다 4만 명의 신입사원을 고용하는데, 그중 대다수가 지역 사무실에서 시간제로 일하는 대학생이며, 상품 판매는 모두 직접적인 소개로 이루어진다. 이는 곧 독립적인 신입 영업사원들이 몇몇 친구나 가족에게 하는 초기 영업 외에도 컷코 제품을 보고 구매한 사람들이 전부 그런 식으로 해왔음을 뜻한다. 성장일로의 탄탄한 신뢰망 덕분이다.

놀랍게도 이 방법은 굉장히 성과가 좋았다. 지난 30년간 컷코는 미국 최고의 주방칼 및 수저류 브랜드 자리를 지켜 왔으며, 오로지 직접 소개를 통해서만 제품을 구경할 수 있다. 매장도 없고 지금껏 광고 한 번 한 적이 없지만 그들은 해마다 일류 브랜드인 메이시스나 윌리엄스 소노마, 심지어 아마존보다도 높은 판매고를 기록하고 있다.

국내에서도 많은 사랑을 받고 있는 컷코

컷코의 놀라운 성공비결은 우수한 제품에도 있지만, 다른 브랜드
들과의 진정한 차별점은 판매사원들이 이용하는 후광효과에 있다.
후광효과의 작용방식은 이렇다. 우리가 신뢰하는 누군가가 어떤 사
람 또는 상품, 서비스와 연계되어 있으면 우리는 그것들을 더 신뢰
하게 될 가능성이 높다. 이 효과의 명칭은 성자나 천사에게서 뿜어
져 나와 그 주위를 온통 환하게 물들이는 신비로운 원형의 빛을 뜻
하는 '후광'에서 따온 것이다.

> **"** 후광효과란 후광에 닿는 모든 것이 환해지는 것처럼
> 우리가 신뢰하는 사람이나 브랜드와 관련된 모든 것이
> 더 믿음직스러워진다는 뜻이다. **"**

그래서 각종 브랜드들이 유명인을 동원하는 것이다. 유명인들은 SNS에서 수많은 팔로워를 보유하고 있어 그들과 제휴를 하면 브랜드 평판을 올리는 데에도 도움이 된다. 나이키 조던 브랜드의 운동화와 의류가 특별히 더 멋지거나 선수용으로 더 적합하거나 심지어 마이클 조던 본인과 어떤 유의미한 관계가 있는지는 잘 모르겠지만, 단 12개월 만에 나이키가 조던 브랜드 하나만으로 31억 4,000만 달러의 매출을 올린 것만큼은 의심의 여지가 없는 사실이다.

만약 당신이 이런 종류의 행동편향에 대해 무시한다고 하더라도 좋아하는 브랜드에서 새로 출시된 음료를 먹어보았거나 친구의 추천으로 누군가를 만나고 영화를 보고 식당에 가본 적이 있다면 이미 후광효과를 경험한 것이다. 현실적으로 생각해 보자. 우리가 신뢰하는 누군가가 무언가를 추천한다고 해서 그것이 반드시 좋으리라는 보장은 없다. 연쇄살인마 쉽먼 박사의 환자들도 그를 다른 사람들에게 추천했을 가능성이 높고, 그로 인해 끔찍한 결과를 맞았을 수도 있다. 그러나 대부분의 경우 후광효과는 사고(思考) 과정을 급격히 단축시켜 내가 A를 믿고 A가 B를 믿으면 내가 B를 믿게 될 가능성이 높다. 사실 생각할 겨를도 없이 그냥 자동으로 그렇게 된다.

지노가 누구보다 잘 알았던 게 있다면 아마도 신뢰의 후광 속으로 걸어들어가는 방법이었을 것이다. 그가 하는 일이라곤 단지 소개받은 사람의 집 주방에 앉아 집주인과 수다를 떠는 것뿐이었으니까. 그는 더 많은 후광을 등에 업을수록 더욱더 신뢰를 얻게 된다는 사실을 이해하고 있었다. 예컨대 그는 "수지가 당신을 찾아가 보라고 했어요"라는 말만 전하지 않고 다른 이야기보따리도 풀어 놓는다. 수지와 함께 커피를 마시면서 손주들 이야기를 나누었다는 식으로 말이다. 그날 그가 주의 깊게 들었다면 아마 아이들의 이름까지 댈 수 있으리라. 수지 역시 누군가에게 소개받은 사람이었기 때문에, 그는 두 사람이 원래 자넷이나 자넷의 언니 매기를 통해 알게 된 사이라고 덧붙일 수도 있다. 그가 이 후광 저 후광을 계속해서 건드리면 결국 상대방의 뇌는 그가 믿을 만한 사람이 틀림없다고 생각하게 된다. 그리하여 대화를 시작한 지 채 2분도 안 되어 지노는 상대방에게 어쩌다 마주친 낯선 사람에서 자기 친구들을 많이 알고 있는 공동체의 일원이 된다. 이런 일을 너무나 능숙히 해온 덕분에 지노는 수세대에 걸쳐 같은 집안, 같은 공동체 사람들과 거래를 이어 왔고, 그러면서 그들과 평생의 친구가 되었다. 지노에게 이 방법은 가족을 대하는 것이나 다름없었다.

이 친구에게서 저 친구에게로 소개받아 다니며 지노와 그의 동료들은 유명 인사와 억만장자, 〈포춘〉 선정 500대 기업의 주요 간부, 유명 작가, 기업가들을 두루 만날 수 있었다. 후광효과를 통해 그들은 대부분의 사람들이 생각지도 못하는 신뢰의 지름길을 발견한 것이다. 물론 우리도 가끔씩 친구에게 누군가의 연락처를 묻거나 소개를 부탁하기도 한다. 하지만 정말로 만나고 싶은 사람을 소개받을 만큼 그 과정을 오래 지속하는 사람이 얼마나 될까? 모르긴 해도 후광효과를 제대로 이용한 사람은 얼마 안 될 것이다. 평균 3.57명만 거치면 전 세계 페이스북 사용자 누구와도 연결된다는 2016년의 페이스북 조사를 고려하면 더더욱 그렇다. 이는 곧 몇 차례만 소개를 잘 받으면 만나고 싶은 누구와도 연결될 수 있다는 뜻이다.

최초의 신뢰는
어떻게 촉발할까?

　　　　　　　지노에게 배운 점을 잘 활용하면 우리도 훨씬 더 빠른 시일 내에 신뢰를 구축할 수 있다. 그러나 불행히도 스티븐 윌슨 하사에게는 신병들을 결속시킬 만큼 강력한 후광효과가 없었다. 후광효과가 발휘되려면 신뢰 구축의 시작점이 필요한데, 신병들의 경우 그 시작점은 그들이 스스로를 해병대로 인식하는 때이다. 그 지점에서 그들이 다른 해병대원들을 만나면 처음 만난 사람끼리도 후광효과로 인해 공동체 의식과 신뢰가 싹튼다. 그러나 여전히 한 가지 의문점이 남는다. 그 처음의 신뢰는 어떻게 촉발할까?

　일부 문화권에서는 통과의례를 통해 집단의 구성원으로 인정할 사람을 선별하거나 청년들에게 성인의 지위를 허락하고 있다. 가벼운 통과의례의 사례로 유태인 아이들은 열세 살 성인식 때 그들의 공동체 앞에서 히브리어 성경의 한 부분을 읽는다. 이에 반해 아마존의 사테레-마웨족이 지켜온 전통은 세계에서 가장 고통스러운 게 아닐까 싶다. 사테레-마웨족 청년들은 성인식 때 줄지어 서서 총알개미가 잔뜩 들어 있는 장갑을 낀다. 그러면 침이 안쪽으로 향하도록 배열된 개미들이 장갑 낀 사람의 손을 연방 쏘아 대며 세상에서 가장 고통스러운 독소로 알려진 물질을 주입한다. 단 한 방만 쏘여도 말벌에 쏘인 것보다 30배는 더 고통스럽다고 하는데, 그들은 이런 침을 수백 번씩 쏘인다. 장갑을 끼고 있는 동안 청년들은 고통을 잊으려 춤을 춘다. 5분쯤 뒤 장갑을 벗긴 하지만 한없는 고통의 물결이 그들을 덮치며 시련은 약 24시간 동안 지속된다.

　이 글을 읽으면서 독자들은 지나친 고통이 오히려 경험의 가치를 떨어뜨리지 않을까 생각될 수도 있겠지만 그렇지 않다. 힘든 경험을 함께하면서 동병상련의 처지에서 그들은 서로를 돌봐 주고 신뢰하게 된다. 이것이 스티븐의 문제해결 방법에서 우리가 미처 깨닫지 못한 부분이다. 사테레-마웨족의 통과의례는 스티븐의 신병들이 결속하고 그들이 서로에게 자기 목숨을 맡기도록 하는 것과도 연관성이 있다. 이 원리를 잘 활용한다면 대개 수주일에서 수년이 걸려야만 쌓을 수 있는 신뢰를 단 몇 분이나 몇 시간 만에도 만들 수 있다. 그 작동원리를 이해하기 위해 이 주제에 관한 세계적 사례라 할 수 있는 스웨덴의 한 가구회사를 살펴보기로 하자.

3 / 이케아가 사랑 받는 이유

노력을 기울이면 더 애착이 간다
- 이케아효과

이사를 해본 적이 있는 사람이라면 대부분 같은 경험
이 있을 것이다. 먼저 빌릴 수 있는 가장 큰 차를 빌려 필요한 물건
을 모두 구할 수 있기를 바라는 마음으로 대형 매장으로 향한다. 매
장에 들어서면 도저히 빠져나갈 수 없을 것만 같은 구불구불한 미로
를 만나게 된다. 포엥, 돔보스, 에플라뢰 같은 상품명을 제대로 읽을
수 없지만 다행히 구매하는 데는 문제가 없다. 몇 시간 동안 식탁,
침대, 의자 등등이 포장된 거대한 상자들을 카트에 담으며 함께 간
사람과 최소한 두어 차례 말다툼을 한 다음 줄을 서서 값을 지불하
고 물건들을 전부 집으로 나른다. 그러고는 각각의 가구를 조립하는

스웨덴의 조립식 가구 및 생활용품 브랜드 이케아. 1943년 당시 17세 소년이었던 잉바르 캄프라드가 아버지에게서 졸업선물로 사업자금을 받아 설립했다.

고된 일을 시작한다.

이 이야기가 남 얘기 같지 않다면 분명 이케아에서 쇼핑을 해본 사람일 것이다. 그런데 여기서 사람들이 미처 깨닫지 못하는 사실은, 직접 공들여 가구를 조립하는 수고를 한 다음에는 스스로 이케아 가구에 실제보다 후한 가치를 매기게 된다는 점이다. 즉, 조립 결과가 마음에 들지 않더라도 완제품으로 배달받은 가구보다 본인이 직접 조립한 가구를 훨씬 더 가치 있게 여기게 된다는 것이다. 이런 현상을 학자들은 '이케아효과IKEA effect'라 부르며, 이는 우리가 노력을 투입한 물건에 더 애정을 갖게 되는 인지적 편향을 가리킨다.

만약 어떤 엄마가 아이의 열여덟 번째 생일날 그 아이가 친자가 아니라 출생 당시 바뀐 아이였다는 사실을 알게 된다 하더라도 갑자기 그 아이에 대한 애정이 식어버리지는 않을 것이다. 지금껏 자신이 길러 온 정성이 있기 때문이다. 엄마가 아이를 사랑하는 것은 아이와 함께 생활하며 잠 못 이뤘던 모든 밤들과 함께 요리하고 숙제하고 감기에 걸리기도 하며 지내 온 결코 잊지 못할 수많은 시간들 때문이다. 물론 이것은 이케아효과의 극대화된 형태라 할 수 있지만, 우리는 누구나 이런 효과에 휘둘린다.

이케아효과는 우리 삶에 커다란 영향을 미칠 수 있는 사람들과 어떻게 하면 빠르게 신뢰를 쌓을지에 대한 궁금증에 답을 주며, 스티븐이 해병대 신병교육대에서 겪는 문제에도 해결책을 제시한다. 공통점이 없는 사람들끼리 서로 신뢰하도록 하는 가장 빠른 방법은 공통의 목표나 문제, 즉 일종의 합동작전 같은 것에 공동의 노력을 기울이도록 하는 것이다. 그렇다고 스티븐이 신병들에게 가구를 사서 조립하도록 할 수는 없는 노릇이니 뭔가 다른 구심점을 만들어 주어야 한다. 스티븐에게는 안 된 일이지만 그의 부하들이 공통적으로 지니는 유일한 문제는 스티븐 자신이다. 그래서 그는 훌륭한 훈련교관들이 으레 쓰는 방식대로 신병들로 하여금 세상 무엇보다 그를 더 증오하도록 만들어 그에게 얼차려를 당하고 싶지 않다는 공통된 마음을 갖게 한 것이다. 스티븐이 그들에게 소리를 치고 그들을 마구 굴려 대고 불가능한 임무를 부여할 때마다 그들은 신병교육대에서 살아남을 수 있는 유일한 길은 서로 협력하는 것임을 배운다.

다가올 고난이 워낙 크다 보니 그들은 문제해결의 의지로 충만해진다. 밤이나 낮이나 그들은 최선을 다해 서로를 지원하며 집단의 성공을 도모한다. 그러는 한편으로 질책을 듣지 않기 위해 서로에게 더 마음을 쓰고 단합한다. 결국 훈련기간 동안 신병들을 연결했던 동지애와 유대감은 이후 해병대 전체에 후광효과를 미치게 된다. 후광효과로 인해 함께 고생하면서 생긴 연대감과 신뢰감이 조직 전체로 퍼져 나가는 것이다.

물론 이런 방식이 군대에서는 통할지 몰라도 만나고 싶은 잠재고객이나 추구하는 대의를 지원해 줄 후원자, 새로운 친구나 회사 직원들과 결속을 다질 방법으로는 썩 현실적인 접근법이 아니다. 하지만 어째서 이런 방식이 효과가 있는지 이해하면 관계를 증진하는데, 그리고 원하는 사람과 필요한 신뢰를 쌓는 데 활용할 수 있다.

약한 모습을 먼저 보여주면 신뢰가 따라온다
- 취약성의 고리

사람들과 신뢰를 쌓는 과정의 시작은 서로 함께 협력해야 할 만큼 큰 도전과제를 찾는 것이다. 혼자서도 충분히 할 수 있는 일이라면 애초에 다른 사람들과 함께할 필요가 없다. 하지만 누군가와 함께 일하다 보면 반드시 서로의 도움이 필요한 순간이 찾아온다. 그것은 신체적인 도움일 수도 있고(혼자 옮기기에는 너무 무거운 물건을 옮겨야 할 때), 정서적인 도움일 수도 있으며(과도한 부담감으로 긴장감을 풀거나 감정을 분출할 필요가 있을 때), 지적인 도움일 수도 있다(새로운 관점이나 문제해결을 도와줄 사람이 필요할 때). 이런 순간에 사람들 사이에 일어나는 놀라운 일을 하버드대학교 경영대학원의 제프리 폴저 교수는 '취약성의 고리vulnerability loop'로 설명한다.

사람들은 신뢰가 선행되어야 본인의 취약한 면을 내보일 수 있다고 생각하는 경향이 있지만 폴저와 그의 팀은 그 반대라고 보았다. 그들은 예측 가능한 프로세스를 통해 취약성의 표현 다음에 신뢰가 뒤따른다고 주장했다.

- 첫 번째 사람이 자신의 취약성을 드러내 보인다(타인의 도움이 필요함을 나타내는 말이나 행동을 한다)
- 두 번째 사람이 그 신호를 감지한다.
- 두 번째 사람 역시 자신의 취약성을 드러내 보인다.
- 첫 번째 사람이 두 번째 사람의 신호를 감지한다.
- 두 사람 사이에 신뢰감과 친밀감이 형성된다.

　이러한 과정을 거치면 두 사람 사이에 신뢰가 증진되며 또 다른 고리가 만들어질 기회가 생긴다. 예컨대 내가 누군가에게 "이런 프로젝트는 처음이에요. 도저히 감당이 안 돼요"라고 말하면 상대방은 여러 가지의 반응을 보일 수 있다. 상대방이 내 마음을 잘 몰라주거나 나를 무시할 경우 나는 거부당한 느낌이 들어 다시는 그에게 도움을 청하지 않을 가능성이 높다. 더 나아가 상대방이 내 마음이 어떤지 알면서도 "물론 힘들겠지. 당신은 무능하니까"라면서 모욕감을 주면 앞으로 다시는 그에게 도움을 청하지도 그를 신뢰하지도 않을 것이다. 반면 상대방이 내 마음을 알아주고 "그 일을 처음 했을 때 나도 얼마나 힘들었는지 생각나요. 내가 어떻게 도와주면 좋을까요?"라며 자신의 취약성을 드러내 보이고 그 말에서 진심이 느껴진다면, 두 사람 다 서로에게 신호를 보낸 것이고 서로에겐 안심하고 속마음을 터놓을 수 있음을 확인한 것이다. 이런 고리가 완성되면 이제 두 사람은 서로를 한층 깊이 신뢰할 수 있게 된다.

결국 도와달라는 신호가 신뢰보다 먼저인 것이다. 그것은 상대방을 기꺼이 신뢰하겠다는 신호를 보내는 것과 다름없기 때문이다. 이는 곧 누군가와 의미 있는 관계를 맺고 싶다면 적극적으로 신호를 보내야만 한다는 뜻이기도 하다. 완벽해 보이려고 애쓰는 건 사람들을 멀어지게 할 아주 좋은 방법이다. 자신을 다 내보이라는 뜻이 아니다. 그저 취약해 보일 위험만 감수하라는 뜻이다. 가끔은 내 신호를 사람들이 알아주지 않거나 창피한 마음이 들 수도 있다. 그러나 대부분의 경우 사람들은 선의로 다가와 줄 것이며 그런 사람에게는 더 친밀한 느낌이 들 것이다.

신병교육대의 해병들에게 이런 신호들은 언어적 신호나 요청에 한정되지 않는다. 그들의 일과는 의도적으로 버겁게 짜여져 있어서 누구도 혼자서는 임무를 완수하기가 불가능하다. 그들은 누군가가 어려움을 겪고 있는 모습을 보면 도와줄지 아니면 단체기합을 받을 위험을 감수할지를 빠르게 판단한다. 하루에만도 이런 취약성의 고리들이 수천 개씩 생성되고 완성된다. 군화에 광택 내기부터 전원 제시간에 집합하기, 완전군장하기에 이르기까지 모든 과업을 완수할 유일한 길은 서로 돕는 것이다. 수통을 채워 놓고 제때 장비를 갖추는 소소한 일에도 서로의 도움이 필요할 수 있다. 그래서 통상적으로 수년이 걸려야 쌓일 신뢰가 이런 환경에서는 단 몇 주 만에 움튼다. 그렇게 그들은 전우를 지키기 위해서라면 자기 목숨도 기꺼이 바칠 투사가 된다.

　스티븐의 기막힌 훈련 비법은 신병들이 서로 협력하지 않을 수 없을 만큼 커다란 문제를 만드는 데 있으며, 이케아효과는 신뢰감과 유대감이 커질 때 더욱 강력해진다.

후광효과를 이용해
서로의 관계를 재구성하는 방법

　　　　　　　　　　이제 중대한 요소들을 알았으니 후광효과를 이용해 우리의 관계를 재구성할 일만 남았다. 지노처럼 누구나 알 만한 인맥을 내세우는 것도 좋은 방법이다. 유명인의 이름을 팔기 위함이 아니라 공통의 신뢰 기반을 찾기 위해서다. 모든 사람을 소개로 만날 수 있다면야 더할 나위 없이 좋겠지만 이런 일이 늘 가능하지는 않다. 내가 디너파티를 통해 형성한 인플루언서 커뮤니티 사람들도 한 번에 한두 명 정도만 개인적인 추천으로 초대된다. 때로는 그런 임의의 초대에 한 번도 응해본 적이 없을 만한 유명인이나 기업가 등의 걸출한 인물들이 우리를 믿고 참석해 주기도 한다. 특별히 만나고 싶은 사람이 있는데 그 사람이 그냥은 와주지 않을 것 같으면(예를 들어 영화 〈트랜스포머〉에서 옵티머스 프라임의 목소리를 연기한 피터 컬른 같은 사람) 나는 중간에 다리를 놓아줄 수 있는 사람을 찾는다.

　그런데 우리가 평소 만나는 대다수의 사람들에게는 집단 내의 다른 사람들에게 영향을 미칠 만큼 의미 있는 후광이 없다. 이런 경우에, 특히 비즈니스 세계에서는 의미있는 대접이나 선물 공세로 깊은 인상을 주거나 마음을 얻으려는 경향이 있다. 그러나 이케아효과에서 보았듯 오히려 우리는 정반대의 접근법을 취할 필요가 있다.

인플루언서 디너에서 나는 모두의 참여가 필요할 만큼 큰 과제를 제시한다. 그것은 바로 1시간 안에 식사 준비를 마쳐야 한다는 것이다. 다같이 일손을 거들지 않으면 저녁은 물 건너간다. 그러면 다들 일제히 팔을 걷어붙이고 각자 할 수 있는 일을 맡는다. 할일이 많은 만큼 취약성의 고리들이 순식간에 완성된다. 처음엔 서로 서먹서먹했던 사람들이 한 시간도 채 안 되어 자리에 둘러앉아 자신들이 손수 만든 음식에 감탄하며 더 많은 시간을 함께 보내려 한다. 그들의 몸속에선 옥시토신이 분출되고, 보통은 몇 달이나 몇 년이 걸려야 쌓일 신뢰가 한 시간 만에 자라난다. 무엇보다 좋은 점은 이 모든 일들이 선의와 정직한 의도에서 이루어진다는 점이다.

이제는 당신도 인간의 행동역학을 알았으니 나름의 방식으로 적용해 볼 수 있다. 유념할 점은 반드시 이런 지식을 윤리적인 방식으로 사용해야 한다는 것이다. 이 책의 의도는 어떤 배경을 지닌 사람이든 그들의 삶뿐만 아니라 그들과 교류하는 이들의 삶까지 모두 개선시키는 깊고 유의미한 관계를 개발하도록 하는 데 있다. 악의적인 동기로 성급하게 신뢰를 쌓으려 했다가는 쉽게 의심을 사게 되고, 결국은 그러한 의도가 들통나 평판에 해를 입게 된다. 앞으로도 계속 거론하겠지만 당신의 동기에 문제가 없는지는 간단한 질문으로 확인할 수 있다.

> **"** 어떤 메커니즘을 어떤 이유에서 사용하는지
> 사람들에게 밝히면 그들이 농락당하고 있다고 느낄까?
> 아니면 문제없다고 생각할까? **"**

이 질문을 끊임없이 자문해 보는 것이다. 솔직히 이 책을 읽고 실천에 옮길 만큼 품성 좋고 똑똑한 사람이 사기를 칠까 싶지만, 그래도 나는 이 점을 꼭 밝혀 둘 필요가 있다고 생각한다. 사람들이 자신의 삶에 도움이 될 관계를 개발하도록 하는 것이 이 책의 목적이기 때문이다.

그렇다면 이번 'Part 2 신뢰' 부분을 읽고 우리가 할 일은 무엇일까? 우선 사람들에게 더 많은 부탁을 해야 한다. 그럴수록 더더욱 사람들의 관심을 받게 되며 관계는 더 끈끈해질 것이다. 이는 더 이상 고객들에게 비싼 저녁식사를 대접하지 않아도 된다는 뜻이기도 하다. 대신 하이킹이나 운동 수업, 예술 프로젝트, 자원봉사, 꽃꽂이처럼 함께할 수 있는 활동을 찾는 것이 좋다. 핵심은 함께 노력을 기울여야 하는 활동이면서 본인 스스로도 즐길 수 있고 가치 있게 여겨지는 일을 선정하는 것이다. 이렇게 하다 보면 얼마나 금세 우정이 싹트는지 알게 될 것이다. 모두 과제의 제시와 공동의 노력, 취약성의 고리 덕분에 가능한 일이다.

you're invited

Part 3

인맥

1
원하는 사람과 관계를 맺는 방법

금융위기 시대에 고가의 실버타운은
어떻게 분양에 성공했을까?

2008년 8월 2일, 이기 이그나티우스는 기쁨을 주체하지 못했다. 투자자 10명 모두가 그가 꿈꾸던 프로젝트를 추진할 수 있는 자금을 건넸던 것이다. 그는 이 돈으로 플로리다 중부에 실버타운을 만들기 위한 첫 삽을 떴다. 그런데 그로부터 한 달도 채 안 되어 대공황 이후 최악의 경기침체가 닥쳤다. 가장 핫한 부동산 시장이었던 플로리다의 거래량은 사상 최저로 떨어졌다. 주변의 건설업자들은 줄줄이 파산했고, 사람들은 더 이상 주택담보 대출금을 갚지 못했다. 설상가상으로 그는 방 2개짜리 주택을 13만 달러에 팔고 있었는데 길 건너편에서는 방 4개짜리 주택을 10만 달러에 분양했다. 그런데 이런 상황에서도 이기의 실버타운은 한 동 전체가 순식간에 팔려나갔다. 금세 두 동을 새로 지을 만큼의 자금이 마련되었고, 또 얼마 지나지 않아 보유 세대 전부가 소진되었다. 금융위기 시대에 어떻게 이런 일이 가능했을까?

그 답은 이기가 가졌던 비전과 사람들의 행동을 유도하는 편향들에서 찾을 수 있다. 이기는 1970년대에 20대의 나이로 새로운 삶을 개척하려는 야망을 품고 인도에서 미국으로 이민을 왔다. 2000년대 후반에 이르자 사랑하는 가족과 손주들이 생겼고, 성공적인 커리어로 그의 삶은 풍성해졌다. 다른 여러 친구들처럼 그도 은퇴를 한 후 인도로 돌아갈 생각이었다. 그런데 고향으로 돌아가면 미국에 남을 친구들과 가족, 손주들과 헤어져야 하고 미국에서 받을 수 있는 수준 높은 의료 서비스를 포기해야 했다. 이 모두를 다 가질 수 있는 방법은 없을까? 만약 중부 플로리다에 '작은 인도'를 만들어 그들의 문화와 음식, 각종 활동과 종교 의식을 영위할 수 있도록 하면 어떨까? 인도 사람들이 간절히 바라는 공동체를 만든다면?

이기가 건설 중인 '샨티니케탄ShantiNiketan'은 거주자들에게 천국의 한 조각을 약속했다. 이곳에선 모두가 인도식 영어 억양과 음식 취향을 이해하고 신앙을 존중하며 지낼 수 있도록 한 것이다. 이는 곧 남은 삶을 같은 가치와 소망을 공유하는 사람들과 보낼 수 있다는 뜻이었다. 그곳에서라면 밥, 커리, 수제 요거트부터 발리우드 영화와 요가에 이르기까지 그들이 사랑하는 모든 것을 즐길 수 있었다.

금융위기의 최정점에서 주변 사람들이 온통 파산하는 와중에 이

금융위기의 상황에서도 분양에 성공한 중부 플로리다의 작은 인도마을 샨티니케탄

기가 놀라운 성공을 거두었던 이유는 그가 다른 곳에서는 찾을 수 없는 무언가를 고객들에게 제공한 데 있었다. 그것은 바로 가족과 떨어지지 않고 자신들의 문화를 지켜나갈 수 있는 환경이었다.

아이폰 이용자끼리
마음이 더 가는 이유

샨티니케탄에서 1,600km 떨어진 노스웨스턴 대학 켈로그경영대학원에는 저명한 신경과학자 모런 서프가 운영하는 한 연구소가 있다. 모런과 나는 한 팀이 되어 모바일 데이트 앱 '힌지Hinge'와의 공동연구로 또 다른 종류의 연결-데이트 상대를 정하게 만드는 요인-에 대해 살펴보았다. 우리는 데이트 관련 연구로는 사상 최대라 할 만큼 방대한 4억 210만 건 이상의 잠재적 매칭

건에서 추출된 데이터를 검토했다. 이 앱은 사람들이 실제로 데이트를 하는 데 이용하는 것이 아니라 나중에 직접 만나고 싶은 상대를 찾기 위해 이용하는 것이기 때문에, 우리는 어떤 요인이 사람들의 연락처 교환에 가장 큰 영향을 미쳤는지를 파악하고자 했다. 사용자 개개인의 데이터나 프로필, 대화 내용은 절대 들여다보지 않았음을 밝혀 둔다.

조사 결과 재미난 사실이 드러났다. 우선 '반대되는 사람들끼리 끌린다'라는 옛말이 여기서는 맞지 않았다. 오히려 거의 대부분의 경우에 유사점이 많은 사람들끼리 연결될 확률이 더 높았다. 이름의 이니셜마저도 여기에 해당되었다. 즉, 같은 이니셜을 가진 사람들이 다른 이니셜을 가진 사람들에 비해 매칭 확률이 11.3% 더 높게 나타났다.

> **"** 이런 현상은 '암묵적 자기중심주의implicit egotism'라고
> 알려진 것으로, 본인을 상기시키는 것에
> 더 끌리고 마음이 가는 현상을 말한다. **"**

황당하게 들릴지 모르지만 데니스라는 이름을 가진 사람은 덴버에 거주하고 덴티스트(치과의사)가 될 확률이 높으며, 태풍 카트리나 이후에 태어난 여자아이들은 부모들이 각종 매체에서 카트리나를 자주 들어 친숙해진 탓에 캐서린, 케이티처럼 K로 시작하는 이름을 갖게 되는 경향이 많았다. 데이트 앱에서는 이런 효과가 종교(평균 97.8% 매칭 확률 증가, 종교에 따라 50~85%의 범위까지 상승), 출신대

학 유형(두 사람 다 문과대학을 나왔을 경우 매칭 확률 38% 증가, 아이비리그 대학의 경우는 64.3% 증가), 사용하는 휴대전화(안드로이드, 아이폰), 심지어 출신대학의 전국대학스포츠협회 가입 여부에 이르기까지 프로필 전반에서 나타났다.

실로 놀라운 현상이 아닐 수 없었다. 그런데 어떻게 이런 효과가 이처럼 강하게 나타난 것일까? 이에 대한 이해를 돕기 위해 역사상 가장 대범했던 미술품 도둑의 이야기를 들려줄까 한다.

\<모나리자\>는 어떻게
최고의 작품이 되었나?

1911년 8월 21일 월요일 오전 6시 55분, 한 남자가 흰색 작업복을 입고 프랑스 파리의 루브르박물관에 들어섰다. 매주 월요일은 박물관이 청소와 유지보수, 물류관리를 위해 문을 닫는 날이라 남자는 별다른 의심 없이 입구를 통과할 수 있었다. 당시 세계 최대 면적의 이 건물(약 18만㎡에 1,000개실 보유)을 순찰할 보안팀의 인원이 원래도 166명으로 빈약한 수준이었는데, 이 시기엔 고작 12명으로 대폭 줄어 있었던 것도 그에겐 또 다른 행운이었다. 아무도 없는 복도를 지나 남자는 르네상스 시대의 그림이 전시되어 있는 살롱 카레에 들어갔다. 마음에 드는 그림을 찾아 이탈리아 거장들의 여러 작품들을 훑어보던 그는 가장 크기가 작은 작품을 움켜쥐었다. 대단할 것 없는 그림이었지만 액자에서 빼면 가지고 달아나기에 안성맞춤인 크기였다. 그는 그림을 훔쳐 옆문으로 살짝 나가려 했지만 이날따라 옆문이 잠겨 있는 바람에 다른 계획이 필요했다. 그래서 그는 상상도 못할 대범한 일을 감행했다. 흰색 작업복 안쪽으로 겨드랑이 밑에 그림을 끼우고는 들어왔을 때와 똑같이 아무렇지 않게 정문으로 걸어나간 것이다. 놀랍게도 이 사실을 눈치채거나 그를 불러세운 사람은 아무도 없었다. 다음 날 박물관이 열리고 한 관람객이 그림이 사라진 사실을 보안팀에 신고했다.

박물관 보안팀은 아마 루브르 직원이 그 작품을 가져다가 사진을 찍고 있거나 복원 중일 거라며 신고자를 안심시켰지만, 결국 그림 도난은 사실로 밝혀졌다. 전 세계 신문들이 이 사건을 대서특필했는데, 이 무명의 작품에 대해 관심이 있어서가 아니라 프랑스 정부의 한심한 박물관 관리 실태를 조롱하기 위함이었다. 하지만 시간이 갈수록 그림 도난에 대한 관심이 커지고 보상금 액수가 올라가면서 루브르박물관 구석방에 쓸쓸히 걸려 있던 이 그림은 단숨에 세계에서 가장 유명한 그림이 되었다.

도난 사건이 유명세를 타면서 잠시 폐관했던 루브르박물관의 문이 다시 열리자 그림이 걸려 있던 빈 자리를 보기 위해 관람객들이 살롱 카레로 몰려들었다. 그중에는 유명 작가 프란츠 카프카도 있었다. 한편 파리 전역에는 사람들이 도난된 그림을 알아볼 수 있도록 총 6,500장의 수배 전단이 뿌려졌다. 도둑을 잡아야 한다는 압박이 커지면서 이 사건에 배당된 형사 60명이 단서나 실마리를 찾아 나섰지만 아무것도 잡히는 게 없었다.

두 달 뒤 현상금을 노린 일당이 지역 신문사를 찾아가 자신들이 루브르에서 작품들을 수차례 훔쳐 시인이자 작가인 기욤 아폴리네르와 스페인의 화가 파블로 피카소에게 팔았다고 주장했다. 소문이 돌자 아폴리네르는 익명을 요구하며 장물로 산 작품들을 지역 신문사에 돌려주었다. 그런데 이들에게서 다시 루브르로 돌아온 작품들은 모나리자가 아니라 기원전 3, 4세기 경에 제작된 이베리아 반도의 조각품이었다. 그리고 이들은 도난된 그림과는 상관이 없었던지라 사건은 기각되어 처벌을 면했다.

그림이 다시 세상에 모습을 드러낸 것은 1913년 12월이 되어서였다. 2년 넘게 자신의 아파트에 그림을 보관해 오던 빈첸조 페루자는 그림을 팔기 위해 기차를 타고 피렌체로 건너가 유명한 미술품 딜러를 만났다. 빈첸조는 루브르박물관에서 일하는 유리공이자 공예가였다. 그림을 확인한 딜러는 경찰에 신고했고, 빈첸조는 체포되었

레오나르도 다빈치의 모나리자

(출처 : 루브르박물관)

다. 한편 그림을 되찾았다는 소식에 온 세계가 뛸 듯이 기뻐했다. 피렌체, 밀라노, 로마를 도는 짧은 순회전시를 마친 뒤 그림은 다시 루브르로 돌아왔다. 이제 이 그림은 역사상 가장 유명한 그림이 되었기에 방탄유리에 싸여 세계에서 가장 비싼 경비시스템과 보안요원들의 철통경호를 받고 있다. 그리고 이 그림이 다시 살롱 카레에 걸리자

수십만 명의 관람객이 그림을 보러 몰려왔다. 현재는 한 해에 800만 명이 넘는 사람들이 레오나르도 다빈치의 〈모나리자〉를 찾고 있다.

그런데 1507년에 완성되어 1860년이 될 때까지도 미술 비평계에서 르네상스 시대의 귀중한 대표작으로 인정받지 못했던 그림이 어떻게 갑자기 많은 사람들에게 최고의 걸작으로 칭송받는 작품이 되었을까? 그리고 이 그림이 샨티니케탄이나 우리가 사람들을 어떻게 만나고, 심지어 어떻게 데이트를 하는지와 대체 무슨 상관이 있을까?

노출빈도가 늘어날수록 서로 연결될 확률이 높다
- 단순노출효과

누구에게나 재미난 습성 또는 편향이 있는데, 바로 단순히 무언가(음식, 소리, 상품 등)에 노출되는 것만으로도 그것을 더 좋아하게 된다는 점이다. 혹시 신곡이 나왔을 때 처음엔 별로였다가 열 번쯤 듣다 보니 좋아지기 시작했던 경험이 있을 텐데, 이를 '단순노출효과mere exposure effect'라고 한다. 우리는 무언가에 더 많이 노출될수록 그것을 더 좋아하고 신뢰하며 편안하게 느끼도록 프로그램되어 있다.

〈모나리자〉가 전설적인 그림이 된 이유는 이 작품이 다른 작품들보다 훨씬 뛰어나서라기보다 이 그림이 많이 노출되었기 때문이다. 또 이 그림이 많이 노출된 이유는 다름이 아니라 이 그림이 도난당

했었기 때문이다. 그림이 도난당하지 않았다면 우리가 그 그림에 대해 관심을 가질 일이 없었을 테고, 그랬다면 〈모나리자〉는 여전히 수백만 장의 사진과 셀카의 대상이 될 일 없이 루브르의 구석진 방에 그대로 걸려 있었을 것이다.

단순노출효과는 무척이나 강력해서 우리가 먹는 음식, 입는 옷, 함께 하는 사람 모두에 영향을 미친다. 그중에서도 우리가 그 무엇보다 많이 노출되는 대상은 바로 우리 자신이다. 그러므로 우리는 우리와 공통점이 많은 사람들과 관계를 맺게 될 확률이 높다. 사람들이 샨티니케탄에서 살기 위해 많은 돈을 기꺼이 지불한 것은 바로 이런 이유에서다. 또 데이트 앱에 관한 연구에서 다방면(이니셜, 대학 유형, 스마트폰 기종, 종교 등)에 걸쳐 공통점이 많은 사람들끼리 매칭될 확률이 높아졌던 이유도 여기에 있다.

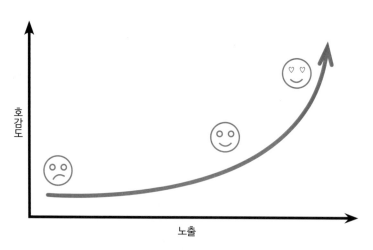

단순한 노출 경험이 반복되어 친밀도가 높아지면 상대방에게 더 호감이 생기는 현상을 단순노출효과라고 한다.

대부분의 사람들은 자신과 차이가 많이 나는 사람들과는 잘 만나지 않는다. 대개 정치적 견해와 소득 수준, 종교적 신념, 좋아하는 스포츠 구단이 엇비슷한 사람들끼리 어울리는 경향이 있다. 물론 "마이크는 나와 종교가 다르지만 우리는 절친이에요"라고 말하는 사람도 있을 수 있다. 언제나 주류와 동떨어진 사람은 있게 마련이니까. 하지만 마이크의 소득과 경력, 정치적 견해, 가치관, 좋아하는 스포츠 구단까지 속속들이 들여다본다면 아마 마이크와 이 말을 한 사람 사이에 겹치는 면이 많을 것이다. 이를 '복합관계multiplex relationships'라고 한다. '단일관계singleplex relationship'는 접점이 한 개(예를 들어 한 사람은 상점의 고객이고 다른 한 사람은 계산원인 경우)인 관계를 말한다. 두 사람이 같은 미용사에게 머리를 하고 같은 체육관에서 운동을 하며 같은 교회를 다닌다면 두 사람의 접점은 여러 개이며 두 사람의 관계는 이른바 복합관계이다. 연구 결과, 접점의 수가 많은 사람들일수록 서로 연결될 확률이 높아지는 것으로 나타났다. 접점이 하나씩 추가될 때마다 노출빈도가 증가한다는 점을 생각하면 어쩌면 당연한 일이다. 충격적인 사실은 오히려 거리가 관계에 미치는 영향일 것이다.

눈에서 멀어지면 마음에서도 멀어진다
- 앨런 곡선

어떤 친구와 만날 때마다 차를 6시간씩 운전해서 가야

한다면 그 친구와 만나지 않게 될 확률이 높다. 1970년대에 매사추세스 공과대학의 토머스 앨런 교수는 사무실 안에서 사람들 사이의 거리가 소통이나 교류에 어떤 영향을 미치는지에 대해 연구했다. 같은 사무실에서 저쪽 건너편에 앉은 사람과 비교할 때 옆자리에 앉은 사람과 얼마나 자주 교류를 할까? 소통의 빈도 대 책상의 거리를 도식화하니 놀라운 결과가 나타났다. 앉은 자리가 가까울수록 소통의 빈도가 기하급수적으로 증가했다. 반면에 두 사람의 거리가 50m 이상 벌어지니 서로 간의 소통이 사라지기 시작했다. 이런 관계는 훗날 '앨런 곡선Allen Curve'으로 알려지게 되었으며, 온라인 소통에서도 동일한 영향을 미쳤다. 자신의 저서에서 앨런은 이렇게 설명했다.

> **"** 데이터 분석 결과 거리가 멀어질수록 모든 통신매체의
> 사용이 감소했다. 누군가와 자주 대면할수록
> 그 사람과 전화 통화를 하거나 다른 매체로 소통할
> 가능성 역시 높아진다. **"**

산티니케탄이 대성공을 거둔 것은 바로 이런 이유에서다. 그곳에선 평생토록 같은 문화와 정치, 음식과 종교에 노출되었던 사람들이 하나의 공동체를 이루어 복합관계로 가까이 붙어 살 수 있었다. 그곳은 모두가 별다른 노력 없이 자연스럽게 교류할 수 있는 환경이었다. 옛말처럼 그곳에선 유유상종이 허락되었고, 그들의 유사점은 그들을 서로에게로 끌어당겼다. 이제는 당신도 지금의 친구들을 어떻게 사귀게 되었는지 짚이는 부분이 있을 것이다. 그들은 아마 당신

과 생김새가 비슷하고 같은 활동을 하며 근처에 살 가능성이 높다. 또 당신이 어떻게 지금의 진로를 선택하게 되었는지도 이해가 갈 것이다. 흥미롭게도 많은 자녀들이 자기 부모와 유사한 일을 한다. 결국 노출이 원인이었던 것이다.

그러나 친구를 사귀거나 특정 지역의 야구팀을 응원할 때에는 이런 공통점을 가진 것이 편안할 수 있지만, 이너서클inner circle (한 조직 내에서 내부 조직을 형성하여 조직의 실질적인 권력을 점유하고 절대적인 영향력을 행사하는 소수의 핵심층)이나 자신이 성장한 지역을 넘어서는 포부와 목표를 가진 사람에게는 오히려 이것이 커다란 제약이 되기도 한다. 그래서 우리는 이런 제약조건들을 뛰어넘어 사람들을 만날 수 있는 방법을 익힐 필요가 있다.

우리는 존경하고 흠모하며 우리의 성공에 도움이 될 사람들과 의미 있는 관계를 맺기를 원한다. 어린 시절 내 주변엔 억만장자나 운동선수, 유명인이나 기업의 간부들이 없었다. 내가 만약 주변에 있는 사람들만 만났다면 나는 지금 주로 예술가들과 어울리고 있을 것이다. 아버지가 화가이고 어머니가 음악가이기 때문이다. 그것도 물론 즐거운 일이겠지만 그 분야는 내가 배우고 싶은 것이나 진로와는 관련이 없었다. 하지만 현재의 내 삶은 그간 맺은 다양한 인간관계로 인해 한없이 풍요롭다. 단순노출효과와 복합관계를 뛰어넘을 방법을 내내 연구해 온 덕분이다.

내 연구는 사람들과 관계를 맺기 위해서는 영향력의 수준과는 별개로 2가지 필수적인 요소를 이해해야 한다는 깨달음에서 시작되었다. 그 2가지 요소는 다음과 같다.

1) 어떻게 하면 사람들에게 우리를 알릴까?

존재도 모르는 모임에 참석하거나 상품을 구입하거나 비영리재단에 기부할 사람은 없을 것이다.

2) 어떻게 사람들이 우리와 함께하고 싶어하도록 유도할까?

그들이 우리에 대해 그리고 우리 상품과 우리가 내세우는 대의나 조직에 대해 들어 보았다 하더라도, 우리에게 기꺼이 돈을 쓰고 참여할 만큼의 가치가 보여야 한다.

이 질문들에 대한 해답을 구하면 원하는 사람 누구와도 관계를 맺을 수 있다. 만나기 전에는 아무도 우리가 누구인지, 얼마나 멋진 사람인지 알 수 없음을 유념하라. 우리가 보기에는 그들이 우리 커뮤니티(사회적으로 연결된 사람들의 집단)에 들어오지 않을 이유가 없어 보이지만, 사람들과 교류하려면 그들이 무엇을 소중하게 여기는지 알 필요가 있다. 진 나이디치도 사람들이 관심을 가지는 것—건강한 라이프스타일—을 제공했을 때 인맥이 확장되고 커뮤니티가 형성되었다. 따라서 다른 사람들이 자기중심적 접근법으로 사람들에게서 무엇을 얻어낼지 질문할 때, 우리는 선의의 접근법으로 사람들이 관심 가지는 것에 집중해야 할 것이다.

2
나에게 필요한 사람을 만나야 한다

　스물여덟 살 때 나는 앞서 말한 세미나를 듣고서 영향력 있는 사람들과 사귀고 싶다면 그들이 무엇을 가치 있게 여기는지 알 필요가 있음을 깨달았다. 열심히 노력하면 누구든 만날 방법을 찾을 수야 있겠지만, 내 목표는 단지 악수를 하고 셀카를 찍는 수준에 그치지 않았다. 나는 그들과 의미 있는 관계를 맺고 싶었다. 내가 존경하는 사람들이 내 커뮤니티에 들어오길 바랐고, 그들을 만나고 싶어하는 사람들과의 사이에서 다리를 놓아주고 싶었다. 하지만 문제는 내가 그런 중요한 인물들을 알 만한 환경에서 자라지 않았고, 그래서 그들이 어떻게 생활하는지, 어떻게 하면 그들의 마음을 움직일 수 있는지 모른다는 점이었다. 그래서 나는 미친 척하고 무작정 밖으로 나가 나를 도와줄 수 있는 사람들과 커뮤니티 모임의 리더, 친구들을 붙잡고 조언을 구했다.

그때 알게 된 분명한 사실은 사람들마다 가진 동기가 확연히 다르다는 점이었다. 사회적 영향에 이끌리는 이들이 있는가 하면 부와 권력에 자극을 받는 이들도 있었다. 나는 영향력이 있는 사람들에게는 어떤 공통점이 있는지 찾아보기로 했다. 하지만 그들을 모두 똑같이 취급하는 것은 나이대가 다른 아이들을 전부 똑같이 대하는 것과 다를 바 없었다. 네 살짜리 아이들과 십대들의 관심사가 얼마나 다른지는 부모라면 누구나 잘 알 것이다. 마찬가지로 중요한 인물들이 영향력을 미치는 대상도 저마다 다르며, 결과적으로 그들의 삶과 사회적 영향력, 가치를 두는 대상 역시 서로 극명하게 다르다.

인플루언서의 4가지 분류

나는 이들을 그룹별로 나누고, 각 그룹의 사람들과 만날 방법을 따로 찾기로 했다. 처음엔 그룹을 업종별로 구분해야 할지(기술이나 미디어 등), 추종하는 대상에 따라 구분해야 할지(교회 신자나 스포츠 팬 등) 판단이 안 섰다. 영향력의 크기에 따라 사회적 인지도도 달랐다. 지금처럼 인스타그램에서 보유한 팔로워 수에 따라 영향력의 크기가 측정되는 세상에서는 그것이 당연하게 여겨질지 몰라도, 2000년대 후반에는 인스타그램도 존재하지도 않았고 인플루언서도 하나의 커리어로 인정받지 못했다. 고심 끝에 나는 사람들을 네 그룹으로 분류했다.

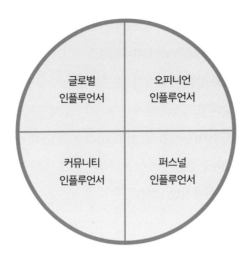

1) 글로벌 인플루언서 Global Influencers

전 세계적인 영향력을 행사할 수 있는 사람들이다. 다시 말해 이들은 경제적 파급력을 지니고 있고, 늘 언론의 주목을 받으며, 국제적인 지명도가 높다. 대부분이 비즈니스나 정치 활동을 통해 이런 지위에 올랐고, 왕족이나 금수저처럼 별다른 노력 없이 글로벌 인플루언서가 된 이들도 있다.

엘리자베스 여왕, 미국 대통령, 일론 머스크, 오프라 윈프리, 리처드 브랜슨 경, 빌 게이츠, 비욘세 등이 이 그룹에 속한다.

2) 오피니언 인플루언서 Industry Influencers[*]

이 그룹의 사람들은 자신이 속한 업계에 영향을 미칠 능력이 있으

---

[*] Industry Influencers는 산업 내 인플루언서로 번역하는 것이 맞겠지만, 이 책에서는 인플루언서의 영향력에 맞게 오피니언 인플루언서로 번역했다. – 역자 주

며, 선구적 사고(교수, 학자, 작가 등)나 지위(CEO, CMO, 편집장, 장군 등), 성과(기업 매각, 올림픽 메달이나 노벨상, 오스카상, 그래미상 수상 등)로 업계의 존경을 받는 이들이다. 주목할 점은 글로벌 인플루언서의 경우 업계 바깥에서도 인정받지만(오프라 윈프리가 누구에게나 인정받는 것처럼), 포춘 100대 기업 중 상위 10개 기업 CEO들의 이름은 관심이 없다면 대부분 모른다는 사실이다. 물론 자기 업계에서는 그 영향력이 어마어마하지만 말이다.

3) 커뮤니티 인플루언서 Community Influencers

비교적 작은 규모의 조직에서 영향력을 미치는 사람들이다. 기업에서는 부사장 정도의 직위를 맡아 조직, 예산, 결과에 대해 책임을 지는 사람이다. 종교인, 스승, 문화적 커뮤니티에서 일하는 강사들도 여기에 속한다. 또는 추종하는 사람은 많지만 아직 오피니언 인플루언서 수준의 인정은 받지 못하는 창작자도 커뮤니티 인플루언서로 볼 수 있다. 간단히 말해, 이들은 업계 내의 커뮤니티나 특정 분야에 영향을 미치거나 이를 이끌어 갈 수 있는 사람들이다.

4) 퍼스널 인플루언서 Personal Influencers

우리 삶에 영향을 미치고 반대로 우리에게서 영향을 받기도 하는 사람들이 퍼스널 인플루언서다. 절친한 친구나 가족, 직장 동료, 나아가 담당 미용사나 학교 선생님, 트레이너까지도 여기에 속한다. 중요한 점은 이들과는 양방향의 관계라는 것이다. 이들은 소셜 미디어에서 우리가 일방적으로 추종하는 사람이 아니라 우리와 자유롭게 교류하는 사람들이다.

나에게 필요한
인플루언서를 만나라

　　　　　　이렇게 인플루언서들을 네 그룹으로 분류하
고 나니 나는 그들이 무엇을 소중히 여기는지, 어떻게 하면 그들과
사귈 수 있을지를 연구할 수 있었다. 그러나 먼저 주의해야 할 커다
란 함정이 하나 있음을 짚고 넘어가야겠다. 사람들은 흔히 유명세에
지나치게 치중하는 경향이 있다는 점이다. 오해하지 말아야 할 것
이, 유명인이나 거물들과 어울리면 멋지고 근사해 보일 수는 있겠지
만 그런 관계는 대부분 당신의 목표 달성에 큰 도움이 되지 않는다
는 것이다. 그들은 당신의 삶의 질을 개선시켜 줄 수 있는 사람들이
아니다. 아이를 좋은 학교에 보내기 위한 관계를 개발하고 싶다면
마크 저커버그를 알아 봐야 별 도움이 안 된다. 이런 경우엔 학교 학
과장이나 교육 지도자 같은 커뮤니티 인플루언서와 사귀는 편이 훨
씬 유익하다. 즉, 오피니언 인플루언서나 커뮤니티 인플루언서보다
글로벌 인플루언서를 사귀는 것이 반드시 더 좋지만은 않다는 점이
다. 무조건 다른 그룹보다 우위인 그룹은 없다. 중요한 것은 당신의
인생과 커리어, 사업체를 위해 당신이 무엇을 원하느냐이다.
　나는 내 인간관계를 한정 짓고 싶지 않았기에 각 그룹이 무엇을
가치 있게 여기는지 파악할 필요가 있었다. 내가 개발한 접근법은

사람들과의 만남을 용이하게 할 뿐 아니라 그들끼리도 서로 교류하게 할 수 있도록 고안되었다. 우리는 모두가 이익을 얻기를 바라며 누구나 건강한 커뮤니티의 일원이라는 느낌을 받기를 바란다. 이제부터 내가 소개하는 각 그룹별 전략을 꼼꼼히 읽고, 어떤 전략이 당신이 달성하고자 하는 목표에 가장 적합한지 선택하길 바란다.

3 / 글로벌 인플루언서와 만나는 방법

"유명인 중에서 아무나 만날 수 있다면 누구를 만나고 싶은가 요?"라는 질문을 하면 나이대에 따라 다양한 대답이 나올 것이다. 열세 살의 내 조카 아이딘은 트레버 노아와 테일러 스위프트라고 대답할 테지만, 성인들은 일론 머스크나 오프라 윈프리, 워런 버핏, 앙겔라 메르켈, 리처드 브랜슨 경, 비욘세, 제프 베이조스, 미셸 오바마의 이름을 댈 것이다. 사람마다 다 다르겠지만 만나고 싶은 사람이 축구선수이든 기업가이든 밴드 가수이든, 그들은 세계적으로 유명하거나 아니면 적어도 업계에서 유명한 사람일 가능성이 높다.

그런데 여기서 주목해야 할 점은 글로벌 인플루언서와 오피니언 인플루언서에 대한 사회적 인지도가 크게 다른 만큼 각 그룹에 따른 접근법과 철학도 달라야 한다는 것이다. 그럼 누구에게나 만나고 싶은 꿈의 인물(주로 글로벌 인플루언서)이 있을 테니, 먼저 그들과 사귀

는 법을 살펴본 다음 오피니언 인플루언서를 만나는 법으로 넘어가
도록 하자.

글로벌 인플루언서들은 찾는 사람이 워낙 많은지라 사설 경호원
과 비서, 매니저는 물론이고 각종 일처리를 위한 팀들을 완비하고
있는 경우가 많다. 그래서 글로벌 인플루언서들은 그런 장벽 안에
격리되어 사는 경향이 있다. 아침에 잠을 깨는 순간부터 다시 잠자
리에 들 때까지 그들의 하루 일과는 빈틈없이 짜여져 있다. 때로는
아침부터 팀원들이 집에서 대기하고 있다가 그들이 곧바로 일을 시
작할 수 있도록 도우며, 이후엔 약속장소마다 줄곧 동행하기 때문에
그들은 외부세계와 접촉할 일이 거의 없는 편이다. 집에서 차로, 약
속장소로, 다시 차로, 비행기로, 다시 차로, 호텔로, 점심 만찬 장소
로, 사무실로, 가족에게로 이동하는 모든 시간 동안 그들은 시간관
리를 받고 이리저리 끌려다니며 바쁜 스케줄을 완수한다. 설사 우리
가 그들이 참석하는 행사에 갈 수 있다 하더라도 그들의 비서와 경
호원, 업무팀을 점잖게 통과해야 하는데, 이는 결코 만만한 일이 아
니다.

아마도 이들을 만날 수 있는 행사 중에서 가장 많이 알려진 행사
는 세계경제포럼WEF, World Economic Forum일 것이다. 여기에서는 세계
적으로 주목받는 정치, 비즈니스, 문화계의 리더들이 매년 1~2월
한 주간 스위스 알프스산맥에 자리한 작은 마을 다보스에 모여 차가
운 공기를 즐기며 국제적·지역적·산업적 실천 과제를 모색한다. 만
약 당신이 5~21만 달러에 달하는 이 포럼의 참석권 구입을 권유받
을 만큼 운이 좋다면 글로벌 기업의 CEO와 억만장자, 전 세계 수상

스위스의 작은 마을 다보스에서 열려 '다보스포럼'이라고도 불리는 세계경제포럼은 매년 1~2월 사이에 3,000명 규모로 개최된다.

들과 미국 대통령을 비롯한 수천 명의 글로벌 인플루언서들과 어울 릴 특권을 누리게 될 것이다.

하지만 만약 당신이 여윳돈을 십억 달러쯤 가지고 있거나 우연찮 게도 국제통화기금IMF, International Monetary Fund을 운영하고 있지 않다 면 뭔가 다른 접근법이 필요할 것이다. 나는 뜻밖의 장소에서 해답 을 찾았는데, 그곳은 바로 뉴욕 공연계다.

오프라 윈프리를
내 편으로 만드는 방법

스콧 샌더스에게는 원대한 포부가 있었다. 뉴욕시의 유명한 공연장인 라디오 시티 뮤직홀에서 여러 작품을 연출했던 그는 브로드웨이의 관객을 재설정할 수 있는 공연을 제작하고 싶었다. 2004년 당시만 하더라도 브로드웨이 관객 중 흑인의 비중은 4%도 채 안 되었고, 아마 그들 대부분은 〈라이온 킹〉 단 한 편의 공연만을 보았을 것이다. 스콧의 구상은 퓰리처상 수상 소설 《컬러 퍼플》을 뮤지컬 무대에 올리는 것이었다. 이 원대한 꿈을 이루려면 모두의 사랑과 신뢰를 받는 사람의 지원이 필요했다. 그가 원한 사람은 다름 아닌 오프라 윈프리였다. 게다가 그녀는 1980년대에 이 소설을 영화화한 작품에 출연한 적도 있었다. 하지만 당연하게도 오프라처럼 유명하고 추앙받는 인물에게는 접근 자체도 쉽지 않은 데다가, 공연을 보여주며 작품에 대한 이야기를 나누기 위해서는 그녀의 시간을 여러 번 빼앗아야 했다.

스콧은 오프라에게 직접 연락하는 대신 '주변 공략법'을 썼다. 주변 공략법은 단순하다. 보통 글로벌 리더들은 신뢰하는 친구, 비즈니스 파트너, 직원들로 이루어진 매우 긴밀한 인적관계에 둘러싸여 지내는 경향이 있다. 변호사, 회계사, 대리인 또는 회사 각 부서의 책임자, 절친한 친구들이 이런 이너서클을 이룬다. 글로벌 인플루언서의 이너서클 사람들과 인연을 맺고 신뢰관계를 구축하면, 언젠가는 그들 커뮤니티에 들어가 신뢰받는 구성원의 한 사람으로 인정받게 되는 수순을 밟을 수 있다. 테슬라나 솔라시티, 스페이스X, 뉴럴링크의 사장들과 친분을 쌓으면 머지않아 당연히 일론 머스크와도 어울리게 되는 이치다. 이런 이너서클에는 주로 오피니언 인플루언서들이 많다.

스콧은 서두르지 않았다. 몇 년 동안 공연을 준비하면서 그는 다이애나 로스와 퀸 라티파 같은 업계 리더들과 프로젝트 작업차 시카고에 있는 오프라의 스튜디오에 들를 일이 종종 있었다. 오프라가 10m 거리에 있었지만 그는 다짜고짜 다가가 도와달라며 성가시게 굴지 않았다. 그녀가 스콧의 아이디어를 진지하게 고민하게 하려면 절친한 사람의 소개가 필요하다고 생각했다. 공연이 최종 워크숍 단계에 접어들자 그는 공동제작자이자 음악계의 살아 있는 전설 퀸시 존스를 통해 오프라에게 공연을 소개할 방법을 알아봐 달라고 부탁했다. 퀸시는 게일 킹에게 연락해 보라고 했는데, 그녀는 당시 오프라의 책을 출간하던 잡지사에서 일하고 있었을 뿐만 아니라 오프라의 절친이기도 했다. 게일은 스콧의 공연 시사회 초청에 응해 관람을 한 뒤 너무나 흥미진진하고 뛰어난 작품성에 반해 오프라에게 '스콧이 끝내주는 일을 하고 있어'라고 문자 메시지를 보냈다.

며칠 뒤 오프라는 스콧에게 전화를 걸어와 공연을 보지도 않고서 투자를 제안했다. 기분이 우쭐해지긴 했지만 스콧의 진정한 관심사는 돈이 아니었다. 그는 브로드웨이에 흑인들이 찾아와 자신들의 이야기를 볼 수 있는 장소가 있었으면 했고, 그 과정에서 유색인 관객의 비율이 두 자릿수 이상으로 늘기를 바랐다. 그리고 그 마음을 오프라에게 전했다. 몇 달 뒤 공연의 막이 올랐을 때 공연장에는 〈컬러 퍼플〉 오프라 윈프리 제작'이라는 문구가 표시되었다. 오프라가 인정한 작품이라는 사실에 대중의 관심이 쏟아지며 공연은 공전의 히트를 쳤고, 더불어 스콧의 꿈도 이루어졌다. 관객의 50%가 흑인이었다. 오프라가 관여하면 평소에 브로드웨이 공연을 보지 않던 사람들도 찾아오리라 생각했던 그의 예상이 적중했던 것이다.

몇 년 뒤 오프라는, 만약 정식으로 소개를 받기 1~2년 전 스콧이 오프라의 스튜디오에 업무차 방문했을 때 자신에게 접근했다면 그가 무리한 요구를 한다는 느낌을 받았을 거라고 이야기했다. 스콧이 공연을 올릴 준비가 되었을 때 게일로부터 스콧을 만나보라는 권유를 받은 덕분에 오프라는 자발적으로 영향력을 발휘하여 관객을 끌어모을 수 있었다. 이처럼 신뢰받는 사람에 의해 글로벌 인플루언서의 이너서클에 진입하게 되면 커다란 영향력을 발휘할 수 있다.

업계 리더로서 이미 본인도 많은 것을 갖추고 있었지만 스콧은 적절한 환경에서 관계가 진전될 수 있도록 서두르지 않고 기다렸다. 이 이야기의 교훈은 간단하다. 먼저 오피니언 인플루언서들과 충분한 시간을 들여 관계를 구축한 다음 글로벌 인플루언서에게 다가갈 방법을 찾으라는 것이다.

경험상 글로벌 인플루언서를 만나는 과정은 우리가 기대하는 만큼 늘 만족스럽지는 않다. 인연을 맺는 진정한 기쁨은 지속적인 관계를 이어가는 데 있는데, 세계를 무대로 활동하는 사람들이 반드시 우리 커뮤니티에 들어올 만큼의 시간이나 관심을 가지고 있으리라는 보장이 없기 때문이다. 그들이 우리와 함께하기 싫어할 거라는 말이 아니라 워낙에 많은 책임을 짊어지고 있는 사람들인지라 현실적으로 그러기가 힘들 수 있다는 뜻이다. 솔직히 영국 여왕이 새로운 절친을 구하러 돌아다닐 일이 있겠는가.

글로벌 인플루언서의 이너서클 사람들은 오피니언 인플루언서인 경우가 많으므로 이번에는 오피니언 인플루언서들에게 접근할 방법을 알아보도록 하자.

4

오피니언 인플루언서와
만나는 방법

TED가 성공을 거둘 수
있었던 이유

지금부터는 우리가 유튜브를 통해 한 번쯤은 봤을 만한 TED의 성공스토리를 통해 오피니언 인플루언서를 만나는 방법을 알아보자. 리처드 솔 워먼이 처음 계획했던 테드 콘퍼런스TED Conference는 재정적으로는 완전한 실패작이었다. 그는 '최고급 디너 파티'류의 콘퍼런스를 지향했지만 1984년 당시의 사람들은 그의 아이디어를 받아들일 준비가 되어 있지 않았기 때문이다.

리처드는 단순하지만 기능에 충실한 바우하우스Bauhaus 디자인 운동에서 영감을 받아 콘퍼런스에 필수적이지 않은 것들은 모조리 제거했다. 청중들이 정장 차림의 백인 노신사가 한 시간 동안 자기

회사 자랑을 주절거리는 소리를 듣고 싶어하지 않을 거라고 믿었기 때문이다. 그는 실제로 패널, 정장, 강단, 긴 강연시간, 파워포인트, 소개말을 비롯하여 아무도 주목하지 않는 자잘한 것들을 싹 다 빼버렸다. 결국 남은 것은 빛나는 아이디어 하나뿐이었다. 그것도 18분 안에 전달할 수 있어야 했다. 이 '반anti-콘퍼런스'는 세상 어느 콘퍼런스와도 다른, 가장 뛰어나고 똑똑한 사람들이 모이는 곳이자 분야도 의학, 컴퓨터, 건축 등 어느 한 가지에만 한정하지 않았다. 그는 기술Technology, 엔터테인먼트Entertainment, 디자인Design을 중심으로 (여기에서 TED라는 이름이 탄생했다) 전 산업 분야의 사람들을 불러모았는데, TED에는 고급 디너파티처럼 오로지 초대받은 사람들만 참석할 수 있었다.

리처드의 진행방식은 그야말로 상상 초월이었다. 그는 강연자들과 함께 무대에 올랐고, 그들의 이야기가 지루해지면 즉각 강연을 중단시키고 무대에서 내려보냈다. 강연시간이 짧았기 때문에 훌륭한 강연은 감동을 주었고, 그렇지 않은 경우엔 짜증스러워 할 새도 없이 끝났다. 그러나 강연자들의 놀라운 프레젠테이션과 CD플레이어나 전자책 리더 같은 당대의 첨단기술을 동원했음에도 콘퍼런스는 적자를 면치 못했다.

6년 뒤 리처드는 동업자와 함께 재도전에 나섰다. 다행히 이번에는 세상이 준비가 되어 있었다. 소셜 미디어와 바이럴 마케팅이 유행하기 전인데도 TED 티켓은 1년 전부터 매진되곤 했다. TED는 음악상 수상자들과 억만장자, 건축가, 작가, 노벨상 수상자, 발명가 등의 유명인과 같은 공간에서 어깨를 부대낄 수 있는 몇 안 되는 곳이

'세상에 퍼뜨릴 만한 아이디어'를 기치로 매년 미국 롱비치와 스코틀랜드 에든버러에서 열리는
TED 강연은 18분 안에 마무리해야 하는 규칙이 있다.

었기 때문이다. 이후 리처드는 크리스 앤더슨에게 회사를 매각했고,
앤더슨은 TED를 비영리재단으로 전환했다. 2006년부터는 당시 테
드미디어의 국장이던 준 코헨의 제안으로 온라인에 TED 강연들을
올리기 시작했다. 그 후 TED는 세계 최대의 브랜드와 수백 개 도시
에서 독자적으로 운영되는 테드엑스TEDx 지부들과 협력하여 여러
대륙에서 콘퍼런스를 개최하는 글로벌 단체로 거듭났다.

전 세계에서 수많은 조직들이 색다른 콘퍼런스와 행사를 개최하
려고 시도하고 있다. 그중에서 TED가 성공을 거둘 수 있었던 이유
는 무엇일까? 어느 정도는 리처드의 독특한 리더십 스타일과 독특
한 콘퍼런스 형식, 그리고 TED 출범 당시의 특수한 문화적 상황과
관련이 있을 것이다. 그러나 그밖에도 TED에는 사람들과 관계를 맺
고 타인에게 영향력을 행사하고자 할 때 배우고 실천할 수 있는 강
연자들의 가슴 설레이는 이야기들이 있었기 때문이다.

오피니언 인플루언서의 관심을
불러일으키는 4가지 속성

누군가 어느 콘퍼런스에 가서 업계 리더를 직접 만나거나 이메일로 어떤 부탁을 하여 긍정적인 답변을 받아 낼 수 있으리라 생각하는 이가 있다면 순진하거나 아니면 오만한 사람일 것이다. 업계 리더들에게는 온갖 요청들이 쇄도하기 때문에 그들은 그런 부탁들을 신중하게 거절하는 방법을 잘 알고 있다. 그러나 연구를 통해 내가 파악한 4가지 속성을 갖춘다면 당신이 주최하는 체험과 행사를 보다 흥미진진하고 지속 가능하게 만들 수 있을 것이다. 그 4가지 속성은 인심generosity과 참신함novelty, 큐레이션curation과 경외감awe이다.

이 4가지 속성은 지속적으로 오피니언 인플루언서들의 관심을 붙들어 두고 그들을 유인하는 결과를 가져오는 것으로 확인되었다. 인심, 참신함, 큐레이션, 경외감은 보다 깊고 유의미한 관계를 맺고자 하는 마음을 일으키는 요소들이다. 이 4가지 속성을 모두 갖추고 있을 필요는 없지만 보다 많은 속성을 보유할수록 업계 리더들의 관심을 끌 가능성이 더 높아진다. 어디에 우선순위를 둘지는 당신에게 달려 있다.

1) 인심 Generosity

인심이란 무엇일까? 누군가에게 선물을 주고, 이사를 도와주고, 자선단체에 기부를 하는 넉넉한 마음을 뜻하는 걸까? 무언가(돈, 시간,

120

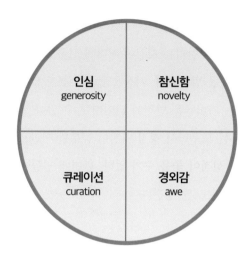

인심 generosity	참신함 novelty
큐레이션 curation	경외감 awe

상품 등)를 필요 이상으로 또는 기대 이상으로 줄 때 우리는 후하다는 말을 듣게 된다. 이 개념을 이해하기 위해 와튼 스쿨의 저명한 교수 애덤 그랜트의 연구를 살펴보자.

그랜트는 의대생과 세일즈맨, 엔지니어들의 성공률과 각 그룹 내에서 주는 사람인 기버giver(관대한 사람)와 받는 사람인 테이커taker(받기를 원하는 사람), 상대방에 맞추어 행동하는 사람인 매처matcher(주는 사람에게는 자신도 주고, 받기만 하는 사람에게는 자신도 주지 않는 식으로 타인의 행동을 모방하는 사람)들을 서로 비교했다.

이 세 그룹을 비교한 뒤 그랜트는 놀라운 사실을 발견했다. 의대생 중에서 가장 성적이 낮은 학생들과 세일즈맨 중 가장 실적이 낮은 사람들, 엔지니어 중 가장 생산성이 낮은 사람들 모두가 기버였다. 지금까지 내가 강조해 온 사실들과 어쩐지 맞지 않았다. 어떻게 남을 배려하고 도와주려는 사람들의 성공률이 떨어질 수 있을까?

그렇다면 가장 성공적인 사람들은 누구일까? 뜻밖에도 가장 성공적인 사람들 역시 기버였다. 그랜트는 기버들 중에서 성공하는 사람과 실패하는 사람이 갈리는 지점이 어디에 선을 그을지 아느냐 모르느냐에 달려있음을 발견했다. 자신을 돌볼 겨를도 없을 만큼 아낌없이 주기만 하는 기버들은 탈진이 되어버릴 수 있다. 의대생이 다른 친구들의 공부는 도우면서 정작 자신이 공부할 시간은 충분히 확보하지 않는다면 성적이 좋을 수가 없다. 반면에 남들에게 후하게 베푸는 동시에 자신도 잘 챙긴다면, 다른 기버들뿐 아니라 매처들의 도움도 받게 된다.

그럼 기버들이 최상위의 자리를 차지하는 이유는 무엇일까? 그랜트의 설명에 의하면, 테이커의 경우 금방 올라가기도 하지만 금방 추락하기도 하는 경향을 보이기 때문이라고 한다. 공평함을 추구하는 매처들이 그들의 착취적인 성향을 그냥 두고 보지 않기 때문이다. 실제로 나눔의 문화를 지닌 기업들이 이윤과 고객만족도, 고용유지율은 높고 경비는 낮게 유지하는 등 전반적으로 더 원활한 운영 실태를 보인다. 이것이 건강한 인심이 주는 이점이다. 우리는 사람들을 따뜻하게 맞이하고 그들이 소속감을 느낄 수 있도록 하는 동시에 에너지를 다 소진해 버리지 않고 자신의 이익도 챙기는 균형적인 인심을 발휘할 필요가 있다.

리처드는 그런 넉넉한 마음을 TED의 체험 전반에 적용하는 기막힌 묘수를 두었다. 리처드의 주목적은 분명 돈벌이가 아닌 사람들을 한자리에 모아 특별한 지식을 공유하는 데 있었다. 그런 숭고한 가치를 지닌 공동체에 참여하는 것은 특권이며, 운이 좋으면 무대에 설 수도 있다. 그것은 자신이 흠모하고 존경하는 업계 리더들과 아이디어를 공유할 수 있는 기회이자 자신을 빛나게 할 기회이기도 했다. 공동체에 대한 기여가 TED를 소생시켰다는 사실에서 TED의 지향점을 알 수 있다. TED가 돌아가는 이유는 사람들이 기대 이상으로 주고, 또 기대 이상으로 받기 때문이다. 누구도 강연의 대가로 돈을 받지 않으며, 사람들은 그 자리에 참석하고 강연에 참여할 수 있는 것을 영광으로 여긴다.

이것이 핵심적인 차이다. 사람들은 인심과 선물을 자주 혼동하곤 한다. 일부 기업이나 개인들은 호화로운 경험과 고가의 상품, 파티 후에 주는 선물로 사람들의 마음을 얻으려 든다. 하지만 사람들에게 그런 물건들을 어떻게 하느냐고 물으면 대부분은 집에 가져가더라도 거의 쓰지 않는다고 대답한다. 원래부터 그 회사나 그 회사의 제품을 좋아했던 사람이 아니라면 대개는 버리거나 다른 사람에게 줘 버린다. 스마트폰이나 컴퓨터, 가전제품 같은 고가의 물품도 예외가 아니다. 그러므로 우리는 사람들이 공동의 노력을 기울이고 소속감을 느끼며 유대감을 키울 수 있는 기회를 주는 그런 종류의 인심에 초점을 둘 필요가 있다. 그것이 신뢰의 기반을 조성하는 방법이며, 거기에서 사람들은 기대 이상으로 만족하게 된다. 인플루언서 디너도 바로 이런 종류의 인심을 기반으로 하고 있다. 우리는 사람들을 초대하여 함께 노력을 기울이며 인연을 맺을 수 있도록 한다. 당신도 도시 하이킹이나 워크숍, 스포츠 활동, 예술 프로젝트에 사람들을 초대해 보기 바란다. 팀 대항 게임을 해도 좋다.

그러나 인심만 가지고는 오피니언 인플루언서와 친해지기는 어렵다. 이들은 행사 초대장과 공짜 상품을 수없이 받는다. 그러므로 인심을 뛰어넘어 무엇으로 그들의 관심을 끌 수 있을지 알아볼 필요가 있다.

2) 참신함 Novelty

《생각이 돈이 되는 순간》의 저자 앨런 가넷은 사람들이 흥미를 자극할 만큼 독창적이면서도, 동시에 안전을 위협받지 않을 만큼 친숙한 것에 끌린다는 주장을 폈다. 그러나 지나치게 친숙하면 진부하고 흥미가 떨어지며, 너무 색다르면 인위적으로 보여 거부감을 불러일으킬 수 있다. 즉, 새로움과 친숙함의 균형이 중요하다는 뜻이다. 이런 느낌은 우리 뇌의 SN/VTA(흑질/복측피개 영역)이라는 부위에서 감지되는 것으로 보이는데, 학계에서는 이 부위를 뇌의 '참신성 중추'라 일컫는다. 뭔가 새롭거나 색다른 것에 노출되면 SN/VTA는 그 정도에 비례하여 반응을 보인다. 여기서 중요한 점은 그러한 반응이 '우리로 하여금 그 대상을 탐색하고 이해하도록 유도한다'는 것이다. 다시 말해 뭔가 새롭고 색다른 것이 있을 때 우리는 그것을 보고 싶어하고 이해하고 싶어한다. 그러나 창의력 곡선Creative Curve(어떤 것에 친숙해질수록 선호도가 높아지다가 정점에 이른 뒤 그 이상 노출될 때는 점점 호감도가 떨어져 종형을 이루는 곡선)에서 설명하는 것처럼 너무 무리한 컨셉은 오히려 독이 될 수 있다. 예를 들어 외계 우주선이 착륙하는 모습처럼 너무 색다르면 우리는 지레 겁을 먹고 그것을 피하게 되는 것처럼 말이다. 핵심은 최적의 지점을 찾는 것이다.

사람들은 대부분 자신이 하는 일을 색다르게 만드는 데 어려움을 겪는다. 그래도 어딘가에는 황당한 아이디어를 잘 떠올리는 사람들

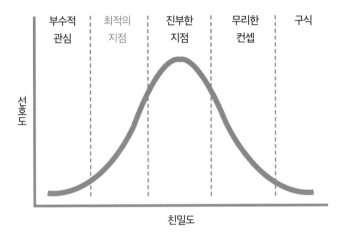

| 부수적 | 최적의 | 진부한 | 무리한 | 구식 |
| 관심 | 지점 | 지점 | 컨셉 | |

세로축: 선호도
가로축: 친밀도

모든 성공적인 비즈니스에는 일정한 패턴이 존재한다는 Creative Curve (출처 : The Creative Curve)

이 있게 마련이니 그들을 끌어들일 필요가 있다. 이때 어떤 것이 적당히 색다른지를 간단하게 확인할 방법이 있다. '합당한 이유로 주목할 만한가?'를 질문하면 된다. 즉, 남다르거나 드물기 때문에 주목할 만한가를 확인하는 것이다.

영향력 있는 사람들에게 주목받고 그들과 함께 하고 싶다면, 합당한 이유로 눈에 띌 필요가 있다. '피가 흘러야 이목을 끈다if it bleeds, it leads'는 언론계의 격언은 이와 상반된 측면을 제시한다. 폭력적인 기사는 쉽사리 우리의 주의를 끈다. 그러나 그런 기사에 눈길이 가는 것은 그 이야기가 충격적이고 불편하기 때문이다. 우리는 이와 반대로 합당한 이유, 자신과 결부되기를 바라는 이유로 두드러져 보여야 한다.

TED에서는 이런 원칙이 아주 건강한 방식으로 구현된다. 콘퍼런스의 주제가 단일 분야에 한정되지 않기 때문에 사람들은 거의 모든 분야의 뛰어난 사상가들을 접하게 되고, 강연은 청중의 지식 수준이나 전문성에 상관없이 이해가 가능하도록 설계된다. 그렇기 때문에 순식간에 아이디어가 여러 산업 분야로 퍼져 나간다. 예전 같으면 한 가지 아이디어를 접하기 위해 여러 시간 강의를 듣거나 책을 읽어야 했을 텐데 TED의 강연자들은 세상에 존재하는지도 몰랐던 주제에 대한 고급지식을 단 몇 분 만에 전수해 준다. 게다가 크리스 앤더슨과 준 코헨이 강연 영상을 온라인에 올리기 시작하면서 이런 업계 리더들의 강연이 전 세계에 전해지게 되었다.

TED 강연이 온라인에 올라오며 대부분의 강연이 수억 회에 이르는 조회수를 기록했고, 사람들은 TED 강연을 혼자서만 보지 않고 다른 사람들과 공유하며, 자발적으로 강연 내용을 다른 언어로 번역하여 전 세계 사람들이 함께 배우며 영감을 얻을 수 있도록 했다.

TED 강연을 한 번이라도 본 사람이라면 TED 강연자들이 선정적이지도, 지구 종말을 설파하지도, 폭력적인 이야기를 하는 법도 거의 없다는 사실을 알 것이다. 그들은 참신했고, 리처드가 설정한 형식과 크리스가 이를 글로벌 플랫폼으로 발전시킨 방식도 그러했다. 이처럼 참신함은 놀라우리만큼 단순한 특성들에서 생겨날 수 있다. 이를 활용해 인플루언서 디너에도 손님들이 자신의 커리어에 대해 이야기하면 안 된다는 규칙이 있고, TED 강연에는 18분의 제한시간이 있다.

여러분도 뭔가 거창한 것이 만들어질 듯한 영감이 피어오른다면 한 번 시도해 보라. 그 결과물이 호기심을 불러일으키고 이야깃거리가 될 것이다. 무엇보다 새로운 경험에는 대부분 큰돈이 들지도 않는다. 리처드는 자신이 구상한 TED의 형식을 아무 비용도 들이지 않고 거실에서 시험해 본 다음 실제 무대 위로 옮겼다. 내가 인플루언서 디너를 시작할 때에도 장비를 대여하거나 직원을 채용하지도, 값비싼 음식을 준비하지도 않았다. 그저 한 무리의 사람들과 눈길을 끄는 형식만 존재했을 뿐이다.

3) 큐레이션 Curation

서구 문화권에서 영향력깨나 있다는 사람들은 누구와 가장 많은 시간을 함께 보낼까? 이 질문에 대해 제일 흔하게 듣는 대답은 '또 다른 인플루언서' 또는 '가족'이다. 사실 이들도 우리만큼이나 다른 인플루언서들을 만나고 싶어한다. 그래서 먼 거리를 마다 않고 기꺼이 막대한 돈(5천~5만 달러)을 써가며 다보스 포럼이나 TED 콘퍼런스에 참석해 흥미로운 아이디어를 듣고 비범한 사람들을 만나 함께 시간을 보내는 것이다(온라인상에서 그런 아이디어를 공짜로 들을 수 있음에도 불구하고 말이다). 비록 코로나 팬데믹 발생 이후 대면 모임은 줄었지만 '괜찮은' 온라인 행사에 참석하는 것은 여전히 매우 값진 일로 여겨졌다.

사교 모임이든 업무 관련 행사든 어떤 행사에 참석할지를 고려할 때 우리가 맨 처음 하는 질문은 보통 '거기에 누가 올까?' 하는 것이다. 솔직히 따분한 사람이나 싫어하는 사람들과 함께 시간을 보내고 싶지는 않을 것이다. 영향력이 큰 사람일수록 그들의 시간을 원하는 수요도 많다. 그래서 오피니언 인플루언서들이 기꺼이 시간과 돈을 들여 만나고 싶은 사람들이 많이 모이는 장소에 가고자 하는 것이다.

대형 미술관의 큐레이터가 적절한 조합으로 작품들을 선정하여 전시하듯이, 모임 주최자는 모임에 올 사람들과 우리 커뮤니티에 들어올 사람들을 적절하게 선정할 임무가 있다. 분명히 해둘 것은, 그렇다고 당신의 삶에서 특정한 사람들을 쳐내거나 인간관계를 하나하나 저울질해야 한다는 게 아니라 적절한 조합이 중요하다는 뜻이다. 참석자 모두가 최소한 한두 명과 만나 즐겁게 대화를 나눌 수 있게 하면 좋다. 모두가 한 사람하고만 이야기하고 싶어한다면 그 모임은 균형을 상실한 것이다. 무턱대고 사람을 많이 불러서도 안 된다. 마음 맞는 사람 서너 명을 만나는 편이 그렇지 않은 사람 200명을 만나는 것보다 훨씬 더 즐거울 수 있다. 조합이 잘된 집단에서는 함께하는 시간이 즐거울 뿐 아니라 공간에 비해 참석하려는 사람이 더 많아진다. 이때 인원을 제한하는 것은 허세를 부리려는 수작이 아니라, 사람이 많아질수록 친밀감이 떨어지고 의미 있는 관계를 맺지 못하게 될 우려가 있기 때문이다. 우리의 목표는 사람들과 관계를 맺고 그 관계를 키워가며 사람들끼리 서로 유대감을 쌓도록 하는 데 있다. 결국 큐레이션은 공간을 흥미로운 조합의 사람들로 채워 참석자 전원이 즐겁고 유익한 시간을 보내도록 하기 위한 작업이다.

TED를 최고급 디너파티처럼 여겼기 때문에 리처드는 모든 게스트를 무대에 오르기에 손색이 없는 사람들로 꾸렸다. 그런 높은 기준 덕분에 누구에게나 관심이 가고 누구와도 대화를 나눌 가치가 있었다. 게스트들이 지닌 다양한 배경과 전문성은 가치와 참신함은 더하고 경쟁과 위계는 약화시켰다. 인플루언서 디너에서도 유사한 모습이 엿보인다. 토니상을 수상한 연극 전문가는 퓰리처상을 수상한 사진작가나 올림픽 메달리스트와 신경전을 벌이지 않는다. 오히려 그들은 서로에게 매력을 느끼고 서로 깊은 존경심을 표한다.

반드시 이런 종류의 다양성을 추구하라는 말은 아니다. 특수한 공동체(예를 들어 학교 교사, 작가, 마케터 등) 내부의 유대를 강화하는 것이 목표일 수도 있으니까. 그러나 원하는 공동체가 무엇이든 효과적인 큐레이션은 필수다.

4) 경외감 Awe

단연코 사람들이 무엇보다 바라 마지않는 감정 또는 정신적 상태는 경외감이다. 사랑이나 행복, 소속감이 그보다 못해서가 아니라 경외감이란 것이 무척 드물게 일어나는 감정이기 때문이다. 경외감은 '장엄하고 숭고한 존재에 대한 벅찬 공경심' 정도로 설명할 수 있다. 경외감은 사람들로 하여금 우주에서 그들의 위치를 재설정하게 만들며, 부모가 처음으로 아기를 안을 때와 같은 아주 특별한 순간에만 가끔씩 느낄 수 있다. 사람들은 "주변 세상이 사라지는 느낌이었어요. 단둘만 있는 듯한 완벽한 순간이었어요"라는 식의 말로 경외감을 표현하곤 한다.

경외감을 체험할 때 사람들은 마음이 너그러워지고 유대감이 깊어진다고들 한다. 따라서 이런 감정을 다소나마 유발한다면 관계 구축에 더할 나위 없이 좋은 환경이 될 것이다.

다만 두 가지만 짚고 넘어가자. 첫째, 경외감은 기준이 너무나 높아서 충족시키기 힘든 감정이다. 나는 경외감이 자주 들기를 기대하지 않는다. 둘째, 경외감은 참신함과는 다르다. 새로운 것을 시도한 다고 해서 매번 경외감이 드는 것은 아니다. 하지만 경외감이 드는 순간을 만나게 되면 관점의 급격한 변화가 일어나며 세상을 새로운 눈으로 보게 된다. 전에는 불가능했거나 생각지도 못했을 무언가가 새로운 패러다임이 되는 것이다.

인류의 달 착륙을 지켜보고, 최초의 매킨토시 시연회에 참석하고, 난생처음 천체투영관에 방문해 광대한 우주에서 우리가 얼마나 작은 존재인지 깨달은 사람들은 이미 경외감을 체험해 본 것이다. 참신함은 이보다 훨씬 경험하기 쉬우며 감동이 금세 사라지는 반면, 경외감은 좀처럼 잊히는 법이 없으며 관점의 변화까지 유발한다.

TED 강연 중에는 가끔씩 이렇게 경외감이 드는 순간들이 발생한다. 과학자가 최초의 발견을 공유할 때, IT 전문가가 예상치 못한 기술적 혁신을 설명할 때, 예술가가 창의력의 결정체를 소개할 때 우리는 경외감을 느낀다. 지금은 매일 쓰고 있는 기술이라 이런 기술이 없었던 때를 상상하기 힘들지만, 최초의 전자책 단말기가 소개되었던 곳이 바로 1984년 TED 무대였다. 아마존 킨들이 나오기 20년도 더 전의 일이다. 이런 순간들은 다양한 분야에 종사하는 청중들에게 근본적인 사고의 전환을 유발한다.

인플루언서 디너에서도 사람들이 할 말을 잃거나 어안이 벙벙해하는 순간들이 있다. 매번 있는 일은 아니지만 그런 순간을 맞게 되면 기억에서 쉽게 지워지지 않는다. 함께 파스타를 만들었던 사람이 노벨상 수상자이거나 NBA 12회 올스타라는 사실을 알게 되면 참가자들은 놀라서 휘둥그레진 눈에 믿기지 않는다는 표정으로 그들의 얼굴을 바라본다. 가슴 벅찬 순간이다.

당신이 이루고 싶은 목표를 생각하면서 어떻게 경외감을 유발할 수 있을지 자문해 보라. 쉽지는 않겠지만 그런 순간을 만들어 낼 수 있다면 사람들이 너도나도 찾아와 교류하며 영감을 받고자 할 것이다.

오피니언 인플루언서를 공략하는 방법

리처드와 크리스가 TED를 성공으로 이끌 수 있었던 데는 분명 여러 이유가 있지만, 이 사례에서 우리가 배울 수 있는 교훈은 오피니언 인플루언서들과의 만남을 가능하게 하는 데에는 몇 가지 방법이 있다는 것이다. 이런 특성들을 한두 가지 갖춘 행사나 모임을 기획하면 안타를 칠 수 있고, 서너 가지를 조합하여 짜임새 있게 구성하고 설계하면 홈런을 칠 수 있다.

오피니언 인플루언서들의 이목을 끌어 그들과 관계를 맺고 싶다면 눈에 띄는 새로운 것을 기획할 필요가 있다. 스스로 이런 질문을 해보자.

1) 어떻게 인심이 넘치는 공간을 만들까?
행사를 여는 데 굳이 돈과 시간을 많이 쓸 필요는 없다. 각자 음식을 가져와서 먹는 식사자리를 주최하거나 시의성 있는 주제에 관한 온라인 포럼을 여는 간단한 방법도 있다. 무엇보다 중요한 것은 당신이 제시하는 것에 사람들이 시간과 비용을 투자할 만한 가치가 있어야 한다는 것이다. 우리의 바람은 사람들의 관심을 끌어 이케아효과가 발생하도록 하는 것이다.

2) 어떤 참신함을 부여할까?

당신이 기획하는 행사가 다른 행사의 복사판이라면 눈에 띄지도 않을 테고 사람들의 호기심이나 이목을 끌지도 못할 것이다. 참신한 행사는 주목을 받으며 사람들의 입에서 회자된다. 참신함은 행사의 형식, 준비하는 음식이나 사람들이 가져오는 음식, 대화 주제나 현장에서 하는 활동 등에서 비롯될 수 있다.

3) 누구로 큐레이션을 할까?

한 업계 내의 특정 영역(예를 들어 IT 분야) 사람들과만 교류할 것인가 아니면 여러 업계의 사람들과 두루 교류할 것인가? 나는 고객회사가 속한 업계를 중심으로 커뮤니티를 구축하는 경우에도 업계 주변의 사람들을 소수나마 포함시킬 것을 권하는 편이다(예컨대 아이디어를 교환할 연구원이나 기삿거리를 이야기할 저널리스트 등). 이렇게 하면 다년간 한 분야에서 일하느라 구성원들이 알지 못했던 새로운 사람들과도 교류를 하게 할 수 있다.

4) 어떤 식으로 경외감을 유발할까?

이 원칙은 달성하기가 쉽지 않다. 경외감은 놀라움과 새로운 아이디어, 자연과의 교감을 통해 일으킬 수 있다. 물론 이런 고정관념에 지나치게 사로잡힐 필요는 없지만, 방법을 고민해 보고 다른 사람에게 물어보거나 주변을 탐색해 보면 도움이 될 것이다.

인플루언서 디너 외에도 나는 고객들을 위해 수많은 커뮤니티와 체험행사들을 개발해 왔다. 그중에서 단연 인기가 높은 것이 '인플루언서 살롱The Salon by Influencers'이다. 나는 디너파티 행사 외에도 비정기적으로 60~100명의 커뮤니티 멤버들과 함께 칵테일파티를 개최한다. 이때는 과학자, 예술가, 유명인들이 새롭고 획기적인 아이디어를 공유하는 3차례의 20분짜리 프레젠테이션과 음악가와 마술사들이 펼치는 공연으로 참가자들에게 놀라움을 선사한다. 강연 이후 참가자들은 뒤섞여서 자유롭게 대화를 나눈다. 2020년에 나는 뉴욕, 로스앤젤레스, 샌프란시스코를 돌며 이런 살롱을 매달 3번씩 열었다. 이런 단순한 구조로도 넉넉하고 참신하며 훌륭한 큐레이션에 적절한 주제로 경외감을 일으키는 행사를 만들 수 있다. 이 칵테일파티는 디너파티 이후 커뮤니티의 결속을 지속적으로 다지는 역할을 하고 있다.

이제 인플루언서들에게 접근하는 방법은 알았으니 누구를 공략할 것인지 잠시 살펴보도록 하자. 잠재적 게스트의 명단을 전부 작성하기란 쉽지 않은 일이다. 이 과정을 좀더 수월하게 만들기 위해 '프라이스의 법칙Price's Law'을 적용해 보자. 물리학자 데릭 프라이스는 학계에 출판된 전체 논문 중 절반이 총 저자의 수를 제곱근한 수의 사람들에 의해 작성되었음을 발견했다. 다시 말해, 과학 논문을 쓰는 저자가 25명 있다면 그 제곱근 값인 5명이 전체 논문의 절반을 썼다는 뜻이다. 그럼 할리우드의 연예계 종사자 커뮤니티를 하나 만들고 싶다면 이 업계에서 일하는 사람 40만 명에서부터 계산을 시작하면 된다. 프라이스의 법칙에 따라 40만의 제곱근을 계산하면 약 632이므로, 약 632명이 이 업계 업무의 절반을 하고 있다는 결과가 나온다. 동일한 배우와 감독, 연출의 이름이 어디에서나 보이는 것은 바로 이런 이유 때문이다. 600명의 명단을 작성하는 것은 40만 명을 모두 검토하는 것보다 훨씬 수월하다. 물론 이 법칙이 모든 업계에서 다 통한다는 보장도 없고, 또 명단에는 속하지 않지만 인연을 맺으면 좋은 사람이 많을 수도 있다. 그러나 이 방법을 이용하면 만날 사람들의 범위를 대폭 좁힐 수 있다.

이때 누구를 만나려고 하든 비용은 최대한 낮게 잡고 필요한 물품도 최소화해야 한다. 초반일수록 더더욱 그래야 한다. 동시에 가급적 힘이 되는 사람, 솔직하고 건설적인 피드백을 줄 사람들을 초대해야 한다. 그리고 어떤 만남을 계획하든 다음 5가지 요소 중 최소한 2가지는 충족되어야 한다.

- 사람들이 기여를 하는 동시에 자신이 베푼 만큼의 가치를 다시 얻어갈 수 있게 할 방법을 모색하라.
- 틀을 깰 방법을 찾으라 – 사람들이 한 번도 시도해 본 적이 없는 경험을 해보도록 하거나 기존에 있는 장르를 혼합해 보라.
- 참석자를 신경 써서 선정하라 – 주도할 사람과 따라갈 사람, 말할 사람과 들을 사람, 가르칠 사람과 배울 사람이 골고루 포함

되도록 하라.

- 놀라움과 경외감을 안겨줄 수 있는 행사와 체험을 계획하라.
- 여기에 마지막으로, 어떤 행사가 되었건 당신이 함께하기에 즐거운 행사가 되도록 하라. 스스로를 주최자일 뿐 아니라 참여자로도 생각하라.

다른 사람들에게 적용시킬 5가지 요소를 자신에게도 적용시켜야 한다. '당신은 인심을 베풀고 있는가?' '새로운 것을 배우거나 행하고 있는가?' '다른 참여자들을 만나는 게 즐거운가?' '체험에서 경외감을 느끼고 영감을 받는가?' 스스로 즐겁지 않으면 계속할 수 없다는 점을 명심해야 한다.

지금 당장은 특별한 아이디어가 떠오르지 않더라도 걱정할 것 없다. 아직 시간은 많고 배워야 할 것도 많다.

5
커뮤니티 인플루언서와
만나는 방법

커뮤니티 리더들을 만날 때에도 앞에서 살펴본 오피니언 인플루언서에게 사용하는 것과 같은 전략을 사용해도 될까? 간단히 대답하자면 그렇다. 인심이 넘치고 참신하며 큐레이션이 잘된 체험을 누가 마다하겠는가? 하지만 오피니언 인플루언서 대상의 전략은 그들이 받는 사회적 인지도에 맞춰 고안된 것이다. 커뮤니티 인플루언서들은 그들과 사회적 인지도가 다르기 때문에, 잘 들어맞지 않는 전략을 쓰게 되면 우리가 원하는 만큼 많은 사람을 만나는 데 오히려 걸림돌이 될 수도 있다.

세상에는 당연히 커뮤니티의 수가 산업(비즈니스)의 수보다 많다. 그러므로 커뮤니티 인플루언서들을 대상으로 할 때에는 보다 큰 규모에 적용 가능한 접근법이 필요하다. 흥미롭게도 이런 접근법은 우리와 가까운 사람들에게도 커다란 영향을 미칠 수 있다. 따라서 먼

Part 3 인맥

저 커뮤니티 인플루언서에게 접근하는 방법을 살펴본 다음, 퍼스널 인플루언서에 대한 접근법을 알아보기로 하자.

레드불은 왜 뮤직 아카데미를 운영했을까?

레드불의 창업자인 디트리히 마테쉬츠는 원래 치약 외판원이었다. 세일즈맨으로 성공한 디트리히는 1984년에 크라팅 다엥Krating Daeng이라는 태국의 음료를 유럽에 들여왔다. 평생 모은 돈을 털어 이 음료를 서양인의 입맛에 맞게 바꾸는 데 투자했지만, 음료를 처음 맛본 사람들의 평가는 '탄산이 든 기침약' 같다거나 '살짝 오줌 느낌이 난다'는 부정적인 의견이 대부분이었다.

부정적인 평가와 100만 달러가 넘는 투자 실패에도 그는 굴하지 않았다. 이런 상황에 처하면 웬만한 기업가라면 프로젝트를 중단하거나 아니면 유명인을 내세운 홍보에 매진하며 입소문과 노출, 후광 효과를 통해 판매가 늘어나기를 기대했을 것이다. 그해 초 펩시는 당대 최고의 스타 마이클 잭슨과 500만 달러라는 기록적인 금액에 모델 계약을 체결했다. 그것은 검증된 성공방정식이었다.

하지만 대대적인 마케팅 공세를 펼칠 예산이 없었던 디트리히는 게릴라 전술로 부족한 자금력을 너끈히 보완했다. 그들의 빛나는 아이디어 중 하나는 나이트클럽 화장실 바닥에 빈 캔을 던져 놓아 브랜드에 대한 호기심을 유발하는 것이었다. 물론 그런 광경이 정상적인 방법은 아니었지만 신기하고 재미있다는 느낌이 들었음직하다. 그들은 또 주류 브랜드들과 제휴를 하기도 하고, 심지어 자사 음료가 일부 국가들에서 판매 금지되었다는 사실을 내세우며 더더욱 음료를 마시고픈 충동을 자극하기도 했다. 인터넷의 인기가 치솟았을 때는 자사 홈페이지에 루머 섹션을 만들어 열띤 토론의 장을 제공했다. 여기서 우리가 주목할 부분은 그들이 어떻게 커뮤니티 인플루언서들의 주의를 끌었는가 하는 점이다.

1997년에 디트리히는 마침내 자신이 만든 음료를 미국에 진출시킬 준비를 마무리했다. 그는 마케팅 대행사인 야다스타르Yadastar의 독일인 공동창업자 마니 아메리, 토르스텐 슈미트와 제휴를 맺었다. 그들의 이론은 간단했다. 진정한 브랜드 충성도를 키우고 싶다면 커뮤니티 속으로 뛰어들어 가치를 창출할 필요가 있다는 것이었다. 대부분의 음료 브랜드들이 경기장, 콘서트장, 옥외광고판 등에 브랜드 로고를 내거는 데 막대한 돈을 쏟아붓고 있었지만, 야다스타르는 커뮤니티 구성원들과 브랜드 사이에 깊고 지속적인 관계를 형성하는 것이 더 중요하다고 주장했다. 행사의 후원으로 인해 약간의 영향력을 미치거나 잠깐의 노출효과를 일으킬지는 몰라도 사람들의 마음속으로 깊이 파고들지는 못한다. 그것으로 커뮤니티와 브랜드 사이에 관계가 형성되지는 않으며, 소비자들에게 브랜드의 가치에 대한 감각도 전혀 심어주지 못한다.

그래서 그들은 축제에 후원을 하는 대신 작은 뮤직 아카데미를 열었다. 온라인 시스템이 도입되기 전이라 사람들은 2주간 아카데미에서 교육을 받기 위해 자필 지원서와 CD에 담은 음원을 제출했다.

첫해에는 3개 나라에서 300건의 지원서가 들어왔고 60명의 학생이 선발되었다. 그들은 비트 프로듀서, 음반 수집가, 재즈 음악가, 래퍼, 엔지니어, 연주자, 싱어송라이터, DJ 등 현업에서 음악 관련 일을 하는 사람들이었다. 야다스타르는 음악계 구석구석을 뒤져 그들을 교육할 프로듀서와 뮤지션들을 영입했다. 선발된 사람들은 자유시간에 현장의 녹음 부스에서 영감이 떠오르는 대로 새로운 음악을 함께 만들어 보도록 격려받았다.

뮤직 아카데미는 곧바로 큰 인기를 끌었다. 아카데미의 명성이 높아지면서 이들을 지도한 뮤지션들의 이름값도 덩달아 올라갔다. 에리카 바두, 료지 이케다, 푸샤 티 등의 레전드 뮤지션들이 모두 소소한 사례비만 받고 강의를 해줬다. 그리고 뮤직 아카데미를 졸업할 때 학생들은 브랜드 로고가 박힌 오리지널 티셔츠를 선물받았다. 당시에는 레드불이 그리 대단할 것 없는 회사여서 이 티셔츠를 갖고 있다고 해서 남들에게 우러러보일 정도는 아니었고 그저 실력을 갖추었다는 정도로 여겨졌다. 하지만 나중에 공연을 위해 수천 명의 군중 앞에 나설 때 뮤지션들은 자랑스럽게 이 티셔츠를 입고 무대에 올랐다. 언론과의 인터뷰에서 그들은 브랜드에 감사를 표했고, 커뮤니티 인플루언서에서 업계 리더로 성장하면서 그들은 브랜드를 대표하는 인물들이 되었다. 뮤직 아카데미가 그들의 성장을 도와주었기 때문이다. 이것이 레드불Red Bull의 브랜드와 로고가 사람들에게 널리 알려지게 된 한 가지 이유였다.

20년 세월을 거치면서 레드불 뮤직 아카데미에는 8만 건이 넘는 지원서가 들어왔고 120개국 출신의 지원자 1,000여 명이 교육을 받

Red Bull Music Festival Chicago assembles 40+ artists across two weeks of events, from club nights in legendary venues to expressive conceptual performances. Featuring Lupe Fiasco, Saba, Jamila Woods, Smino, and more, Red Bull Music Festival Chicago celebrates the stories and influence of artists from Chicago and beyond.

1998년 베를린에서 처음 열린 레드불 뮤직 페스티벌은 전 세계 19개 도시에서 한 달 동안 열리며, 다양한 뮤지션들을 배출했다.

았다. 진정 존경받는 음악 커뮤니티로서 레드불은 뮤직 아카데미를 60개국 이상에서 지역 워크숍, 스튜디오 세션, 행사를 진행하는 하나의 생태계로 성장시킬 수 있었다. 그런 행사 중 가장 주목할 만한 것으로는 레드불 뮤직 페스티벌Red Bull Music Festival이 있는데, 전 세계 19개 도시에서 한 달 동안 열리는 이 뮤직 페스티벌은 멋진 음악과 문화 그리고 그 이면에 도사리고 있는 혁신적 정신을 기념한다. 이 현실 속 프로젝트는 24시간 라디오 방송국 레드불 라디오와 여러 팟캐스트, 인쇄물, 도서, 영화 등을 비롯하여 심층 음악 저널리즘 전문의 시그니처 채널들에서 소개되었다.

이처럼 레드불은 제품 중심의 마케팅에서 탈피해 진심으로 음악 커뮤니티에 최선의 모습을 보여주었다. 덕분에 레드불은 단지 카페인이 든 설탕물에 그치지 않고 세계 최고의 라이프스타일 브랜드의 하나로 발돋움했으며, 뉴욕 매디슨 광고 거리 마케터들의 시샘을 한 몸에 받게 되었다. 대부분의 브랜드는 매스컴에 돈을 내야만 제품을 알릴 수 있지만, 레드불은 자체 소통 수단을 통해 이상적인 소비자들과 직접 접촉했다. 이 놀라운 브랜드 관계와 지위로 인해 레드불은 세계에서 가장 비싼 음료 중 하나가 될 수 있었으며, 현재 디트리히가 팔아치우고 있는 레드불의 개수는 매년 75억 개가 넘는다. 지구상의 모든 사람들이 매년 하나 이상씩 마시는 꼴이다.

커뮤니티 인플루언서를
공략하는 방법

　　　　다른 기업들은 커뮤니티나 그 리더들과의 교류에 처참히 실패하고 있던 현실에서 어떻게 레드불만 승승장구한 것일까?

　그 답은 그들이 커뮤니티 인플루언서들의 사고방식을 이해한 데 있다. 레드불 뮤직 아카데미를 거쳐간 전도유망한 아티스트들에게 그랬던 것처럼 말이다. 뮤직 아카데미의 참가자들은 약간의 성공은 맛보았지만 아직 다음 단계로 나아갈 노하우는 잘 모르는 사람들이었다. 이들은 커뮤니티에 직접 뛰어들어 하는 활동은 내켜 하지 않더라도 숙련도를 키우거나 흥미로운 프로젝트에 참여하는 것은 나쁘지 않다고 생각했다. 뮤직 아카데미는 그들에게 4가지 중요한 자산을 주었다.

1) 기술Skills : 능력의 개선(예 : 공연, 매니지먼트, 팀 작업, 디제잉이나 페인팅 같은 산업 기반의 기술)을 말한다.

2) 기회Opportunities : 색다른 프로젝트나 체험 정보를 입수하여 지원하거나 참여하도록 한다. 그리고 이런 프로젝트나 체험은 기술과 역량을 보여줌으로써 스스로를 증명하고 평판을 높일 귀중한 기회다(예 : 요리사라면 유명 음식 비평가에게 음식을 만들어 줄 기회, 코미디언이라면 무대에서 유명인을 소개할 기회, 뮤지션이라면 유명 프로듀서에게 자기 음악을 평가받을 기회).

3) 접근성Access : 업계 리더를 만나거나 소수정예 모임 또는 행사장에 참석할 능력을 말한다.

4) 자원Resources : 사람들에게는 단지 돈만 필요한 것이 아니다. 녹음실, 전문가, 장비 등도 도움이 된다.

레드불은 실질적으로 그들이 날아오르게 SOAR(기술Skills, 기회 Opportunities, 접근성Access, 자원Resources)을 지원하여 도와준 것이다. 이것이 바로 야다스타르가 레드불 뮤직 아카데미를 통해 한 일이다. 그들은 예비 뮤지션들이 지원할 수 있는 기회를 제공하여 이 뮤지션들이 커리어를 다음 단계로 진척시키도록 도왔다. 그들을 훈련시키고, 사람들에게 소개하고, 지식을 공유하고, 녹음실 등 필요한 온갖 기자재를 제공해 주었다. 그리고 그들을 고용하여 레드불 뮤직 페스티벌에서 공연하도록 했다. 야다스타르는 뮤지션들을 후원하는 대신 그들과 함께함으로써 커리어를 키울 수 있도록 했다. 매우 실질적인 방식으로 그들의 삶에 가치를 더한 것이다.

2019년에 레드불 뮤직 아카데미가 문을 닫는다는 소식이 발표되자 아카데미 동문들은 물론이고 미디어들까지 이별을 아쉬워했다. 음악 잡지 〈콰이터스〉는 이런 글을 실었다.

'그간 표현된 온갖 난해함에도 불구하고 레드불 뮤직 아카데미는 영속적이고 개성 있는 가치를 지닌 작품들을 창조했으며, 그것은 스포티파이와 유튜브 등으로 구현되는 몰개성적 음악과 문화에 대한 해독제 역할을 했다.'

야다스타르와 레드불은 진정 특별한 것을 창조했다. 대부분의 기업은 남들을 '날아오르도록' 돕기 위한 전략에 시간과 비용을 투자하려 들지 않는다. 보통은 자사 브랜드를 키울 명목으로 관심 있는 커뮤니티들과 직접적인 관계를 맺는 데 주력한다. 하지만 레드불은 코첼라나 EDC 같은 축제의 후원사로 현수막에 이름을 새기는 대신 직접 음악 미디어산업 속으로 뛰어들어 세계 곳곳에서 열리는 자체

페스티벌과 전달매체를 만들어 냈다.

앞서도 언급했듯이 커뮤니티 인플루언서들에게 오로지 이 전략만 효과가 있는 것은 아니다. 커뮤니티 인플루언서도 오피니언 인플루언서와 마찬가지로 인심이 넘치고 참신하며 큐레이션이 잘되고 경외감을 일으키는 경험에 끌린다. 그러나 반대의 경우는 반드시 그렇다고 볼 수 없다. 업계 리더들이 기술과 기회, 접근성과 자원을 필요로 한다 하더라도 커리어가 이미 무르익은 만큼 그들이 필요로 하는 내용은 훨씬 더 전문적이기 때문이다. 한 업계에만 집중한다면 효과가 있을 수 있겠지만 여러 업계에 두루 통하는 모습은 아직까지 본 적이 없다. 오피니언 인플루언서에게 SOAR 접근법을 사용할 때의 또 다른 어려움은, 이들은 자신의 부족한 부분을 고용으로 채울 수 있다는 점이다. 어떤 기술이 부족하거나 접근성을 확보하기가 어려우면 그들은 컨설턴트나 대리인, 새 직원을 영입한다.

이처럼 전략마다 나름의 강점이 있다. 그리고 지금도 많은 조직에서 SOAR 접근법을 사용하고 있다. 커리어를 높이려는 학생들을 모집하는 MBA 프로그램이나 건강 증진에 힘쓰는 웨이트 워처스가 대표적인 사례다. 어떤 경우든 그들은 자신들의 프로그램에 참여함으로써 사람들이 미래를 재정립하는 데 필요한 것을 얻게 되리라 약속한다. SOAR 접근법이 당신이 사용해 보고 싶은 전략이라면, 굳이 레드불처럼 막대한 투자를 할 필요는 없다. 작은 모임으로 시작해 사람들이 가장 필요로 하는 것이 무엇인지 파악해 나가면 된다. 때가 되면 당신과 참가자들이 서로를 지도하고, 지식을 공유하며, 외부 강연자를 초청하고, 나아가 온라인 플랫폼까지 개발할 수 있다.

6

퍼스널 인플루언서와 만나는 방법

우리가 가장 영향력을 미치기 어려운 집단이 어쩌면 우리와 가장 가까운 사람들, 즉 친구와 가족으로 구성된 사적 네트워크일 수 있다. 확실히 그들은 어떤 휴대전화를 살지, 어떤 식당에 갈지를 추천하면 잘 받아들이는 편이지만, 운동을 더 많이 해야 한다거나 담배를 끊어야 한다고 말하면 어째서 그들이 습관을 바꾸어야 하는지에 대한 지극히 논리정연하고 합리적인 주장도 종종 거부하곤 한다. 이때는 그들을 설득하려는 생각을 단념하기보다는 다른 접근법을 취해야 한다.

Part 1에서 우리는 커뮤니티가 우리의 행동에 얼마나 지대한 영향을 미치는지 배웠다. 뚱뚱하거나 우울하거나 행복한 사람, 흡연을 하는 사람과 친분이 있는 것만으로도 우리는 그러한 특성을 체득할 가능성이 증가한다. 행동과 습관은 전염되기 때문이다. 그러므로 주변 사람에게 우리의 조언을 들도록 설득하려 하기보다는 그 사람이 가졌으면 하는 기술이나 습관을 지닌 다른 사람들을 만나게 해줄 방법을 찾아보라. 죄책감을 부추기거나 어떤 행동을 하도록 조종하는 대신 건강한 습관을 지닌 건전한 사람과 친구가 되도록 격려하라. 그 상대가 커뮤니티 인플루언서이거나 실제로 이런 가치가 있는 존경할 만한 사람이라면 이런 접근법이 통할 확률이 굉장히 높다.

습관이나 생활방식, 성격을 바꾸기란 쉬운 일이 아니다. 단순히 운동하라고 조언하는 의사에게 아버지를 모시고 가는 것만으로는 충분치 않다. 내가 아는 의사들도 대부분 그 조언대로 살지 않는다. 사람은 자신이 좋아하는 가치나 특성을 실현할 필요가 있으며, 그러기 위해서는 이런 가치나 특성과의 지속적인 접촉이 필요하다. 이런 관계를 맺을 사람이 충분히 많으면 긍정적인 영향력을 지닌 공동체를 만들 수 있고 변화될 가능성이 상당히 높아진다.

*　　*　　*

지금까지 우리는 존경하고 흠모하는 사람들과 만나서 신뢰를 쌓는 방법을 집중적으로 살펴보았다. 이제는 영향력 방정식의 세 번째 항목인 공동체 의식을 어떻게 개발할지 알아볼 차례다. 사람들을 열정적이고 활기찬 공동체에 참여시킬 때 우리의 관계는 더욱 공고해지며 모두의 삶에 미치는 긍정적인 영향도 증대된다. 단지 인연을 맺는 것을 넘어 우리는 시간이 흐르면서 관계가 발전되기를 바란다. 이를 위해서는 먼저 무엇이 소속감을 주는지 이해할 필요가 있다.

Part 4

공동체 의식

1
공동체 의식을 키우는 방법

'소속'과 '소속감'의 차이

이제 내가 좋아하는 주제 중 하나인 공동체 의식을 키우는 방법에 대해 알아보자. 우리가 앞에서 오래오래 행복하고 건강하게 사는 데 필수적이라고 배웠던 특징은 커리어의 성공과 자녀 양육, 건강 관리 등 다른 모든 관심사에도 똑같이 적용된다. 만나고자 하는 사람이 누구이든, 즉 5~10명의 친밀한 집단이든 아니면 2,000만 명의 전국적인 단체이든 우리의 목표는 그들과 깊고 유의미한 관계를 맺는 데 있다. 피트니스 수업을 듣는 것과 피트니스 커뮤니티의 구성원이 될 때의 차이점이 여기에 있다. 후자는 소속감을 준다.

특히 관심사가 같거나 만나고 싶은 사람을 고려할 때에는 반드시 당신이 가치 있게 여기는 것에 초점을 두어야 한다. 수영을 싫어하면서 억지로 스쿠버 다이버들과 어울릴 필요는 없다. 기존 커뮤니티에 들어가서 적극적으로 활동을 하든 아니면 스스로 새로운 커뮤니티를 만들든 간에, 자신이 진정으로 관심을 가지는 것에 참여할 때 관련된 이들 모두에게 긍정적인 영향을 미칠 가능성이 높아진다.

아주 오랜 옛날에는 개인의 관심사에 기초하여 관계를 맺는 일이 지금처럼 쉽지 않았다. 인류가 존재해 온 대부분의 기간 동안 인간의 공동체는 지리적 거리를 기준으로 형성되어 왔다. 2,000년 전 로마에 살았던 사람은 지금의 남미 지역에 살았던 사람들과 같은 공동체를 이룰 수 없었다. 아마 양쪽 다 상대방의 존재조차 몰랐을 것이다. 교통과 통신이 원활해지고 나서야 비로소 우리는 비슷한 관심을 가진 사람들을 찾아볼 수 있게 되었다. 이때부터 거리의 제약을 벗어나 직업 공동체(노동조합, 길드, 협회 등), 취미 동아리(아마추어 무선기사, 조류 관찰자 등), 팬클럽, 종교 교단 등과 같이 관심 분야에 따른 공동체들이 생겨나기 시작했다.

일단 공동체에 들어가 적극적으로 활동하다 보면 자신의 자리가 본래 그곳인 듯한 소속감을 경험하게 된다. 우리가 육성하고 키우려는 것이 바로 이런 소속감이다. 앞으로도 누차 강조하겠지만 내가 '소속'이 아니라 '소속감'이라고 한 것에 주목하라. 이 둘 사이에는 중요한 차이가 있다. 현실에 대한 판단이 우리의 느낌이며, 우리는 느껴지는 바에 따라 일관되게 행동한다. 그래서 사람들이 단순히 어떤 공동체에 속하려고만 하지 않고 그 속에서 마음을 푹 놓을 수 있는 경험을 하고 싶어하는 것이다. 심리학자 데이비드 맥밀런과 데이비드 차비스는 소속감을 다음과 같이 정의하고 있다.

> **❝** 소속감은 구성원들이 가지는 소속의 감정,
> 구성원들이 서로에게 그리고 전체 집단에 중요한 존재라는 느낌,
> 함께하려는 노력을 통해 구성원들의 필요가 충족되리라는
> 공동의 신념이다. **❞**

지금까지 이야기한 대로 이런 소속감은 우리 삶의 모든 국면에 지대한 영향을 미치며, 우리가 관심을 가지는 모든 문제를 해결해 주는 만병통치약처럼 기능하는 듯하다. 예를 들어 유방암을 앓는 여성들의 경우 유방암 환우모임에 참여하는 사람이 별다른 교류가 없는 사람들에 비해 생존율이 4배나 높다고 한다. 또 서로에게 연대감을 느끼는 직원들이 더 실적이 좋고 건강하며, 그들이 일하는 회사도 더 승승장구한다.

공동체 의식을 불러일으키는
4가지 요소

그렇다면 공동체 의식을 불러일으키는 것은 무엇일까? 맥밀런과 차비스가 1986년에 찾고자 한 것이 바로 이 질문에 대한 답이었다. 그리고 그들은 진정한 소속감을 촉진하는 데 필요한 다음의 4가지 요소를 찾아냈다.

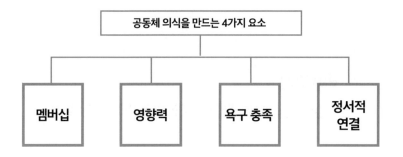

공동체 의식을 만드는 4가지 요소

| 멤버십 | 영향력 | 욕구 충족 | 정서적 연결 |

1) 멤버십 : 집단 내부의 사람과 외부의 사람이 존재한다.

2) 영향력 : 공동체는 구성원들에게 영향을 미치며, 구성원들은 공동체에 영향을 미친다.

3) 욕구의 통합과 충족 : 구성원과 공동체의 욕구가 일치되어 양쪽 모두 이익을 얻는다.

4) 정서적 연결성 공유 : 구성원들의 공통된 참여와 역사 또는 함께 걸어온 여정이 있다.

소속감을 높이는 데 왜 이런 특성들이 중요하며, 이를 우리에게 어떻게 적용할지 이해하기 위해 남아프리카의 럭비 대표팀과 위키백과Wikipedia, 미국 재소자 갱생 프로그램 콘바디ConBody, 그리고 괴짜들의 안식처이자 천국인 코믹콘Comic-con의 이야기를 살펴보기로 하자.

2

멤버십
- 남아공 럭비 대표팀에게 배우는 소속감

망신거리였던 스프링복스는
어떻게 럭비 월드컵에서 우승했을까?

2003년에 남아프리카의 럭비 국가대표팀인 스프링복스의 상태는 그야말로 엉망진창이었다. 럭비 월드컵에서 보여준 그들의 기량은 좋게 말해도 망신스러웠다. 설상가상으로 이 팀은 럭비 역사상 최대의 스캔들에 휘말렸다. '가시철사 캠프Kamp Staaldraad'로 알려진 사건에서 선수들이 했던 '팀빌딩' 체험이 도마에 오른 것이다. 그들은 다같이 발가벗고 여우굴에 들어가 얼음물을 뒤집어쓰고, 자갈밭을 기고, 닭을 죽여 요리를 하도록 강요받은 것이다(그리고 먹지는 않았다).

2004년에 제이크 화이트가 신임 코치로 영입되었다. 이전 코치들과 달리 화이트는 프로팀 지도자 출신이 아니라 고등학교 럭비팀 코치로 시작해 21세 이하 국가대표팀 부코치로 일했던 사람이었다. 화이트에게 2007년 월드컵을 준비할 시간은 그리 많지 않았다. 하지만 그는 단순한 계획을 세웠다. 우선 스프링복스를 성공으로 이끌 것으로 여겨지는 선수들을 중심으로 팀을 꾸렸다. 다음으로 프로 스포츠팀에서는 대단히 이례적으로, 선발된 핵심 선수들에게 단기적인 성과는 걱정할 필요가 없다며 그들의 자리는 안전할 거라고 안심시켰다. 마지막으로 2007년 월드컵에서 우리는 반드시 우승할 거라는 굳건한 믿음을 선수들에게 심어주었다.

화이트가 가장 신경 쓴 것 중의 하나는 선수들 간에 형제애의 문화를 가지도록 한 것이다. 스프링복스에는 여러 인종이 뒤섞여 있었고, 인종차별정책이 폐지된 지는 20년도 채 안 되었다. 화이트와 부코치들, 그리고 주장은 선수들 각자가 서로에게 소외되지 않도록 신경 썼다. 다른 많은 팀들이 지역과 정치·인종 등에 따라 진영이 갈렸던 반면, 스프링복스는 분열될 여지가 없었다. 화이트는 핵심 선수들을 선정하여 그들을 신뢰하고 지지했으며 언론의 공격을 막아냈다. 덕분에 그들은 안정감과 소속감 속에서 하나의 단결된 팀으로 싸웠고, 결과는 바로 나타났다. 시작하자마자 네 경기 연속 승리를 거두었고, 결국 2004년 트라이 네이션스 시리즈Tri Nations Series에서 전혀 예상치 못한 뜻밖의 우승을 거머쥐었다(1998년 이래 처음 있는 일이었다). 이 놀라운 성과로 그들은 국제럭비위원회에서 수여하는 올해의 팀 상까지 받았다.

이듬해인 2005년, 스프링복스는 다시 대회에 출전하여 총력을 다했지만 보너스 포인트가 뒤져 트라이 네이션스 우승에 실패했다. 2006년은 더욱 부진하여 아홉 시즌 만에 처음으로 5연패(총 6패)를 기록했다. 선수들은 끊임없이 부상에 시달리고 수술을 받았으며 심지어 목이 부러지기도 했다. 사람들은 핵심 선수들에게 의존하는 화이트의 전략을 맹비난했지만, 화이트는 결코 그 선수들에 대한 믿음을 저버리지 않고 계속 경기에 내보냈다. 심지어 나이 많고 부상까지 당한 선수들을 젊고 체력 좋고 발빠른 선수들로 교체하고 싶은 유혹이 들 만할 때에도 그들을 꿋꿋하게 경기에 내보냈다.

코치로 부임한 첫 날부터 화이트는 2007년에 다가올 도전들에 대비해 팀을 준비시켜 왔다. 특히 2007년은 새로운 트라이 네이션스 시리즈뿐 아니라 대망의 럭비 월드컵도 있는 해였다. 그들은 트라이 네이션스의 포문을 힘차게 열었지만 핵심 선수들이 부상을 입고 녹초가 되고 말았다. 남아공 럭비연맹은 '월드컵을 치르기도 전에 남은 스타 플레이어들까지 위험에 빠뜨려서는 안 된다'는 진료 보고서를 발표했다. 화이트는 이에 따라 핵심 선수들을 제외했고, 스타 플레이어들이 빠진 스프링복스는 트라이 네이션스에서 꼴찌로 밀려났다.

하지만 어떤 비난이 쏟아져도 화이트는 자신의 우선순위를 확고부동하게 지켰다. 트라이 네이션스 대회는 다음 해에도 또 있지만 월드컵은 4년에 한 번뿐이었고, 남아공은 세상에 실력을 보여주어야 했다. 화이트의 임무는 선수들을 보호하는 것이었고, 단지 그들이 경기를 뛰게 하는 데 그치지 않고 부상 없이 우승할 수 있도록 해야 했다.

20개국 대표팀이 2007년 럭비 월드컵을 위해 프랑스에 모였다. 스프링복스는 초반 경기들을 순조롭게 치르고 준준결승전에서 피지와 맞붙게 되었다. 경기 종료까지 15분이 남았을 때 점수는 동점이었고, 피지는 스프링복스를 거세게 몰아붙이고 있었다. 주장 스미트는 팀원들을 불러모아 경기에 온힘을 쏟지 않으면 더는 설 자리가 없을 거라며 선수들의 의지에 불을 지폈다. 그들은 합심하여 경기의 주도권을 가져왔고, 결국 37:20으로 승리하여 준결승전에서 아르헨티나와 맞붙을 기회를 따냈다. 그리고 준결승에서도 아르헨티나를 이겼다.

2007년 10월 20일, 스프링복스는 잉글랜드와 결승전에서 만났다. 화이트와 부코치들이 이 날을 위해 선수들의 형제애를 키우고자 혼신을 다했던 만큼 그 어느 때보다 긴장감이 고조되었다. 가족 같은 팀 플레이를 갖춘 핵심 그룹을 고집하는 게 맞았을까? 아니면 서로 좀 서먹하더라도 젊고 체력이 좋은 스타 플레이어들을 선발했어야 할까? 화이트를 비난하던 사람들에게 이 시합의 결과는 거센 비난을 받을 만했다거나 아니면 이 팀이 남아공의 진정한 영웅이라는 증거로 사용될 터였다.

양 팀 모두 한 치의 양보도 없는 대결을 펼쳤고, 결국 스프링복스가 득점하며 우위를 차지하고 간격을 벌려 나갔다. 경기시간 종료와 함께 스프링복스는 2007년 럭비 월드컵의 챔피언이 되었다. 주장 스미트가 승리의 순간에 대해 가장 뚜렷이 기억하는 것은 함성과 환호가 아닌 엄청난 안도감이었다. 1년 전만 하더라도 그들은 5연패를 했었고, 어딜 가나 그와 핵심 선수들 상당수를 진작에 갈아치웠어야 했다는 말뿐이었다. 그러나 화이트는 그들의 말을 들은 척도 하지 않고 팀원들에 대한 신뢰를 굳건히 지켰다. 결국 화이트는 비난하던 사람들과 팬들에게 자신이 옳았음을 입증했고, 럭비 역사상 가장 칭송받는 코치 중 하나로 금의환향할 수 있었다.

몇 년 전만 하더라도 스프링복스가 국제적인 망신거리였음을 감안할 때 그들을 월드컵 우승팀이 될 수 있도록 단합시킨 요인은 무엇일까? 스프링복스 관계자들은 선수들에게 공동체 의식을 심어준 화이트의 뛰어난 능력을 지목한다. 그리고 화이트뿐만 아니라 부코치들과 주장 스미트 역시 어떻게 하면 그들을 형제애로 결속시켜 공동체 의식을 갖게 할지에 대해 알고 있었다.

스프링복스는 끈끈한 공동체 의식과 형제애를 통해 2007년 럭비 월드컵의 챔피언이 되었다.

(출처 : enca.com)

Part 4 공동체 의식

멤버십의 5가지 특징

앞 장에서 언급했듯이 공동체 의식은 4가지 특성에서 비롯되며, 그중 '멤버십'이 최우선이다. 멤버십은 소속될 권리를 뜻하며, 공동체에서 환영받는다는 느낌과 편안한 느낌이 들게 하고, 멤버와 비멤버를 구분 짓는다. 스프링복스 지도부는 단지 핵심 선수들을 계속 경기에 내보내는 것만이 아니라 선수들 사이에 형성된 형제애로 멤버십을 확립했다. 멤버십의 특징은 경계, 정서적 안정, 소속감, 개개인의 노력, 공통의 상징이라는 5가지로 구분된다.

1) 경계 | Boundary

어떤 집단에 속한다는 느낌이 들려면 내부 사람들과 외부 사람들 사이에 명확한 구분이 존재해야 한다. 유니폼을 입는 공동체도 있고 (걸스카우트, 스포츠 구단, 군대), 웹사이트 로그인을 요구하는 곳도 있으며(페이스북), 아니면 그저 참석만 하면 되는 곳도 있다(독서클럽, 특정 목적의 만남). 그리고 이러한 경계가 없으면 공동체 의식을 느낄 수 없다. 내부 사람들을 결속시킬 외부와의 분명한 차별점이 없기 때문이다. 화이트는 유니폼이나 참석 여부를 넘어 자신의 핵심 선수들을 무한히 신뢰하며 성적에 관계없이 매년 경기에 내보내는 방식으로 경계를 설정했다.

경계는 간단한 방법으로 설정할 수 있다. 단순히 어떤 활동에 이름만 붙여도 다른 것과 구분되는 경계를 만들 수 있다. 내가 주최하는 저녁식사 모임 역시 단순한 식사 모임이 아닌 '인플루언서 디너'

라고 이름을 붙였다. 그래서 우리에겐 참석 회원이나 식사 동문이 존재한다. 하지만 이때 불건전한 경쟁이나 과도한 두려움을 유발할 만큼 경계를 밀어붙이면 부정적인 결과가 나타날 수 있음을 유념해야 한다. 스포츠 경기에서 상대 팀의 팬들이 싸움을 걸거나 특정 집단이 외부인에게 과격하게 구는 모습이 목격되곤 하는 것은 이런 이유에서다. 우리가 설정한 경계는 건강한 상호작용을 유발하고 공동체에 좋은 평판을 더하도록 해야 한다.

2) 정서적 안정 Emotional Safety

자기 의견을 냈다가는 소외될지 모른다는 염려가 들거나 위협을 느낀다면 소속감이 들 수 없다. 앞에서 보았듯이 집단과 공동체, 팀이 돌아가기 위해서는 구성원이 자신의 취약한 면을 편히 드러내 보일 수 있어야 한다. 문제점이나 제안, 반대 의견을 안심하고 표명할 수 없다면 그 공동체나 팀은 실패할 가능성이 높다. 화이트는 자신이 선수들을 보호할 것이며 단기적인 성과로 그들을 판단하지 않을 것임을 명확히 밝혔다. 주장 스미트에 의하면 자신은 월드컵 1년 전에 교체되었어야 마땅했다. 선수 입장에서 그렇게 자신을 보호해 주는 지도자가 얼마나 고마웠을지 생각해 보면 소속감이 들 수밖에 없다.

어떤 모임을 주최할 때 참석자들이 그곳에 가면 안전하고 환영받는다는 느낌을 주려면 어떻게 해야 할까? 참석자 한 사람 한 사람과 개인적으로 인사를 나누면 될까? 신규 참석자들을 한꺼번에 환영해 주거나 기존 구성원에게 부탁해 모임이 돌아가는 사정을 알려주라고 하면 될까? 그리 복잡할 것 없다. 나의 경우는 사람들을 초대할 때 이메일에 자주 묻는 질문(FAQ)을 포함시켜 그들이 모임에 대해 미리 파악하고 에티켓을 이해할 수 있도록 안내한다. 이런 이메일은 그들이 환영받고 있으며, 무엇이든 물어봐도 좋다는 점을 알려주는 신호들 중 하나다.

3) 소속감 Sense of Belonging

소속감은 자신이 어떤 집단에 소속되어 있으며, 스스로를 그 구성원이라고 느끼게 되는 감정이다. 예를 들어 자신이 어떤 회사에서 일하고 있다고 말하는 것과 그 회사를 '우리'라고 지칭하는 것의 차이에서 소속감 여부를 확인할 수 있다. 한 집단은 외부인으로서 방문하는 대상이고, 다른 한 집단은 자신의 신원을 보여주는 대상이다. 스프링복스 지도부는 모두가 같은 팀원이라고 느낄 수 있는 문화를 조성했다. 팀 내에 분열을 조장하는 진영도 없었고, 모두가 환영받고 인정받는다고 느꼈다. 이들은 소속에 대한 근본적인 기대가 있었다.

4) 개개인의 노력 Personal Investment

이 원칙에 대해서는 앞서 몇 번 언급한 적이 있다. 이케아효과에서 봤듯이 무언가에 노력을 쏟을 때 사람들은 그것을 더 좋아하게 되고 더 깊은 연대감을 느낀다. 스프링복스는 모국을 대표하여 경기장에 그들의 삶을 바쳤다. 이처럼 사람들로 하여금 노력을 기울이고 힘을 보태게 할수록 그들은 집단에 더 유대감을 느끼고 멤버십을 더욱 공고히 하게 된다.

5) 공통의 상징 Common Symbol System

의사들은 서로 공통된 의학용어로 이야기한다. 또 남학생 클럽의 비밀 악수에서부터 온라인 그룹에서 쓰는 언어와 상징, 당신이 친구들과 하는 개인적인 농담에 이르기까지 어떤 종류의 공동체에든 이런 내부의 소통체계가 존재한다. 스프링복스처럼 오랜 기간 함께 훈련하는 집단에는 내부에서 통용되는 어구와 약칭, 농담이 생겨난다. 이 밖에 기업의 로고나 나라의 국기처럼 집단을 대변하는 실질적인 상징도 있다. 집단이나 공동체를 육성할 때 당신도 로고나 상징을 만들 수 있다.

이처럼 멤버십을 표시하는 단서들은 '당신은 여기 소속이에요. 당신은 안전하고 이곳에서 환영받아요'라는 뜻을 전하는 한 가지 방식이다. 누군가 공동체에 들어오면 우리는 그들이 공동체로부터 영향을 받을 뿐만 아니라 그들 스스로도 공동체의 발전을 위해 긍정적인 영향을 끼칠 기회를 주려고 노력한다.

3

영향력
- 위키백과 철자 논쟁으로 본 커뮤니티의 힘

위키백과 철자 논쟁

어느 날 위키백과에서 논쟁이 벌어졌다. 대문자 I로 쓸지 소문자 i로 쓸지에 대한 열띤 토론이 그 시작이었다. 양측 옹호론자들은 때로는 공손하고 화기애애하게 토론하고, 때로는 유치하기 짝이 없게 다퉜다. 그들은 열정적으로 논쟁했다. 자신들에게는 중요한 문제였고 그들의 관심사에 대한 대중적 표명이었기 때문이다. 사태가 진정되기까지는 2개월이 걸렸고 4만 단어 이상(지금까지 당신이 이 책에서 읽은 단어 수보다 약 5천 단어 더 많은 양이다)의 글이 오갔지만 결론은 누구에게도 만족스럽지 않았다. 어쨌거나 그 결과 영화 〈스타트렉 다크니스Star Trek into Darkness〉의 위키백과 페이지에는 제목 into의 i가 소문자로 쓰이게 되었다(보통은 Star Trek Into

Darkness라고 쓴다).

이 페이지를 직접 찾아보았던 사람들도 미처 이 사실을 눈치채지 못했을 것이다. 워낙에 미세한 차이인데다 솔직히 대부분의 사람들은 이런 문제를 신경도 안 쓸 테니까. 하지만 논쟁의 쟁점은 분명 into라는 단어를 대문자로 시작할 것이냐 소문자로 시작할 것이냐에 있었다.

그런데 결국 위키백과 페이지는 소문자 i 대신 대문자 I를 쓴 〈Star Trek Into Darkenss〉로 바뀌었다. 아마도 익명의 유저가 "빌어먹을! 공식 홈페이지를 보라고, 이 오만한 멍청이들아"라는 글을 게시한 이후인 듯하다.

영향력의 중요성

위키백과에서의 논쟁은 공동체 의식의 두 번째 특성인 영향력의 중요성을 보여준다. 앞에서 언급했듯이 영향력은 결과 또는 사람에게 영향을 미치는 능력이다. 사람들에게 공동체 의식을 심어 주려면 그들이 공동체로부터 영향을 받으면서 동시에 그들도 공동체에 기여할 수 있도록 해야 한다. 즉, 영향력은 양방향으로 흘러야 한다.

기여를 할 수 없으면 영향력을 미칠 수 없고, 그렇게 되면 그 관계는 한 방향으로만 흐르게 된다. 하지만 이런 일방적인 관계는 공동체가 아니라 무언의 청중이나 팬, 팔로워일 뿐이다. SNS 팔로워와 지역 뜨개질 모임을 구분짓는 차이가 바로 영향력이 한 방향으로 흐르느냐 양방향으로 흐르느냐에 있다. 위키백과 페이지에서는 영화 제목을 어떻게 표기하느냐가 중요하다고 생각한 사람 누구나 자신의 의견을 피력할 수 있었고, 실제로 그들은 무려 4만여 단어로 자신들의 의견을 표명했다. 그리고 그 커뮤니티 안에서 교류하면서 다른 사람들의 견해를 듣고 자신의 사고를 확장할 수 있었다. 영향력은 이처럼 양방향으로 작용한다.

이 사례가 황당하게 들릴 수도 있지만 누구나 자신에게만 또는 소수에게만 흥미로운 관심사가 있기 마련이다. 유일한 차이가 있다면 이번 위키백과 사례의 경우 많은 사람들이 신기하리만치 격하게 관심을 가졌다는 것뿐이다.

대부분의 경우 사람들의 영향력은 공동체의 동료와 대화를 나누거나, 종교단체에서 자원봉사를 하거나, 학생을 멘토링해 주거나, 아이디어를 공유하는 것처럼 잔잔하게 행사된다. 거창한 활동이 필요한 것이 아니라 그저 주고받는 행위만 이루어지면 된다.

4 / 욕구의 통합과 충족
– 재소자 갱생 프로그램, 콘바디

마약 거래상은
어떻게 대박 피트니스를 창업했을까?

　　　　　　　　　　　코스 마르테는 감옥에 수감
된 지 1년 만에 건강검진을 받았는데, 의사는 코스를 앉혀 놓고 불
편한 말을 건넸다. 건강하지 못한 식습관과 운동 부족으로 당장 몸
관리를 시작하지 않으면 5년 안에 사망할 수 있다는 것이다. 코스는
177㎝ 키에 몸무게가 105kg으로 병적인 비만이었다. 의사는 대기
실에 있는 70대 할아버지를 가리키며 말했다.
　"당신은 스물네 살이지만 계속 자기 몸을 돌보지 않으면 아마 저
분보다 먼저 갈 겁니다."
　불행히도 코스의 직업은 건강한 생활습관을 가지기에 썩 도움이

되지 않았다. 코스는 1980년대에 맨해튼 동남부에서 성장했는데, 그때는 아직 동네 환경이 개선되기 전이었다. 도미니카공화국 이민자였던 어머니는 열악한 환경의 직장에서 일을 하며 겨우겨우 식비와 월세를 댔다. 어린 코스 역시 자신이 할 수 있는 일이라면 무엇이든 찾아서 했다. 깡통을 주워다 동전 벌이를 하고, 세차를 해서 2달러씩 받고, 이런저런 심부름도 했다. 열세 살에는 마리화나 거래를 시작했고, 차차 코카인과 마약으로까지 범위를 넓혔다. 그리고 얼마 지나지 않아 하루 24시간 체제로 배달을 시작했다. 그는 타고난 기업가였고 세일즈는 그의 천직이었다. 2000년대 초반에 동네가 고급화되면서 의사와 변호사·판사 고객이 생겼고, 그의 사업영역은 3개주로 확장되었다. 열아홉 살이 되자 거래액은 500만 달러를 넘어섰고, 매년 200만 달러씩을 집으로 가져올 수 있었다. 고객이 어찌나 많았던지 전화번호를 다 저장하기 위해 전화기가 7대나 필요할 정도였다(당시 전화기 한 대의 연락처 저장 한도는 최대 1,500개였다). 그는 차에 앉아서 먹고 마시고 수금을 하며 하루하루를 보냈다. 그가 비만이 된 것은 당연한 일이었다.

스물세 살에 코스는 마약 단속국에 체포되었고 마약 거래의 핵심 인물로 기소되었다. 매년 50kg이 넘는 코카인을 운반하고 있었으니 그럴 만도 했다. 코스는 유죄 판결을 받고 7년 형을 살게 되었다. 그리고 수감된 지 1년 만에야 의사를 만나 자신이 죽을지도 모른다는 사실을 알게 되었다.

의사의 진단을 들은 후 자신의 몸상태를 바꿔 보려는 필사적인 의지로 코스는 매일 2시간씩 주어지는 야외 운동시간마다 운동장을 빙글빙글 돌며 계속 걸었다. 첫날에는 걷기밖에 못했는데 2주가 지나니 가볍게 뛸 수 있었다. 한 달이 지나 몸무게가 5kg 이상 줄자 키 170cm에 몸무게 140kg인 동료 재소자인 버스가 그에게 도움을 청했다. 버스는 당뇨병을 앓고 있었고, 그 역시 생활습관을 바꾸지 않으면 몇 년 뒤에 관상동맥 질환에 걸릴 위험이 높았다. 코스는 그와 함께 운동을 시작했고, 그들의 체중이 줄자 점점 더 많은 재소자들이 운동에 동참했다. 몇 달 뒤 코스는 73kg의 건강한 체중에 도달했고, 함께 운동을 한 20명이 넘는 재소자들은 총 450kg 넘게 체중을 감량했다. 이들의 동지애는 대단했다. 공동체 피트니스 트레이닝의 효과를 입증하는 산증인으로 버스는 교도소 역도 대회에 출전해 272kg의 역기를 짊어지고 스쿼트를 하여 당당히 1위를 차지했다.

아주 모범적인 수감생활을 한 덕분에 코스는 6개월 기간의 재소자 특별 갱생 프로그램을 이수할 자격을 갖게 되었다. 프로그램을 잘 마치면 새 사람이 되어 3년 일찍 집으로 돌아갈 수 있었다. 그런데 무슨 운명의 장난인지 석방 2개월 전, 프로그램의 일환으로 치과 진료를 받게 해준다고 하여 들어선 의무실에서 교도관이 몸을 수색했다. 그러고는 완력으로 코스를 벽에 밀어붙여 바닥에 쓰러뜨렸다. 코스가 일어나서 교도관을 마주보자 교도관은 경보를 울렸다. 교도관 6명이 더 달려오더니 코스를 바닥에 때려눕혔다. 그는 폭행미수 혐의로 독방에 보내졌다.

상자갑 같은 독방 안을 코스는 이리저리 서성였다. 이 사건 때문에 원래 형기에서 남은 3년 반을 모두 복역하게 되었다. 지푸라기라도 잡는 심정으로 코스는 자신의 억울함을 호소하는 편지를 썼지만 봉투에 붙일 우표가 없었다. 독방에서 그가 가지고 있는 것이라곤 누나가 준 성경책뿐이었다. 지루함에 그는 성경책을 펼쳐서 누나가 권했던 구절을 찾았다. 그 순간 기적이 일어났다. 거기에서 우표 하나가 툭 떨어진 것이다. 코스는 이 일을 성경책을 처음부터 끝까지 읽으라는 계시로 받아들였고, 성경을 읽으면서 자신이 상처를 준 모든 사람, 마약에 중독되게 만들었던 모든 가족들을 생각했다. 잘못을 바로잡아야 했지만 방법을 몰랐다. 그는 중죄인으로 독방에 갇혀 있는 신세였고 밖으로 나간다 하더라도 일자리를 구할 가능성이 희박했다. 게다가 그는 마약을 파는 방법과 다른 죄수들과 함께 운동하는 법, 단 두 가지밖에 아는 게 없었다. 그때 자신의 삶을 어떻게 바꾸어 세상에 긍정적인 힘을 전할 수 있을지 깨달음이 왔다.

코스는 독방에서 외로운 나날을 보내면서 자신이 운동장에서 동료 재소자들을 운동시켰던 방식을 정리하며 피트니스 프로그램 '콘바디ConBody'를 개발했다. 사람들의 몸을 건강하게 만들어 줄 뿐 아니라 교도소에서 자행되는 불평등한 처우에 대해서도 알리고 싶었다. 그리고 전과자들을 트레이너로 고용하여 그들에게 안정적인 일자리를 제공할 구상을 세웠다. 물론 아이디어는 훌륭했지만 독방에 갇힌 자신의 앞날이 어떻게 펼쳐질지는 알 수 없었다.

그때 코스에게 한 가지 제안이 들어왔다. 폭행미수 혐의를 인정하면 다시 갱생 프로그램으로 복귀시켜 주겠다는 것이었다. 그러나 처음부터 다시 시작해야 했다. 그래도 3년 6개월 대신 6개월만 더 복역하면 됐다. 부당하다는 건 알았지만 그 방법이 가장 빨리 밖으로 나갈 수 있는 길이었기에 그는 제안을 수락했다. 코스는 모범 재소자로 프로그램을 통과했고, 6개월 뒤에는 어머니의 소파에서 잠들 수 있게 되었다. 낮에는 밖으로 나가 아무나 붙들고 하루에 두 번씩 자기와 함께 공원에서 운동을 하자고 제안했다.

콘바디의 효과가 사람들에게 입소문이 나면서 코스는 댄스 교습소를 인수하고 교도소에서 함께 운동했던 전과자를 한 명 고용했다. 사람들이 더 늘어 댄스 교습소에 모두 수용할 수 없게 되자 코스는 전용 운동공간을 마련하고 재소자 출신 트레이너를 더 고용했다. 급기야 매리어트와 삭스피프스애비뉴 같은 브랜드들까지 자기네 호텔과 백화점에 콘바디를 입점시키기 위해 코스에게 접촉해 왔다.

콘바디는 출범 이래로 지금까지 수천 명의 건강관리를 도왔고, 교도소 내의 사회정의 문제와 중죄인들이 경험한 차별을 알렸다. 그들은 또 전과자들도 사회 구성원으로서 기여할 수 있다는 것을 세상에 알리고 있다. 현 시점을 기준으로 코스는 지금껏 42명의 중범죄 전과자를 고용했으며, 그중 누구도 다시 범죄를 저지르지 않았다. 미

'콘바디'는 죄수(convict)와 몸(body)을 합친 단어로, 좁은 공간에서 '감옥식 운동을 하는 체육관'이라는 콘셉트로 인기를 얻고 있다.

Part 4 공동체 의식

국 교도소에 수감된 적이 있는 죄수 중 44%가 재범을 저지르고, 일부 범죄의 경우는 재범률이 80%에 이른다는 점을 고려할 때 이는 어마어마한 성과가 아닐 수 없다. 덕분에 콘바디는 미국 역사상 가장 효과적인 가석방 갱생 프로그램 중 하나가 되었다.

코스는 처음엔 교도소 운동장에서 동료 재소자들과 함께, 지금은 콘바디의 트레이너와 고객들과 함께 여정을 거쳐오면서 진정한 공동체 의식을 형성할 수 있었다. 공동체는 목표와 욕구를 가치와 통합할 때 번성한다. 그리고 사람들은 조직이 상징하는 바가 자신의 관심사와 일치할 때 참여한다.

공동체의 참여는
같은 가치를 공유하는 것

엘리트 군부대나 학술 프로그램, 기업 이 사회의 구성원들에게는 높은 평판이 뒤따른다. 그리고 이제는 콘바디의 트레이너 역시 그 사람이 과거와 단절하고 범죄를 멀리하는 생활을 하고 있음을 많은 사람들이 알고 있다. 꼭 거창한 단체가 아니어도 상관없다. 걸스카우트의 멤버가 된다고 해서 엘리트의 지위가 부여되는 것은 아니지만 이는 곧 그 사람이 성장과 발전에 관심을 가지고 있음을 나타낸다. 마찬가지로 당신이 만드는 공동체도 당신이 가치 있게 여기는 오락활동이나 인간관계, 교육, 환경보호 따위를 대변하게 된다.

공동체는 또 역량을 증명해 보일 수 있다. 누구라도 변호사 시험에 합격하지 못한 사람에게 법률 자문을 구하거나 위생검사를 통과하지 못한 식당에서 식사를 하지는 않을 것이다. 마찬가지 관점에서 누군가에게는 콘바디 트레이너라면 그 사람은 믿을 만하고 유능하며 사람들을 상대할 줄 아는 사람으로 보여질 것이다. 그리고 이런 속성들은 전문적인 조직을 만들 때 중요하게 갖춰야 할 요소다.

코스의 경우 그가 운동장이나 체육관에서 운동하든 아니면 재소자들과 함께 운동하든, 분명한 것은 그가 무언가를 달성하고자 그 자리에 있다는 점이다. 이처럼 사람들과 관계를 맺고 공동체 의식을 키울 때에는 구성원들에게 그 공동체가 지지하는 가치를 이해시킬 필요가 있다. 사회운동과 기업문화, 스포츠 구단이 지향하는 목표는 서로 다르지만, 제각기 분명한 가치를 지닐 때 누구를 구성원으로 받아들일지의 판단이 쉬워지며 그들의 참여를 즐겁게 만들 수 있다.

궁극적으로 어떤 공동체에 속한다는 것은 여정을 함께한다는 뜻이다. 구성원의 목표가 일치하지 않으면 서로 다른 길을 가게 되고, 구성원의 가치가 일치하지 않으면 결코 목표에 도달할 방법에 대한 합의에 이르지 못한다. 그렇기 때문에 단단한 공동체들은 일치된 가치를 바탕으로 욕구를 충족시켜 나가는 것이다.

5

정서적 연결성 공유
- 마블 CEO가 만화방 청년을 만난 이유

만화 가이드 〈위저드〉의 탄생과
〈스파이더맨〉의 부활

대학에서 경제학을 전공한 개럽 셰이머스는
졸업 후 두 가지 문제에 봉착했다. 하나는 경제학 학위를 가지고 무
슨 일을 해야 할지 막막하다는 것이었고, 다른 하나는 앞으로의 인
생을 어떻게 살아가야 할지 도무지 감이 안 잡힌다는 것이었다. 좋
은 소식은 그 학위증이 어린 시절 쓰던 침실의 〈인크레더블 헐크〉
포스터와 〈스파이더맨〉 포스터 사이에 멋지게 걸리게 되었다는 것
이었고, 나쁜 소식은 개럽 역시 다시 그 방에서 지내게 되었다는 사
실이었다. 두 번째 문제(인생을 어떻게 살아갈지)를 해결하기까지 그는
부모님 집에 얹혀살 수밖에 없었다. 특별히 할 일이 없었던 개럽은

부모님이 운영하는 만화방 일을 도왔다. 1990년은 만화책을 좋아한다고 하면 좀 한심한 사람으로 취급받았고, 괴짜나 철부지들만 어벤져스와 마블이 뭔지 알았던 시절이었다.

만화방에서 일하던 첫 주에 개럽은 손님들이 언제 다음 호가 나오는지, 자신들이 가지고 있는 옛날 만화책의 가치가 얼마나 되는지를 아주 궁금해한다는 사실을 알게 되었다. 거기서 그는 한 가지 아이디어를 얻었다. 새로 산 매킨토시 컴퓨터에 깔린 간단한 편집 프로그램으로 그는 만화책 업계에 관한 주간 소식지를 발행하며 논평과 가격 정보를 제시했다. 그의 작은 부업은 금세 인기를 끌었고, 개럽은 자신과 같은 만화책 애호가들을 위해 만화책 잡지를 창간할 계획을 세웠다. 1991년 7월, 겨우 스물두 살의 나이로 개럽은 만화 가이드 〈위저드〉라는 소식지의 발행인이 되었다. 이 잡지는 나오자마자 인기가 치솟았다. 전 세계 만화 팬들은 자신들이 좋아하는 만화가와 글작가들에 대해 자세히 알 수 있었고, 최신 만화 트렌드를 파악하고 그들이 좋아 죽는 장난감과 영화, 카툰, TV프로그램에 대한 소식을 접할 수 있게 되었다. 잡지의 뒤쪽 절반에는 만화책 수집가들이 보유하고 있는 만화책의 가치를 확인할 수 있는 가격 안내가 실렸다.

이 소식지는 만화책 애호가들이 모일 수 있는 허브 역할을 했고, 수십만 명이 잡지를 구독했다. 당시는 인터넷이 대중화되기 전이어서 이때의 '구독'이란 사람들이 매달 구독료를 지불하고 집으로 잡지를 배달받았음을 뜻한다. 개럽은 만화책 컨벤션도 열었는데, 여기에는 만화책 애호가들뿐만 아니라 과월호를 가지고 와서 파는 만화책 판매상이 대다수였고, 몇몇 만화가도 참석해 책 표지에 사인을 해주곤 했다. 대규모 컨벤션의 경우에는 수천 명이 10달러씩 참가비를 내고 참석하기도 했다. 익히 보아 왔던 유명인으로 가득한 마케팅 행사나 컨벤션 행사와는 달랐다.

1995년에 개럽은 '정신 나간 짓'을 시도해 보기로 결심했다. 그는 만화책을 사랑하는 사람들을 위해 대규모 파티를 열고 싶었다. 그래서 스물두 살의 나이에 잡지를 발행했던 대담함을 다시 발휘해 이번에는 '훨씬 더 현명해진' 스물일곱의 청년으로 〈시카고 코믹콘Chicago ComicCon〉을 주최하여 이를 바꿔볼 마음을 먹었다. 코스프레 시대 이전의 가면극 시대에는 고전식 의상 파티가 유행했지만, 〈위저드〉의 세상에서는 최고의 코스프레를 한 사람들이 다음호에 특종으로 다루어지곤 했다. 전 세계 수백만 명이 이런 기사와 사진을 보았고, 세상에 사실상 존재하지 않았던 '코스프레'라는 단어가 돌연 정당한 창의력을 표현하는 한 형태가 되었다.

개럽의 혁신적인 활동은 각양각색의 팬 커뮤니티와 그들의 관심사를 아우를 방법을 찾아나가며 10년간 계속되었다. 개럽과 그의 팀은 〈위저드〉 덕분에 장난감 제조사와 비디오게임 제작자, 영화 촬영소, 마케터들과 교류할 수 있었다. 어느새 그들은 여러 세계를 융합하며 엔터테인먼트 산업에 화려함을 더하고 높은 생산가치를 일궈내는 장본인이 되었다. 연예인 화보 촬영과 팬미팅, 비디오게임 신규 런칭, 영화 홍보, 임시매장 개설이 이어졌다. 혁신이 거듭될 때마다 더 많은 그룹이 모이고 더 많은 커뮤니티와 연결되었다. 16개가 넘는 도시로 영역이 확장되자 커뮤니티들이 물밀듯 모여들었다. 이

최초의 만화 가이드 〈위저드〉의 발행인 개럽 셰이머스가 진행한 '시카고 코믹콘'의 행사 모습

처럼 팬들은 〈위저드〉를 통해 연례행사에서부터 다양한 문화에 이르기까지 더 많은 체험을 할 수 있게 되었다.

　1990년대 후반에는 만화 산업이 슬럼프에 빠졌다. 파산 직전에 내몰린 마블은 국면 전환을 꾀하고자 2000년에 신임 CEO를 영입했다. 그는 본격적인 업무에 들어가기 전에 개럽에게 연락해 마블의 미래에 대해 조언을 구했다. 개럽은 만화와 관련된 모든 업계 종사자들과 알고 지냈을 뿐 아니라 컨벤션과 잡지를 통해 매일같이 만화책 애호가 커뮤니티들과도 교류하며 그 복잡한 하위문화를 이해하기 때문이었다.

　당시 마블 캐릭터들의 대부분은 시대에 뒤떨어져 있거나 사회적 연관성이 부족했다. 새로운 팬들과 만나려면 캐릭터의 재창조가 필요한 상황이었고, 개럽은 마블의 신임 CEO에게 먼저 스파이더맨부터 손을 대라고 조언했다.

　뉴욕에 사는 깡마르고 소심한 아이라면 자기들에게 필요한 영웅은 배트맨 같은 억만장자나 헐크 같은 근육질의 거인이 아니라 가족과 함께 뉴욕에 살면서 그저 세상에 적응해 살 수 있기를 바라는 찌질한 동네북 형이라고 말하는 것이 당연했다. 특히 그 당시 세상은 그 어느 때보다 더 스파이더맨을 필요로 했다.

마블의 신임 CEO는 더 어린 새 독자층에게 다가갈 기회를 모색하며, 벽 타는 영웅을 새롭게 되살릴 임무를 한 팀에게 부여했다. 얼마 지나지 않아 그들은 만화책《얼티밋 스파이더맨》을 출간했고, 이 책은 역대 최고의 베스트셀러 시리즈 중 하나가 되었다. 또 그로부터 2년이 채 안 되어 이 젊고 현대적인 스파이더맨 버전은 토비 맥과이어 주연의 영화로 전 세계 극장에서 상영되며 8억 2,100만 달러라는 놀라운 매출을 기록했다.

구성원들을 포용할 수 있는
연결의 공간 제공

20년간 개럽과 그의 팀은 만화업계뿐만 아니라 다양한 분야로 사업을 확장했고, 그 결과 영화와 TV, 게임, 대중문화, 뉴미디어 업계에서 새로운 변화의 계기를 맞았다. 그들은 세계에서 가장 크고 적극적인 공동체 문화가 꽃필 터전을 마련해 준 것이다. 나 같은 괴짜가 성장할 수 있었던 이유도 마음 붙일 곳을 만들어 준 개럽 덕분이다. 또 만화, 공상과학, 슈퍼히어로, 판타지 분야 곳곳의 코스프레이어, 수집가, 광팬, 괴짜들에게 자기만의 공간이 생겼다. 그들은 끼리끼리 모임을 가지고 변장을 하고 좋아하는 것에 대해 이야기하며, 더 이상 몰래 만화책을 읽거나 애니메이션을 보거나 게임을 하면서 고립감을 느끼지 않는다. 그 점에서 우리는 개럽을 필두로 그와 함께 일했던 모든 이들에게 신세를 진 것이다.

개럽이 만화광 자체를 만들어 낸 것은 아니다. 만화광은 그가 태어나기 이전부터 존재했다. 개럽이 한 일은 그들이 함께 모여 비판받지 않고 자기 의견을 표출할 수 있는 공간을 제공한 것이다. 하위 문화 집단이 정서적 연결성을 공유할 수 있는 공간 말이다. 만화책이나 TV 프로그램, 시리즈 소설의 팬들은 서로를 동일시할 수 있는 신화와 역사를 보유하고 있다. 〈스타워즈〉 팬들은 누구나 포스와 다스 베이더, 루크 스카이워크를 안다. 〈스파이더맨〉 팬들은 피터 파커가 벤 삼촌의 살해범을 막지 못한 것을 뼈저리게 후회한다는 사실과 큰 힘에는 큰 책임이 따른다는 교훈을 안다. 그리고 〈해리 포터〉의 팬들은 당연히 볼드모트 경을 안다. 〈위저드〉와 개럽의 코믹콘은 이 모든 팬들에게 그들이 사랑하는 역사와 신화를 중심으로 서로 연대할 수 있는 장소를 제공했다.

마블이 내리막을 걷고 있을 때 새롭게 태어난 스파이더맨은 어린 만화 팬들에게 함께 공유할 수 있는 역사와 신화를 만들어 갈 기회를 주었다. 만화가 영화화된 뒤에는 훨씬 더 많은 사람들이 여기에 동참했다. 여러 마블 영화 블록버스터들이 탄생한 지금은 어른 아이 할 것 없이 어벤져스 이야기를 모르는 사람을 찾기가 오히려 더 힘들 정도다.

종교적인 공동체로 영적인 역사를 공유하든, 정치적인 공동체로

Part 4 공동체 의식

사회적 과제를 공유하든, 판타지 공동체로 경이롭고 재미난 신화를 공유하든 그 내용에 상관없이 이러한 것들은 모두 관심사가 비슷한 사람들을 이어주는 역할을 한다. 공동체가 공유하는 것이 실제 역사인지 만들어 낸 역사인지는 중요하지 않다. 중요한 것은 공동체가 구성원들을 포용할 수 있으며 함께 모일 이유를 주는 구심점이 되어야 한다는 것이다. 걷기에 대한 기사를 읽고 걷기 동아리를 만들고 싶은 마음이 들 수도 있고, 줄리아 차일드가 최고의 요리사라고 생각해서 친구들과 함께 그녀의 요리법을 즐기기 위해 각자 음식을 하나씩 만들어 오는 파티를 열 수도 있다. 무엇이 됐건 그것은 다른 사람들과 함께하는 공동의 여정이 된다.

세상 어딘가에는, 아니 어쩌면 가까운 이웃에도 우리와 같은 관심사를 지닌 사람들이 있을 것이다. 또는 무언가를 새롭게 알게 되면 거기에 관심을 보이는 사람들이 있을 것이다. 공동체의 장점은 사람들이 서로 교류할 방법을 찾아내게 마련이라는 데 있다. 우리는 그들이 모일 공간만 제공하면 된다. 한 달에 한 번 카페에서 아침식사 모임을 가지거나 페이스북 그룹을 시작하거나 친구들을 불러 농구를 하는 식으로 간단하게 모이면 된다.

개럽과 콘바디의 코스, 스프링복스 팀이 이룩한 성과를 보고 당신은 어쩌면 주눅이 들지도 모르겠다. '내가 어떻게 저런 일을 하겠어?'라는 생각이 들 수도 있다. 하지만 그들이 이룬 일들은 수십 년에 걸쳐 일어났으며 작은 성과들이 더해져 놀라운 결과를 낸 것이다. 또 대부분의 사람들은 개럽이 했던 것처럼 수백만 명이나 되는 사람들과 교류하고 싶은 마음까지는 없다. 대개의 경우엔 친밀한 공

동체나 기업문화, 꾸준한 모임이면 족하다. 더 내성적인 사람들에게
는 소규모의 사적인 친목행사가 적합하다. Part 5에서는 우리에게
가장 중요한 사람들을 모으는 방법을 알아볼 것이다.

* * *

이 책의 서두에서 '나는 당신이 존경하는 사람들과 진정한 관계
를 맺기 위한 방법을 공유할 것이며, 그 과정에서 당신의 목표를 이
루고 주변 사람들의 삶이 개선될 것'이라고 약속했다. 지금까지 우
리는 '의미 있는 관계'가 우리의 건강과 행복, 회사와 커리어, 대의
에 얼마나 놀라운 영향을 미치는지 살펴보았다. 또 우리 삶에서 가
장 중요한 방정식이 무엇인지도 알아보았다. 영향력 방정식은 뭔가
를 계산하기 위해서가 아니라 우리 삶과 관심 있는 사람들에게 어떻
게 영향력을 미칠 수 있을지 이해하기 위해 필요한 것이다.

$$영향력 = (인맥 \times 신뢰)^{공동체 \ 의식}$$

이제 당신은 다른 사람과 어떻게 인연을 맺을지, 어떻게 하면 빠
르게 신뢰를 쌓을 수 있는지, 진정한 공동체 의식은 어떻게 키울 수
있을지를 알게 되었다. 그리고 보통 대부분의 책들은 이 지점에서
마무리된다. "이 원칙들을 알았으니 나가서 적용해 보세요"라는 식
이다. 하지만 불행히도 이런 원칙을 이해하는 것과 실천하는 것은
전혀 별개의 일이다. 진 나이디치는 살을 빼려면 적게 먹어야 한다

는 사실을 알고 있었지만 실제로 음식을 절제할 수 있도록 지지해 주는 모임을 만들기 전까지는 실천을 하지 못했다. 마찬가지로, 유의미한 인연 맺기에 성공하려면 이 개념들을 어떻게 적용할지 배울 필요가 있다.

이제부터는 지금까지 소개한 내용을 어떻게 달성할지 그 과정을 공유할 것이다. 그러니 이제부터 펼쳐질 재미난 이야기와 신기한 행동과학 그리고 영향력 방정식을 활성화할 방법에 대해 기대해 보자.

You're Invited

커뮤니티에 사람을 모으는 방법

1

모두가 이익을 얻는 방법을 찾아라

사람들과 조직들의 관계 형성을 도울 때 내가 가장 많이 듣는 질문 중 하나는 '게스트가 행사에 어떤 반응을 보일까요?'라는 것이다. 그리고 '그들이 만나고자 하는 특정 인물이 그들의 초대에 응할지' 또는 '그들과 특별한 관계를 맺고 싶어할지'를 묻기도 한다. 그들이 내게 바라는 것은 행동과학에 관한 내 경험과 지식을 활용하여 사람의 행동을 예측해 달라는 것이다. 이런 예측을 할 수 있다면 안심이 될 테고, 예측방법을 배워 두면 사람들과 사귀는 완벽한 방법을 알아낼 수 있기 때문일 것이다.

우리가 사람들의 행동을 어떻게 예측할 수 있는지 보여주는 훌륭한 사례가 바로 구글이다. 최근 사용자들의 검색 패턴을 추적하여 얻은 막대한 데이터 덕분에 구글은 독감 추이(97%에 이르는 정확성)와 병원 환자들의 수명(90% 이상의 정확성), 그리고 당연히도 사용자들이 타이핑하려는 검색어의 예측에서 놀라운 적중률을 보이고 있다. 이런 점에서 구글은 사람의 행동을 예측할 수 있는 훌륭한 도구라고 볼 수 있다. 이쯤에서 당신에게 윤리적인 질문을 하나 제기할까 한다.

"폭력적인 내용의 검색이 증가한 사실을 감지하면 구글은 경찰에 신고할 도덕적 의무를 질까? 그 신호를 무시하면 방임이 되는 걸까?"

프로파일러는 정말 사람의 행동을 예측할 수 있을까?

제프 데이비스는 거의 매일 구글에서 범죄와 관련된 내용을 검색한다. 하지만 그는 검색하는 내용과는 전혀 다른 사람이다. 그는 배려심 있고, 배우들에 대한 처우에 신경 쓰며, 출연진과 운동을 함께하는 사람으로 알려져 있다. 그렇다면 어째서 검색어로 예측한 제프와 실제 제프가 그토록 다른 걸까? 그 답은 제프가 극본을 쓴 TV 드라마 〈크리미널 마인드〉에서 찾을 수 있다.

〈크리미널 마인드〉는 FBI 국립폭력범죄분석센터에서 펼쳐지는 이야기를 그리고 있다. 총 15시즌, 324화에 걸쳐서 드라마는 이 기관에 소속된 여러 행동분석팀 중 한 팀이 연쇄살인범을 막으려 고군분투하는 모습을 추적한다. 매화마다 누군가 살해를 당하면 전문 교육을 이수한 범죄 프로파일러(범죄심리분석관)들로 구성된 이 행동분석팀에 누가 미확인범(아직 알려지지 않은 수사 대상)인지, 또 그들이 다시 범죄를 저지르기 전에 어떻게 체포할지를 알아내라는 지시가 하달된다. 이 임무 수행을 위해 프로파일러들은 다년간의 경험과 훈련, 범죄 현장에서 포착한 결정적인 단서에 의존해 누가 용의자이며 어디서 그들을 찾을지 분석한다.

〈크리미널 마인드〉〈프로파일러〉〈마인드헌터〉 같은 드라마에서 우리는 여기에 등장하는 전문가들의 대단한 통찰력을 목격하게 된다. 그것은 극을 매우 흥미진진하게 만드는 요소이기도 하다. 특히 납치 피해자, 추격 장면, 컴퓨터 그래픽, 목숨이 위태로운 상황과 결합될 때는 더더욱 그렇다. 그렇다면 이 정도로 뛰어난 프로파일링 기술을 활용하면 어떤 사람의 행동을 예측하는 데 도움이 될까? 안타깝게도 그렇지 않다.

누구보다 제프가 먼저 "행동분석관들은 연쇄살인범의 패턴을 이해하기 위해 오랫동안 공을 들여오기는 했지만, 사람들을 프로파일링하는 데는 아주 형편없다"고 말할 것이다. 실제로 그들은 그 무엇도 썩 잘 예측하지 못한다. 제프의 말을 들어보자.

"행동분석팀이 실제로 살인자를 잡지 않는다는 것은 명확한 사실입니다. 그들은 그저 수사의 범위를 좁히는 데 도움을 줄 뿐이죠. 프로파일링은 놀라우리만치 정확할 때도 있고 어처구니없이 엉터리일 때도 있습니다. 물론 드라마에서는 정확한 것으로 보여야 하죠. TV에 나오는 탐정들은 놀라운 추론 능력을 보여 주지만 현실은 지극히 평범합니다. 연쇄살인범 데이비드 버코위츠를 붙잡는 데 결정적인 역할을 한 것도 결국은 주차위반 딱지였죠."

대부분의 산업에서 우리는 전문가가 초보자에 비해 현격히 더 뛰어난 능력을 보일 것이라고 기대한다. 그러나 한 메타 연구(한 가지 주제에 대한 대량의 연구자료 검토)에서 연구자들은 프로파일러와 경험 많은 수사관으로 이루어진 집단이 비교군에 비해 '범죄자의 전반적인 특성을 예측하는 데 조금 더 미미하게 나았을 뿐'이며 범죄자의 사회적 습관, 이력, 신체적 특징, 사고에 대한 예측에서는 별반 나을 게 없다는 사실을 발견했다. 우려스러운 일이 아닐 수 없다. 프로파일링이 전문적이고 배울 만한 기술이라면 범죄자 식별에 있어 일반 대중보다 월등히 더 나아야만 할 텐데 말이다.

제프와 범죄 프로파일러들은 다년간의 훈련과 경험에도 불구하고 누군가를 예측하기란 불가능에 가깝다고 말한다. 마찬가지로 올바른 접근법만 사용하면 원하는 사람과 사귈 수 있을 것 같지만 어떤 방법을 쓰면 좋을지가 도무지 예측이 안 된다. 구글의 검색어 예측이나 검색 결과값이 그토록 높은 정확도를 보이는 이유는 수십억 명의 사람들이 입력하는 검색어를 살펴 대세를 확인할 수 있기 때문이다. 반대로 얘기하면 구글이라고 해서 매번 우리가 찾는 결과를 내놓는 것은 아니며, 또한 독감에 대해 검색한 사람이 한 명뿐이라면 아직까지는 거기에 특별한 의미가 없다는 뜻이기도 하다. 그러나 백만 명이 독감을 검색하게 되면 하나의 경향이 나타나기 시작하고, 이런 경향들은 우리에게 모종의 정보를 줄 수 있다. 제프가 살해 방법을 검색하는 것이 중요하지 않은 이유는 이 때문이다. 한 사람의 행동은 지나치게 예측 불가능해서 그것만 들여다보는 것은 의미가 없다.

디즈니월드는 왜 매표소와 정문 사이에
23분 거리가 있을까?

인플루언서 디너를 만들던 초창기에 나는 내가 존경하거나 만나고 싶은 특정한 사람들을 모으는 데 커다란 관심을 가졌다. 그래서 그들에게 무슨 말을 할지 또는 그들이 무엇에 관심을 가질지 예측해 보려 했지만 소용없다는 사실을 받아들일 수밖에 없었다. 한 사람 대신 전체 집단에 집중할 필요가 있었고, 공동체 의식이 더 중요했다.

사실 우리는 상대방을 만나고 싶은데 상대방은 우리를 만나는 데 관심을 보이지 않는 경우가 늘 있게 마련이고, 그 이유는 대부분 그들이 우리와 만날 이유가 없기 때문이다. 그래서 그런 소수에 집착하기보다 우리는 전체 공동체에 주의를 기울여야 한다. 어느 한 사람이 공동체에 들어오는 것이 중요한 것이 아니라 우리가 관심을 가지는 유형의 사람들이 들어오는 것이 중요하다. 이 경우 어떤 한 사람의 행동을 예측하려 하기보다 구글의 사례에서 본 대로 얼마나 많은 사람들이 특정한 행동을 하는지에 주목할 필요가 있다. 구글이 온라인상에서 사람들의 행동 패턴을 파악하는 놀라운 능력을 보이는 것처럼 우리는 현실에서 그런 일을 가장 잘하는 사람들에게서 방법을 배울 필요가 있다. 분명 그들은 프로파일러는 아니다. 그럼 누가 이런 일에 뛰어날까?

내 생각엔 아마 테마파크 설계자들이 아닐까 한다. 놀이공원에는 매년 수백만 명의 방문객이 찾아오고, 그곳의 환경은 완전한 통제하에 있다. 그렇다 보니 고객의 불만이 증가하거나 매출이 떨어지거나 고객들이 공원에서 보내는 시간에 변화가 생기면 그들은 그 정보를 수집해 손질을 가할 수 있다.

미국 플로리다주 올란도에 있는 월트 디즈니월드에 가본 적이 있다면 이곳의 별난 설계를 눈치챈 사람이 있을지도 모르겠다. 여기서는 주차를 하고 줄을 서서 입장권을 산 뒤에도 바로 공원에 입장할 수 없다. 매직 킹덤 입구로 가려면 배를 타거나 모노레일을 타고 약 23분간 이동해야 비로소 정문에 도착하고, 그제야 아이들이 달려가는 중앙로 저편으로 매직 킹덤의 상징물인 신데렐라 성의 모습을 볼

모노레일을 타고 약 23분간 이동해야 비로소 정문에 도착하는 디즈니랜드

수 있다.

그런데 궁금증이 들지 않을 수 없다. 디즈니의 목표가 지구상에서 가장 행복한 장소를 제공하여 그만큼의 큰 수익을 거둬들이는 데 있다면, 어째서 매표소와 정문 입구를 23분 거리나 떨어뜨려 놓은 걸까? 그 시간이면 사람들이 더 놀면서 돈을 더 많이 쓸 수 있을 텐데 말이다. 뜻밖에도 그 답은 사람들의 소득과 밀접한 관련이 있다.

2019년에 미국 가구의 평균 연소득은 세후 32,000~59,000달러였다. 중간 정도로 조정하여 대략 45,000달러라고 해보자. 이는 곧 평균적인 가족이 매달 식비와 월세, 의료비, 휴대전화요금, 자동차 할부금 등으로 약 3,800달러를 쓴다는 뜻이다. 그런데 불행히도 미국인의 절반은 이보다 수입이 적다. 그러므로 아빠와 엄마가 온 가족을 위해 나흘간의 디즈니월드 이용권 금액으로 1,200달러를 지불한다면 재정적으로 큰 타격이 아닐 수 없을 테고, 게다가 그 돈에는 식비와 장난감 구입비, 호텔 요금과 교통비는 포함되지 않은 것이다. 그러니 그들이 매표소 직원에게 신용카드를 건네는 순간 드는 압박감은 이만저만이 아닐 것이다. 마치 주택 융자금이나 자동차 할부금을 한꺼번에 내는 듯한 심정이 들 테고, 좌절감과 더불어 '구매자의 후회'가 엄습할 것이다. 하지만 디즈니월드는 지구상에서 가장 행복한 장소가 되어야 하니 이 문제를 어떻게 해결하면 좋을까?

이 질문에 대한 답은 테마파크의 신화 중 하나가 되었다. 디즈니가 데이터를 살펴본 결과, 구매자의 후회는 사람(얼마나 많은 금액을 지불했느냐와 소득이 얼마인가)에 따라 지속되는 시간이 다르기는 하지만 대개 23분 정도면 당사자와 그 일행이 괴로운 감정을 극복하기

에 충분했다. 이는 곧 이용권을 구매한 뒤 모노레일을 타고 매직 킹
덤의 정문에 도착할 즈음이면 후회감을 잊거나 적어도 큰돈을 쓴 충
격이 어느 정도 가라앉아 지구상에서 가장 행복한 장소를 즐길(그리
고 물론 돈을 더 쓸) 마음의 준비가 된다는 것을 뜻한다.

일부 테마파크 전문가들은 이것이 공원 배치의 긍정적인 효과만
을 바라본 것이라고 경계하지만, 이런 배치가 의도적인 것이라면 나
는 이것이 인간 중심적인 설계의 가장 훌륭한 예시 중 하나가 아닐
까 생각한다. 디즈니는 고객이 모든 순간을 행복하게 즐기고, 자신
들은 성공적인 운영을 하는 궁극적인 목표를 실현한 것이다. 놀이공
원을 찾은 사람들이 구매자의 후회로 인해 화가 나고 짜증스러운 마
음으로 돌아다닌다면 좋지 않은 경험으로 이어질 테고 과소비한 것
을 후회하며 다시는 재방문하지 않을 것이다. 그래서 디즈니는 모든
고객이 보다 나은 경험을 할 수 있도록 설계 단계에서부터 고객의
행동 패턴을 고려한 것이다. 가족들이 더 행복해지고 더 좋은 추억
을 만들고 공원에서 더 즐거운 기분을 느낀다면 영업 실적이 좋아지
는 것은 당연한 귀결이다. 나는 디즈니의 사례가 두 가지 이유에서
마음에 든다.

첫째, 행동경제학자 댄 애리얼리가 '예측가능한 비합리성'이라고
지칭한 것을 이 사례가 완벽하게 설명해 주기 때문이다. 우리가 결
정을 내리고 반응을 하는 방식은 합리적이지 않을 때가 있지만, 우
리는 그렇게 비합리적인 행동을 매번 같은 방식으로 일관되게 되풀
이한다. 사람들이 매년 새해만 되면 변함없이 새로운 결심을 하는
것을 보라. 그들은 정말로 올해는 다를 거라고 생각한다. 그러나 뭔

가가 달라지리라는 믿음은 불합리하며, 계속 같은 행동을 하리라는 예측이 오히려 더 현실적이다.

둘째, 이런 비합리적 행동역학이 어떻게 작용하는지 알았을 때 우리가 이를 염두에 둔 설계를 할 수 있기 때문이다. 디즈니월드에서는 모두가 이미 이용권의 가격을 알고 있으며 거기에 동의하기 때문에 줄을 서는 것이다. 그럼에도 구매의 순간이 되면 인간의 행동역학이 고개를 들며 많은 사람들이 구매자의 후회를 느낀다. 이용권을 사도록 강요당한 것이 아니라 스스로 결정한 일임에도 불편한 심기가 드는 것이다. 유감스럽게도 구매자의 후회는 우리 행동역학의 일부분이며, '손실회피loss aversion'라고 알려진 편향의 산물이다. 본질적으로 인간은 무언가를 얻을 때의 즐거움보다 잃을 때의 고통을 더 크게 느낀다. 대부분의 사람은 100달러를 잃었을 때의 괴로움을 100달러를 얻었을 때의 기쁨보다 두 배는 더 크게 느낀다. 이것은 분명 합리적인 사고가 아니며 두 감정의 크기는 동일해야 마땅하다. 그러나 역학과 편향이 작용할 때 우리의 합리적 이성이 끼어들 여지는 그리 많지 않다. 이 지점에서 중요한 차이가 발견된다. 디즈니는 프로파일러들처럼 사람들이 어떻게 행동할지를 추측하거나 예측하려 들지 않았다. 대신에 그들은 사람들이 '실제로' 어떻게 행동하는지를 살피고 그들이 특별한 경험을 할 수 있도록 인간의 행동 패턴을 중심으로 공원을 설계했다.

이처럼 인간행동 중심의 설계를 할 때 우리는 모두가 이익을 얻는 상황을 만들 수 있다. 이것이 우리의 목표가 되어야 한다. 즉, 사람들과 만날 때 우리는 그들이 특정방식으로 행동해야 한다는 생각을 버리고 실제로 그들이 어떻게 행동하는지를 눈여겨 볼 필요가 있다. 인간의 행동역학과 편향, 습관을 알게 되면 디즈니가 했던 것처럼 이를 활용한 설계를 통해 사람들이 활짝 열린 마음으로 관계를 맺고 신뢰를 쌓고 공동체 의식을 기르도록 할 기회를 만들 수 있다.

디즈니의 사례를 접한 뒤에 나는 행사에서 손님들을 맞이하는 방식을 바꾸었다. 손님들이 긴장을 풀 수 있는 전환의 시간을 끼워 넣은 것이다. 입장한 손님에게 바로 칵테일 잔을 건네고는 모르는 사람들 틈바구니에 놓아두어 무슨 말이라도 할 수밖에 없는 압박감을 줄여주고 싶어서 나는 그들에게 집 구경을 시켜 주거나 미술품을 보여주었고, 나아가 다른 손님들의 외투를 받아주는 일을 맡도록 시켰다. 이런 작은 변화들로 인해 사람들이 받는 스트레스가 줄어들고 대화가 늘어났다. 이처럼 행동역학의 효과를 이해하면 그에 따른 계획을 세울 수 있어 사람들의 소속감을 불러일으키는 요소들에 더 신경을 쓸 수 있다.

재미난 사실은 우리가 이런 편향들의 존재를 알고 있다 하더라도 여전히 그 영향에서 벗어나지 못한다는 사실이다. 자신을 함부로 대하는 사람과 데이트하지 말아야 한다는 사실을 알면서도 그들에게 끌리는 마음은 어쩔 수 없는 것처럼 말이다. 마찬가지로 구매자의 후회가 닥치리라는 것을 알고 있다고 해서 그런 감정을 피하기 위해 물건을 사지 않는 것은 아니다. 다만 이런 과정을 이해하면 다음의 2가지가 가능해진다. 먼저 한 걸음 물러서서 '이것이 나에게 정말로 타당하며 내가 진정으로 원하는 선택이나 행동인가?'를 생각할 수 있다. 물론 이 역시 소모적인 일이어서 늘 이렇게 할 수 있는 것은 아니지만 중요한 실천방법이 된다. 두 번째로, 이런 편향들을 염두에 둔 설계를 할 수 있게 된다. 디즈니가 월트 디즈니월드의 입구를 설계했던 방식처럼 말이다.

이제 우리가 취할 전략은 사람들에 대해 예상하려 하기보다 인간의 행동역학이 작동하는 방식을 먼저 살피고 이에 기초한 설계를 하는 것이다. 인간의 놀라우리만치 비합리적인 의사결정방식을 고려함으로써 우리는 사람들과 더 잘 사귀고, 더 깊은 신뢰를 쌓고, 더 큰 영향력을 미치며, 더 끈끈한 공동체를 만들 수 있다. 이를 달성하기 위해 우리는 행동의 건축가 또는 설계사가 될 필요가 있다. 테마파크 설계자가 인간의 행동을 고려하여 환경을 구축하는 것처럼 우리도 그렇게 해야 한다.

코끼리와 기수

사람의 뇌가 코끼리와 그 위에 타고 있는 기수와 같다고 상상해 보자. 기수는 말을 하고 행동을 결정하는 우리의 의식이라 할 수 있고, 코끼리는 감정과 편견 그리고 자동적인 반사신경을 포함하는 우리의 무의식이라 할 수 있다. 기수는 코끼리보다 한없이 약하지만, 기운이 넘칠 때에는 자신이 원하는 곳으로 코끼리를 몰고 갈 수 있다.

예를 들면 나는 아침에 일어날 때 건강식을 의식적으로 챙겨 먹는다. 하지만 하루 종일 움직이다 보면 나의 몸은 점점 더 피곤해지고,

나의 의식 또한 지쳐간다. 저녁이 되면 내 머릿속 기수(의식)는 코끼리(무의식)를 통제할 에너지가 없기 때문에 나의 무의식이 부엌 선반에 있는 초콜릿 간식을 보게 되면 저절로 손이 가게 된다. 이때 나의 의식은 두 가지 선택지가 있다.

1) 초콜릿에 손이 가는 나 자신에게 화를 내거나

2) 어차피 무의식이 원하는 대로 될 거라는 패배적 논리로 나 자신의 행동을 정당화한다.

아마 대부분의 사람들은 이처럼 코끼리를 통제하지 못하는 기수의 상황에 놓일 때가 많을 것이다. 그래서 이러한 문제를 극복하기 위해 사람들은 자신의 머릿속 기수가 더 올바른 행동을 하고 더 강해지도록 노력한다. 의지력과 자신감을 키우기 위해 노력하고, 이는 사람들의 삶에 매우 큰 영향을 미칠 수 있다. 이것이 우리가 의식, 즉 기수에게 호소하는 첫 번째 옵션이다.

또 다른 옵션은 무의식, 즉 코끼리에게 호소하는 것이다. 만약 당신의 아버지가 엄청난 고도비만이어서 살을 빼야 한다면, 아버지가 당신의 결혼식도 못 보고 돌아가실까 봐 걱정된다고 그 앞에서 대성통곡을 해보라. 잘하면 아버지의 머릿속 코끼리에 대한 호소가 통할지도 모른다. 하지만 코끼리에 대한 호소이든 기수에 대한 호소이든 다음과 같은 세 번째 옵션이 없다면 잘 먹히지 않는다.

코끼리와 기수가 어디를 가고 있고 누가 주도권을 쥐고 있는지에 상관없이 우리는 특정 길로 나가야 한다. 만약 그 길이 너무 넓다면 코끼리는 이리저리 헤매다 문제를 일으킬 수 있다. 하지만 이때 길이 잘 설계되어 있으면 코끼리와 기수는 우리가 가고자 하는 곳으로 갈 수밖에 없을 것이다.

아무리 코끼리가 초콜릿을 먹고 싶어 하더라도, 집안에 초콜릿이 없고 가게도 전부 문을 닫았다면 초콜릿을 구할 방법은 없다. 아주 간단한 설계방법이지만 효과는 확실하다. 우리의 목표는 사람들의 머릿속 기수의 논리와 코끼리의 감정과 편향 모두에게 호소할 수 있는 경험을 만들어 주고 그들이 궁극적으로 필요한 곳에 도달시킬 경로로 안내하는 것이다.

이것이 디즈니월드가 모노레일과 배를 타고 정문으로 이동하도록 한 설계에서 달성한 이점이다. 모노레일이나 배를 타고 이동하는 근사하고 신기한 경험을 하는 시간 동안 모두의 코끼리는 구매자의 후회를 극복하게 되고, 이로써 디즈니는 고객들을 물리적으로 원하는 지점에 데려다 줄 뿐만 아니라 감정적으로도 그들이 바라는 상태가 되도록 한다. 여기서 디즈니가 사람들의 감정이 어떻게 변화할지 예측하지 않고 그냥 그들이 원하는 감정상태로 만들어 버린 것에 주목하라. 이는 사람들이 애초에 후회스럽거나 신나거나 슬프거나 심지어 화난 심정이든 간에 결국에는 기분이 나아지고 즐길 준비가 되어 공원에서 좋은 추억을 만들게 될 것임을 뜻한다.

*　*　*

이제 우리는 사람들과 만나는 경험이 효과적이고 즐거울 수 있도록 경로를 어떻게 설계할지 이해해야 한다. 설계과정을 배워가면서 당신은 사람들에게 특정한 사회적 대의의 중요성을 인식시켜 이를 지지하도록 하는 것에서부터 마케팅하는 상품의 가치를 인식시켜 상품을 구매하도록 하거나 당신의 뛰어난 능력을 인식시켜 당신을 채용하도록 하는 데 이르기까지 어디에든 이를 적용할 수 있게 될 것이다. 이번에는 한 전설적인 코치가 이 접근법을 활용하여 어떻게 자신의 팀을 체육계 역사상 가장 성공적인 팀으로 만들 수 있었는지 살펴보도록 하자.

2

만남의 경로를
효과적으로 설계하라

발레리나는 어떻게
세계 최고의 체조부를 만들었을까?

발로리 콘도스는 미국 명문 캘리포니아주립대 UCLA 여성 체조부의 수석코치 자리를 제안받았을 때 조금 의외였다. 전문 발레리나로 활동해 왔던지라 발레의 동작과 안무에는 일가견이 있었지만 체조에는 문외한이었기 때문이다. 제안을 받아들인 발로리는 자신의 부족한 코칭 경험을 카리스마 넘치는 다른 코치들의 훈련방법으로 보완해 보기로 했다. 역사상 가장 우수하고 혹독했던 코치들이 썼던 방식으로 선수들이 좋은 기량을 보이지 못하면 그녀는 고함을 질러대곤 했다. 그런데 어찌나 고약한 코치 행세를 잘했던지 결과는 바로 나타났다. 발로리가 맡은 지 2년도 채 안 되어 훌륭하게 평가받던 UCLA 체조 프로그램이 미국 최악의 프로그램으로 전락하고 만 것이다.

발로리의 상실감은 이만저만이 아니었다. 그녀는 경기에서 좋은 성적을 내고, 학생들을 훌륭하게 교육시켜 졸업시키는 두 가지 일을 하도록 고용된 사람이었다. 이를 위해 매년 학교에서는 학생 신분인 선수들의 훈련비로 약 5,000만 달러를 지출하고 있었다. 하지만 학교의 자랑거리를 만들기 위해 그토록 많은 돈을 쏟아붓는 것이 그녀는 매우 비합리적이라고 생각했다. 솔직히 그것은 발로리가 만들고 싶은 문화가 아니었다. 발레리나로서 그녀의 관심은 과정을 즐기고 이를 통해 성장하는 데 있었다. 그날 발로리는 자신의 사무실에서 고심하다 마음을 고쳐먹었다. 본래 그녀는 거친 말을 일삼고 피도 눈물도 없이 무자비하게 구는 사람이 아니었다. 그녀는 누구보다 마음 따뜻하고 다정한 사람이었다. 우승을 목표로 고용되긴 했지만 사실 우승은 그녀가 갈망하는 바가 아니었다. 발로리는 선수들의 삶을 개선시켜 주고 그들을 인격적인 사람으로 만들어 주고 싶었다.

UCLA는 전 세계에서 학생들이 몰려드는 곳이다. 화창한 캘리포니아 날씨와 로스앤젤레스의 문화는 홀로 첫 모험에 나서는 열일곱 소녀들에게는 선망의 대상이었다. 이는 발로리에게 세계 최고의 엘리트 체조선수들을 지도할 수 있는 특권이 주어진다는 뜻이었다. 심지어 학교에 들어오기 전부터 이미 올림픽 출전 경력을 지닌 선수들도 많았다. 그리고 학생들은 늘 뒤따르는 부상의 위험과 권위주의적인 지도방식으로 유명한 종목답게 지시를 고분고분 잘 따르는 편이었다. 발로리는 평생 동안 질책에 시달리고 통제를 받으며 살아온

이 어린 여학생들을 더 이상 몰아붙이지 말아야겠다고 생각했다. 몇 년간 써온 무자비한 코칭 방식은 효과가 없었을 뿐더러 발로리 자신과 학생들 모두를 비참하게 만들었다. 그래서 그녀는 '승리에 대한 집착에서 자기만의 코칭 철학으로, 즉 스포츠를 통한 인생의 챔피언 만들기'로 목표를 전환했다. 그리고 학생들이 특별한 사람으로 거듭날 수 있도록 온 마음을 다해 도왔다. 더 이상 순위 면에서는 크게 나빠질 것이 없었기에, 실패하더라도 최소한 그 과정에서 선수들 삶의 개선은 도모할 수 있었다.

발로리는 자신이 지킬 새로운 기준과 팀의 목표를 설정했다. 더 이상 다른 코치를 흉내 낼 필요는 없었다. 이제는 다정하고 유쾌하며 진심을 다하는 본래의 모습으로 돌아갈 수 있었다. 이후 발로리의 코칭법은 스포츠에서 인생으로 바뀌었다. 그녀는 소녀들에게 올바른 결정을 내리고 건강하게 생활하는 방법에 대해 이야기했다. 신입생 모집을 위한 통화를 할 때에는 주로 신입생 본인에게 직접 그들의 관심사에 대해 물었고 훈련과 관련된 얘기는 거의 하지 않았다. 이처럼 학생들에게 보다 많은 자율권을 부여하자 그들은 발로리를 더욱 신뢰하며 한층 우수한 기량을 선보였다.

선수들에게 '미스 발'이라는 애칭으로 불렸던 발로리는 이후 25년간 UCLA 여자 체조부를 이끌고 전미대학체육협회NCAA 선수권대회에서 일곱 번의 우승을 차지했으며, UCLA 체육 부문 명예의 전당에 이름을 올리는가 하면, Pac-12(태평양 연안의 12개 대학이 모여서 치르는 체전)에서 세기의 코치로 선정되기도 했다. 이 모두가 발로리의 굉장한 성공을 입증하는 증거이지만 그녀가 이룩한 게 이런 것들뿐이라면 발로리는 스스로를 실패자로 여겼을 것이다. 그녀에게 진정한 성공이란 '학생들을 승패에 상관없이 인생의 챔피언으로 만드는 것'이었다. 이 소녀들이 훌륭한 인격체가 되도록 돕는 것이 그녀의 최우선 목표였다.

몇 년 뒤 발로리의 가치관이 시험대에 오를 일이 벌어졌다. 카일라 로스라는 학생이 발로리의 사무실로 찾아와 평소답지 않게 소파에 앉아서 자신이 받는 수업과 앞으로의 포부에 대해 재잘재잘 떠들어 대기 시작했다. 카일라가 발로리를 믿고 의지하는 건 알았지만 대화가 계속될수록 발로리는 그것이 일상적인 대화로 끝나지 않을 것 같은 느낌을 받았다. 결국 카일라는 자신이 체조부 팀 닥터인 래리 나사에게 성추행을 당했다는 사실을 털어놓았다. 얼마 후 카일라는 발로리의 도움으로 다른 피해자들과 함께 용감하게 나서서 더 이상 래리에게 피해를 입는 학생들이 생기지 않도록 막았다. 그리고 래리는 상습 성추행 혐의로 유죄 선고를 받았다.

카일라와의 상담 이후 사무실에 남은 발로리가 취할 수 있는 대응책은 두 가지였다. 다른 피해자와 동료 선수들이 정신적으로 동요하지 않도록 조심하며 오로지 다가오는 NCAA 선수권대회에만 몰두하거나 아니면 문제를 직접적으로 다루며 선수들이 인생에서의 챔피언이 되도록 돕는 것이었다. 발로리는 자신의 책임이 무엇인지 분명히 알고 있었다. 선수들의 정서적 안녕을 희생시켜 가면서까지 대회의 우승을 좇는 일은 용납될 수 없었다. 결국 발로리는 수차례의 팀 회의에서 이 사안을 다루며 카일라와 팀원들이 안심하고 이 문제를 극복할 수 있도록 적극적으로 도왔다. 그리고 카일라는 자신을 믿고 지지해 주는 코치와 팀원들 덕분에 전면에 나서 문제를 폭로할 수 있었다. 250명이 넘는 피해자들이 래리에게 추행당한 트라우마와 고통을 계속 끌어안고 살아야 했다면 얼마나 끔찍했을까. 용기 있게 피해 사실을 밝혀준 이들 덕분에 래리는 더 이상 팀 닥터 노릇을 계속하며 죄없는 아이들에게 상처를 줄 수 없게 되었다.

그해 말 UCLA는 NCAA 선수권대회에서 우승을 차지했다. 나중에 카일라는 발로리가 그 문제를 숨기지 않고 전면에 다뤄주었기 때문에 우리들이 우승한 것 같다고 말했다.

"코치님, 시즌이 진행될수록 말 그대로 자신감이 쑥쑥 자라는 듯한 느낌이었어요. 대회장으로 걸어나가는데 제가 천하무적이라도 된 것 같았죠."

궁극적으로 발로리가 말하고자 하는 바는 존엄과 인간애, 기쁨을 희생시켜서 얻은 우승은 공허하다는 것이다. 발로리는 자신의 책임을 다해 소녀들이 대회에서 우승하는 것뿐만 아니라 훌륭한 인격을 갖춘 여성으로 성장하는 데에도 필요한 힘을 키워줌으로써 그들이 완전한 자아를 개발할 수 있도록 도왔다. 그녀는 인생에서 이기는 사람이 대회에서도 좋은 성적을 거두리라 믿었고, 예상은 그대로 적중했다.

발로리를 인터뷰하면서 나는 그녀가 신뢰 쌓기에서부터 선의로 다가가기, 진정한 공동체 의식 키우기에 이르기까지 우리가 다루었던 여러 요건들을 몸소 구현하고 있음을 알 수 있었다. 무엇보다 그녀는 코끼리와 기수가 나아가기에 좋은 길을 어떻게 만드는지 누구보다 잘 이해하고 있었다. 발로리는 자신이 지도하는 학생들이 졸업할 때까지 갖추었으면 하는 모습을 명확히 설정하고 있었다. 학생들에게 필요한 것은 전문적인 기술이 아니었다. 기술이라면 이미 충분히 습득하고 있었다. 그들은 코치가 옆에 있든 없든 올바른 결정을 내릴 수 있는 인격을 형성할 필요가 있었다. 선수들을 혹독하게 몰아붙였던 과거와 달리 이 길은 그녀와 코칭 팀이 마음으로 설계하여 선수들과 함께 가는 길이었고, 그 길을 가면서 그들은 팀 회의와 일대일 면담, 훈련과 연습을 통해 선수들에게 중요한 핵심가치와 교훈들을 지속적으로 심어주었다. 그리고 학생들이 학위를 받은 후 당당하게 자신의 삶을 살아갈 수 있도록 학생들의 능력을 키워 주는 발전의 여정을 만들었다.

만남의 경로를 설계하는
3단계 프로세스

경로를 만들 때 대부분의 사람들은 타인의 관심을 끌고 교류하며 멤버십을 갖게 하려는 기대로 간단한 3단계 프로세스를 개발한다. UCLA 체조부원을 모집하거나 구독 서비스에 가입

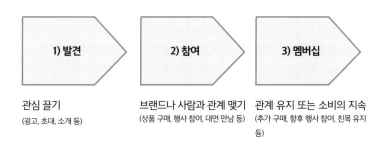

1) 발견

관심 끌기
(광고, 초대, 소개 등)

2) 참여

브랜드나 사람과 관계 맺기
(상품 구매, 행사 참여, 대면 만남 등)

3) 멤버십

관계 유지 또는 소비의 지속
(추가 구매, 향후 행사 참여, 친목 유지 등)

할 때에도 이런 단계를 따른다.

이러한 3단계를 보면 근사한 아이디어 같고 꽤 그럴듯하게 보인다. 그러나 여기에는 한 가지 커다란 결함이 있다. 설계가 거꾸로 되어 있다는 것이다. 어떤 여정을 계획할 때 일반적으로 현재 있는 위치에서 무작정 목적지까지 걸어가거나 운전해 가지는 않는다. 이때는 도달하고자 하는 지점을 먼저 확인한 다음 그 지점에서 거꾸로 계획을 세우는 것이 좋다.

어린 시절 미로를 통과하는 최단경로를 찾으려 할 때 나는 도착지점에서 시작해 출발지점까지 거꾸로 더듬어 길을 찾곤 했다. 마찬가지로 발로리도 자신이 가고자 하는 목적지를 먼저 설정한 뒤, 즉 학생들의 졸업식 날에서부터 거꾸로 경로를 설계했기 때문에 원하는 바를 달성할 수 있었다. 우리도 동일한 프로세스를 따를 필요가 있다.

먼저 최종 결과(이 경우엔 멤버십)를 설정하고 어떤 종류의 멤버십을 확립하고 싶은지 자문하라. 사람들이 어떤 식으로 교류하고 그 과정에서 어떤 느낌을 받기를 바라는가? 발로리에게 멤버십은 학생들이 성장의 여정을 함께 떠나도록 하는 것이었다. 그 모습은 권위적으로 운영되는 전통적인 체조부의 이미지와는 사뭇 다르다. 자신이 꿈꾸는 멤버십을 확립하고자 발로리는 학생들을 참여시켜 소속감과 동지애가 싹트게 할 방법을 찾아야 했다. 이처럼 우리는 먼저 사람들과 어떤 식으로 관계를 맺고 싶은지 분명히 한 뒤 그들에게 접근할 방법을 고려해야 한다. 발로리는 자신이 원하는 멤버십 유형을 확실히 정립한 뒤 훈련방식(참여)과 신입생 모집(발견) 방법을 바꾸었다. 이렇게 하지 않았다면-모집 프로세스부터 설계하는 식으로- 학생들의 모집과 훈련방식과도 어울리지 않고 그녀가 바라는 멤버십에도 부합하지 않았을 것이다. 원하는 모임을 만들고자 할 때도 똑같다. 먼저 당신이 무엇을 원하는지 밝히고 메시지를 분명히 한 다음 이를 홍보하거나 사람들을 초대하는 것이 좋다. 멤버십을 출발점에 둠으로써 당신은 향후 역점을 둘 문화와 가치의 종류를 정할 수 있다.

하지만 멤버십이라고 해서 다 같지는 않다. 멤버십은 무엇보다 자신의 가치나 브랜드의 가치와 일치해야 한다. 그러한 가치에 스스로 쉽게 공감하지 않으면 해가 바뀌고 새로운 행사가 열리고 새로운 제품이 출시되는 내내 꾸준하게 진정한 관계를 유지할 수 없으며 결국은 그 멤버십에 싫증이 나게 될 것이다.

UCLA 체조부를 맡은 이후 발로리의 지도방식은 이를 전환점으로 180도 달라졌다. 이기기 위해 필요한 줄 알았던 가치는 '학생들의 희생'을 동반하는 것이었다. 하지만 그것은 사람들을 사랑하고 돌보고 그들의 발전을 도우려는 그녀의 가치관에 정면으로 위배되는 것이었다. 그 사실을 받아들이고 나니 발로리는 자신의 가치관에 맞는 새로운 목표를 설정할 수 있었다. 그녀는 학생들이 대회의 승부를 뛰어넘어 자신의 인생을 당당하고 건강하게 가꿀 줄 아는 인생의 챔피언이 되도록 하고 싶었다. 그녀가 계속 독재자로 학생들에게 군림하는 한 그런 목표의 달성은 불가능했다. 발로리는 자신의 관계형성 프로세스를 전반적으로 다시 설계해야만 했다. 즉, 팀 회의방식을 바꾸고, 개인의 발전에 대해 이야기하며, 돈독한 신뢰를 형성했다. 날이 갈수록 그녀는 코치로서 발전하고 성장했으며, 팀도 승승장구하며 성장해 나갔다.

이렇게 원하는 멤버십의 종류를 알고 나면 사람들을 어떻게 참여시켜 그런 멤버십을 확립할지 설계할 수 있다. 그리고 문화에 잘 맞는 사람들이 참여할 수 있도록, 어울리지 않는 사람들은 스스로 나갈 수 있는 경로나 프로세스를 만들 필요가 있다. 예컨대 팀원들에게 폭언을 해대는 거친 코치들은 발로리의 프로그램에는 어울리지 않는다.

발로리는 대중에게 UCLA 프로그램을 알릴 최선의 방법을 찾아야 했다. 어려운 일은 아니었다. 으레 코치들은 신입생 후보나 그 가족과 통화를 하거나 만남을 가지기 때문이다. 발로리는 신입생을 모집하기 위한 통화를 할 때 인생의 챔피언이 되려는 목표를 가진 학생들에게 집중했고, 그 결과 그러한 가치관이 멤버십 전체를 관통하게 되었다.

비록 우리는 앞으로 흘러가는 인생을 살고 있지만, 중대한 결과를 달성하고 사람들에게 영향을 미치며 공동체를 만들려 할 때에는 끝에서부터 거꾸로 설계할 필요가 있다. 발로리 역시 마지막 지점을

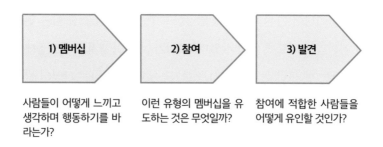

1) 멤버십	2) 참여	3) 발견
사람들이 어떻게 느끼고 생각하며 행동하기를 바라는가?	이런 유형의 멤버십을 유도하는 것은 무엇일까?	참여에 적합한 사람들을 어떻게 유인할 것인가?

염두에 두고 거기서부터 거꾸로 프로그램을 설계했다. 우리도 그렇게 해야 한다.

사람들과 관계를 맺을 때에는 몇 년에 걸쳐 그들과 소통하고 있을 여유가 없다. 이메일로 몇 번 소통하거나, 전화로 몇 분간 이야기하거나, 친밀한 대면행사에서 두어 시간 만나는 게 고작이다. 이는 곧 우리가 설계하는 경로가 훨씬 더 면밀하게 계획되어야 한다는 뜻이다. 그러면 당신은 '내 경로를 어떻게 설계해야 하지?' '프로세스에서 어디에 집중해야 하지?' 하는 궁금증이 들지 모른다. 그럼 여기서 내가 몸소 경험한 사례를 한 가지 소개해 보겠다. 커뮤니티를 시작한 지 몇 년 뒤에 있었던 일이니 모임을 시작하는 방법보다는 우리 팀과 내가 영향력을 극대화하기 위해 어떻게 행사를 기획하는지와 더 관련이 깊다.

감동을 전달하는
꽃배달 서비스의 비밀

2015년 3월 7일 토요일, 저녁식사 동문 60명이 '애스테틱 센터빌리티 브런치Aesthetic Scentability Brunch' 참석 여부를 최종 확인받았다. 그들은 다음과 같은 초대장을 받았다. 그리고 이번 행사에서는 한 기업과의 제휴로 깜짝 놀랄 일이 생길 거라는 소식도 들어 있었다.

행사장에는 맛있는 브런치 뷔페와 칵테일이 마련되어 있었고, 함께 즐길 게임도 있었다. 음식을 간단히 먹고 나자 앞서 언급한 깜짝 놀랄 행사가 기다리고 있었다. 손님들은 한 번에 12명씩 별도의 방으로 안내되었고, 꽃으로 장식된 테이블에 2명씩 자리를 잡고 앉으니 최정상급의 전문 플로리스트가 방으로 들어왔다.

30분간 이 플로리스트는 완벽한 부케를 만드는 이론과 기술을 설명하며 손님들이 손수 부케를 만들 수 있도록 도왔다. 부케 만들기가 끝난 뒤 손님들은 각자의 신원을 밝혔다. 앞에 있는 자그마한 여성은 유명한 성과학자 루스 웨스트하이머 박사였고, 옆 사람은 〈엑스맨〉과 〈트랜스포머〉를 연출한 톰 드샌토, 다음 사람은 당시 〈엘르〉의 편집장 로비 마이어스였다. 이런 식으로 유명인, 저널리스트, 작가, 운동선수들의 소개가 이어진 뒤 마지막 사람이 자기소개를 했다.

"저는 에이제이 코리입니다. 아름다운 부케를 적당한 가격에 도시 전역으로 배달해 드리는 어번스템스의 설립자이지요. 참석해 주신 여러분께 감사의 뜻으로 여러분이 만드신 부케를 지금 바로 사랑하는 분들에게 배달해 드리겠습니다."

이후 다같이 어울려 즐거운 시간을 보내는 동안 그들이 만든 부케를 배달받은 사람들의 모습이 찍힌 사진들이 속속 도착했다.

정말 재미있는 행사였다. 이런 행사가 과연 코끼리와 기수가 나아갈 경로와 무슨 상관이 있는지 이해할 수 있도록 어째서 내가 이런 체험을 계획했는지 분석해 보자.

1) 멤버십

끝에서부터 시작해 보자. 어떤 종류의 멤버십을 원하는가? 사람들이 어떤 느낌을 받기를 바라는가? 브랜드의 핵심가치는 무엇인가?

어번스템스의 꽃배달은 타인에게 특별한 느낌을 선사하는 기쁨을 준다. 누군가 '감사를 표현하고 싶다'는 생각이 들 때 우리는 그들이 그 욕구를 어번스템스와 연관시키기를 바랐다.

이런 감정을 심어주기 위해 우리는 사람들이 경험을 처리하는 방식의 하나인 '피크엔드 법칙peak-end rule'이라는 인지편향에 기반한 설계를 했다. 당신이 인생 최고의 데이트를 하고 있다고 상상해 보자. 3시간 뒤 키스를 하려고 몸을 기울이는데 상대방이 당신의 눈을 빤히 바라보며 난생처음 듣는 끔찍한 말을 한다. 집에 돌아오자마자 가족들이 묻는다. "데이트 어땠어? 잘됐어 안됐어?" 당신은 뭐라고 대답할 것인가?

3시간은 완벽했고 고작 마지막 3초만 끔찍했다 하더라도 다들 이런 경우 끔찍한 데이트였다고 말할 것이다. 노벨상 수상자 대니얼 카너먼의 연구에 의하면 인간은 기쁨이나 고통이 지속되는 시간은 무시하고 절정의 감정과 마지막에 느낀 감정을 불균형적으로 기억

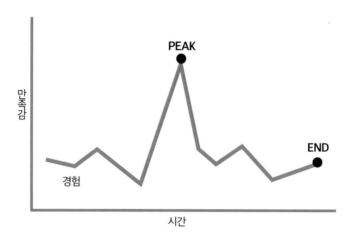

PEAK

만족감

경험

END

시간

사람들은 자신이 겪은 일에 대해 가장 절정을 이루었을 때와 경험이 끝났을 때의 일로 경험의
전체를 판단한다고 한다. 이를 피크엔드 법칙이라고 한다.

한다고 한다. 즉, 피크엔드 법칙에 따르면 마지막 순간에 브랜드에
대해 좋은 감정이 들게끔 해야 한다. 우리는 손님들이 방금 만든 부
케가 곧바로 사랑하는 사람들에게 배달된 사진으로 놀라움을 선사
하여 이를 달성했다. 이런 것이 멤버십을 촉발시키는 요인이 된다.

2) 참여

최종 결과의 중요성을 설계한 뒤 우리는 사람들의 참여방법을 세심
하게 계획했다. 자세한 사항을 일일이 설명하기보다 큰 그림으로 우
리 생각을 제시할까 한다.

오피니언 인플루언서들과 인연을 맺고 싶어하는 사람들에게 우
리는 인심과 참신함, 큐레이션, 경외감을 염두에 두고 계획을 세웠
다. 행사는 무료로 제공되므로 인심과 큐레이션 부분은 신경 쓸 것

이 없었다. 하지만 참신함과 경외감의 문제는 남아 있었다. 참신한 발표나 게임, 활동 같은 것이 필요했다. 우리는 여러 가지 옵션을 고려하면서 동시에 브랜드에 대한 신뢰와 강한 유대도 쌓을 수 있기를 바랐다. 그래서 우리는 이케아효과에 의지하기로 했다. 그런데 참가자들에게 꽃꽂이 강습을 해주면서 부케를 만들게 하면 그들이 어번스템스를 더 높이 평가하게는 되겠지만 흥분감이나 경외감까지 일어날 것 같지는 않았다. 수없이 브레인스토밍을 한 결과 우리는 손님들이 만든 부케가 사랑하는 사람들에게 배달되는 순간을 사진으로 찍어서 보여주자는 아이디어를 떠올렸다. 소름 끼치게 짜릿한 순간이 될 것 같았다. 그 경험과 동석한 손님들이 누구인지 알게 되는 놀라움이 결합되어 우리는 그들이 경외감을 느끼기를 기대했다. 설사 그렇게 되지 않는다 하더라도 경외감이 이는 순간을 일으키려는 목표를 설정함으로써 우리는 보다 나은 콘셉트를 개발할 수 있었다.

3) 발견

이 사례에서 우리는 전에 우리 행사에 참여해 본 적이 있는 사람들을 주로 초대했기 때문에 기본적인 신뢰가 밑바탕에 깔려있었다. 하지만 여전히 그들에게 호소할 지점을 여럿 포함시켰다.

　첫째, 우리는 인심과 참신함, 큐레이션(경외감은 보장할 수 없기 때문에 제외했다)이라는 기본적인 속성을 명시적으로 포함시켰다. 둘째, 신비감을 유지했다. 꽃꽂이 체험 전체가 깜짝 선물 같은 것이므로 우리는 무슨 일이 생길지 암시하는 것으로 호기심을 유발했다. 이는 '정보격차information gap'라는 행동역학에 기반한 것이다. 이미 알고 있는 사실과 새롭게 제시받는 것 사이에 격차가 존재하면 사람들은 다음의 3가지 반응을 보이게 된다. 먼저, 격차가 지나치게 크면(예를 들어 파티 참석자가 입자물리학 이론 같은 전혀 이해하지 못할 이야기를 하는 경우) 관심도 생기지 않고 그 상황을 피하고 싶어진다. 반대로 격차가 너무 작으면(예를 들어 누군가 날짜 따위를 알려줄 경우) 전혀 놀라운 일이 아니어서 아무런 질문거리도 생기지 않는다. 하지만 격차가 피하고 싶을 만큼 크지도 심드렁할 만큼 작지도 않은 적절한 정도라면 호기심이 발동하게 된다.

예를 들어 인터넷에서 〈버즈피드〉의 아무 기사나 제목을 한 번 보자. 무언가에 호기심이 들 때는 신기하게도 긁지 않고는 못 배길 가려움증 같은 게 올라온다. 이때 우리 뇌는 그 궁금증에 대한 답을 얻고 싶은 필요성을 느끼게 된다. 그래서 〈버즈피드〉가 '바나나에 관한 27가지 진실과 충격적인 15번째 진실'이라는 제목으로 기사를 올리면 클릭하지 않을 수 없는 것이다. 하지만 우리는 〈버즈피드〉처럼 클릭 장사를 하는 대신 행사에 대한 호기심을 유발하고 손님들이 참여하길 잘했다고 생각할 수 있는 만족스러운 경험을 제공했다.

우리는 이 행사에 '애스테틱 센터빌리티 브런치'라는 이름을 붙였다. 엉터리 이름이지만 자꾸만 읽다 보면 '센서빌리티sensibility라고 해야 되는 거 아닌가? 센트scent(향기라는 뜻)랑 무슨 관련이 있는 건가?'라고 궁금증이 들 것이다. 여기에 더해 세계적인 전문가가 와서 무언가를 가르쳐 줄 거라는 애기를 들으면 그들은 그 전문가가 누구일까, 어떤 새로운 기술을 배우게 될까, 다른 게스트들은 어떤 사람들일까에 대해 궁금해진다. 그리고 결정적으로 이런 접근법으로 호기심을 유발했다면 그 답은 만족스러운 것이어야 한다. 꽃을 보고 꽃꽂이하는 법을 배우고 나면 사람들은 '애스테틱aesthetic(심미적)'하다는 것을 깨닫게 되고, 향기도 나니 '센터블scentable(향을 맡을 수 있는)'하다고도 생각하게 된다. 실제로 쓰이는 말은 아니지만 어쨌거나 결론은 만족스럽다.

어번스템스에 의하면 이 행사가 당시 그들이 썼던 홍보방법 중 가장 효과가 좋았다고 한다. 특히나 적은 예산을 고려할 때는 더더욱 그랬다. 대부분의 홍보회사나 이벤트 팀들은 인플루언서나 사교계 명사들을 파티에 초대하는 데 급급하다. 그들이 관련 포스팅을 해주기를 기대하면서 말이다. 오해는 없길 바란다. 그런 행사들도 물론 효과가 있다. 그러나 그런 방법으로는 브랜드에 대한 강력한 정서적 연결고리를 형성하지 못하며, 기업의 경영진과도 의미 있는 관계를 확립하지 못한다. 어번스템스의 대표 에이제이는 그 대신 이런 접근법을 활용하여 그때 참석했던 사람들 누구에게든 이메일을 보낼 수 있었을 테고, 그들은 아마 호응을 보였을 것이다. 그 행사는 신규고객의 창출과 유명인과의 제휴 가능성, 다수의 언론 보도로 이어졌다.

세상에는 수많은 인지편향과 특이행동들이 존재하지만 어느 것에 초점을 둘지 정하기란 쉽지 않다. 회사를 알리는 초창기라면 '애스테틱 센터빌리티 브런치'에서처럼 우리가 활용했던 3단계 접근법을 추천한다.

우선 발견 단계에서는 게스트들이 참여하고 싶은 유혹을 느끼도

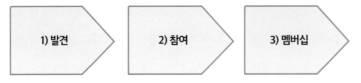

1) 발견   2) 참여   3) 멤버십

록 정보격차를 활용해 호기심을 유발하는 데 집중하자. 사람들이 그 기회를 놓치면 얼마나 아쉬울지 상기시킴으로써 손실회피를 활용할 수도 있다. 손실회피는 '소외공포FOMO : fear of missing out'라고도 불리는 데, 참여 인원을 제한하여 사람들에게 자리가 금방 다 찰 테니 서둘러야 한다고 알림으로써 희소성을 활용할 수도 있다. 하지만 이때 2가지 중요한 기준이 있는데, 첫째 전달하고자 하는 내용이 명확해야 한다. 두루뭉술하게 꾸며대지 말아야 한다. 그랬다간 명성에 해를 입을 것이다. 둘째, 호기심을 유발하거나 손실회피를 활용할 때는 그 경험에 참여할 만한 가치가 있어야 한다. 그렇지 않으면 사람들은 〈버즈피드〉의 낚시성 기사를 볼 때처럼 속았다는 느낌을 받을 것이다.

참여 단계에서는 이케아효과가 발현되도록 참가자들이 공동의 노력을 기울이게 해야 한다. 이를 통해 그들은 서로에게 그리고 당신과 당신의 브랜드에 더욱 애착을 갖게 될 것이다.

멤버십의 가치를 심어주려면 피크엔드 법칙을 적용하여 사람들이 강력한 정서적 연결고리를 만들고 이를 기억하게 해야 한다. 그러면 시간이 갈수록 그것은 더 큰 공동체 의식으로 발전될 것이다.

행사를 기획할 때 항상
기억해야 할 '윤리의식'

　　　　　누차 강조하지만 편향의 작동원리를 배울
수록 우리는 스스로를 더 철저히 점검하고 혹시 도덕적·윤리적 경계
를 넘고 있지는 않은지 살필 필요가 있다. 앞서 언급한 대로 내가 사
용하는 일반적인 검증방법이 '아직 친분이 없는 참가자에게 내가 해
당 체험을 설계하게 된 배경을 공유한다면 그들이 조종받았다는 느
낌을 받을까 아니면 고마워할까?'를 스스로에게 질문하는 것이다.

　앞에서 나는 신뢰가 역량, 정직성, 선의를 토대로 형성된다고 말
한 바 있다. 이때 '참가자나 공동체 구성원의 최대 이익을 염두에 두
고 있는가?'를 스스로에게 질문하면 선의를 확인할 수 있다.

　만약 어떤 체험이 참가자들을 담배에 중독시킬 목적으로 계획되
었다는 사실을 알게 된다면 그들은 크게 화를 낼 것이다. 그것은 선
의를 저버린 행위다. 반면에 어떤 체험이 사람들에게 즐거움을 주고
어번스템스 같은 브랜드나 유용한 상품을 소개하기 위해 설계되었
다면 큰 감동을 느낄 것이다.

　이런 문제의 소지를 사전에 방지하고자 나는 항상 2가지 정책을
취하고 있다. 참고하기 바란다.

　1) 매 행사마다 한 가지 브랜드를 참여시키며 그 사실을 초대장에
언급한다.
　2) 해당 브랜드가 그들이 추구하는 가치와 목적, 그리고 사용가능

한 예산은 공유하지만 경험의 설계 전반은 내가 책임진다. 항상 브랜드를 대변하지만 결코 공동체의 가치를 희생시키지는 않는다.

이런 식으로 나는 공동체를 보호하며 항상 그들의 이익을 가장 우선시하도록 최선을 다한다. 내가 커뮤니티를 불순하거나 부정직한 이유로 이용한다면 얼마 못 가 사람들의 신뢰를 잃을 테고, 그것은 내가 쌓아 온 모든 것에 위배된다.

모임을 가질 때마다 매번 이러한 모든 사항을 고려한다는 게 벅차게 느껴질 수도 있다. 하지만 겁먹지 말자. 사람들을 모으고, 행사를 기획하고, 온라인 커뮤니티를 조성하는 동안 점차 이런 사항들이 저절로 고려되기 시작할 것이다.

내가 첫 번째로 주최했던 저녁식사는 그야말로 엉망진창이었다. 한여름에 에어컨은 고장 나고 음식 맛도 형편없었다. 제대로 된 일이 하나도 없었던 것을 생각하면 민망하기 짝이 없다. 당시엔 돈도 없었고 그릇들도 다들 짝이 맞지 않았다. 하지만 돌아보면 그런 허술함 때문에 효과가 있었던 것 같다. 겉만 번드르르한 파티가 아니라 참신하고 큐레이션이 잘된 행사에 사람들을 불러모은 것이었다. 손님들은 그런 선의를 감지했다. 사실 나는 내가 뭘 하고 있는지 스스로도 잘 모르는 취약한 상태에 있었고, 덕분에 손님들이 발 벗고 나서 도와주며 더 연대감을 느낄 수 있었다. 당신도 무엇을 계획하든 근사한 결과가 있을 것이다. 처음엔 조금 엉망일 수 있겠지만 원래 다 그런 거다. 덕분에 초창기 멤버들은 더 큰 주인의식을 가지게 되며, 시간이 가면서 진행도 점차 원활해진다. 언젠가 지나온 길을 돌아보며 웃음 지을 날이 올 것이다.

*　　*　　*

이제 우리는 코끼리와 기수가 나아갈 경로를 설계하는 방법을 알게 되었다. 사람들의 행동을 고려하여 설계되는 이 길은 그들을 참여로 이끌며 신뢰를 키워준다. 다음으로는 이 모든 것들이 어떻게 함께 작용하여 공동체 의식과 소속감을 키워 주고, 나아가 당신의 영향력을 증대시키며, 사람들의 삶을 개선해 주는지 알아볼 것이다. 이를 위해 하나의 아이디어를 세계적인 현상으로 발전시킨 세계 최대의 창작 공동체 중 한 곳을 살펴보도록 하자.

3

공동체 의식과 소속감을 키워 영향력을 넓혀라

신뢰가 마법을 일으킨다
- 크리에이티브 모닝스의 성공비결

티나 로스-아이젠버그는 스위스를 떠나 미국으로 건너올 때 그토록 고립감을 느끼게 될 줄은 미처 몰랐다. 전문 디자이너가 되려는 꿈을 안고 작은 디자인 회사에서 인턴십을 하며 친구도 좀 사귀었지만 아직 '내 사람들'이라 부를 만한 이들은 없었다. 티나는 개방적이며 포용적인 창작 공동체에 들어가고 싶었다. 그런데 불행히도 2가지 난제가 있었다. 첫째는 그녀의 영어 실력에 개선이 필요했다. 의사소통도 안 되면서 친구를 사귀기는 힘든 노릇이었다. 둘째는 만나고 싶은 창작자들(디자이너, 건축가, 영화 제작자 등)이 죄다 각자의 산업에서만 활동하며 하나의 커뮤니티에 모이지 않았다. 게다가 콘퍼런스와 행사들도 전부 산업별로 열렸고 참가비도 너무 비쌌다. 다시 말해 그만한 참가비를 낼 여력이 될 만큼 이미 성공한 사람이어야 했다. 이런 독점적인 환경은 창작자들을 더더욱 각자의 영역에 고립시키고 있었다.

다행히 해가 갈수록 티나의 영어 실력은 향상되었고, '스위스 미스'라는 그럴듯한 이름을 붙인 개인 디자인 블로그의 인기도 날로 높아져 갔다. 블로그의 인기가 높아지자 박봉에 허덕이던 인턴 시절에는 감당할 수 없었던 다수의 콘퍼런스에 무료로 참가할 수 있게 되었다. 그리고 그럴수록 누군가가 나서서 단절된 커뮤니티들을 하나로 모아야 한다는 신념이 한층 강해졌다.

티나는 한 가지 실험을 해보기로 결심했다. 어느 금요일 아침 일찍 창작자들 한 무리를 자기 사무실로 초대해 볼 요량이었다. 참가비도 공짜, 커피도 공짜, 베이글도 공짜로 대접하고 누구든지 참여할 수 있게 할 생각이었다. 사진을 배우고 싶은 궁핍한 대학생이건 글로벌 건축회사의 창립자이건 상관없었다. 누구든 환영이고 비용도 필요없었다. 행사명은 '크리에이티브 모닝스CreativeMornings'라고 붙였다. 블로그에 공지를 올리니 60명 가량이 아침 일찍부터 승강기가 고장난 허름한 건물로 찾아왔다. 6층 계단을 힘겹게 올라온 그들을 기다리고 있었던 것은 퀴퀴한 베이글과 곧 커피를 내오겠다는 티나의 말뿐이었다. 하지만 아무도 베이글의 상태 따위엔 신경 쓰지 않았다. 새로운 사람들과 만남을 가질 수 있다는 사실만으로도 아침 일찍 일어나 출근 전에 모일 이유는 충분했다.

첫 번째 행사에선 아무런 형식 없이 그냥 어울렸지만, 사람들 간의 대화를 촉진하기 위해 두 번째 행사에는 디자이너의 강연을 추가했다. 20분의 강연과 15분의 질의응답 시간은 네트워킹 행사라기보다는 문화행사 같은 느낌을 주었다. 그러다 보니 내성적인 사람들에게도 그리 어색하지 않았다.

몇 달 동안 티나는 행사의 세부 형식을 계속 다듬어나갔다. 자원봉사자들이 미소 띤 얼굴로 손님들을 맞이하며 가벼운 인사와 함께 이름표를 달아주었다. 창의성을 고취하고 소속감을 주기 위해 실내는 '오늘 멋지시네요' '모두 환영합니다' '누구나 창의적입니다'와 같이 손수 쓴 문구를 장식했다. 공동작업 구역을 만들어 커리어의 목표에 따라 사람들을 짝지워 관계를 이어줬고, 인플루언서들의 강연뿐 아니라 음악가들의 연주와 참가자들의 30초 홍보시간도 추가해 커뮤니티의 가치를 대변할 수 있는 콘텐츠를 만들었다.

2008년에 처음 행사를 시작한 이래로 크리에이티브 모닝스는 크게 성장했고, 티나는 매달 500명 이상을 직접 초대하여 만나고 있다. 하지만 이것이 끝이 아니다. '(내) 사람'을 만들고 싶어하는 이들은 티나 외에도 많았다. 전 세계 사람들이 자신이 사는 지역에서 크리에이티브 모닝스를 운영해 보고 싶다는 메시지를 연이어 보내 왔다. 티나는 '신뢰가 마법을 일으킨다'는 믿음으로 행사를 주최하고 싶어하는 사람들 누구에게든 운영권을 주었고, 품질을 보장할 수 있는 표준적인 행사 주최 가이드라인을 만들었다. 그중에는 후원을 받을 수는 있으나 커뮤니티의 정신이 손상되지 않도록 후원금 전액을 행사와 참가자들에게 투자해야 한다는 규정도 있다.

내가 이 책을 쓰고 있는 현 시점에 크리에이티브 모닝스는 전 세

전 세계 67개국 216개 도시에서 매달 25,000명 규모의 무료 행사를 열고 있는 크리에이티브 모닝스

계 67개국 216개 도시에서 매달 25,000명 규모의 무료 행사들을 열고 있다. 낯선 나라에서 고립감에 시달리던 스위스 아가씨 티나는 이제 자신에게 영감을 주는 창작자들이 가득한 여러 성공적인 스타트업을 보유한 영향력 있는 여성이 되었다. 지금까지 세계적으로 수십만 명이 크리에이티브 모닝스에 참석했으며, 그 과정에서 결혼을 하고 회사를 창업하고 새로운 기술을 배우며 커리어를 향상시켰다. 모두 티나가 생면부지의 사람들에게 초대장을 보내기로 결심했던 날에서 비롯된 일이다.

디자이너로서 티나는 영향력 방정식이 인생에 도입될 경로를 멋지게 설계했다. 그녀는 그 경로가 어디로 향해야 하는지를 알고 있었다. 그것은 창의성과 연결을 촉진할 방향이었다. 발견과 참여의 모든 과정이 그녀가 바라던 유형의 멤버십 형성에 기여했고, 하나하나 부족한 부분을 개선해 나가면서 멤버십은 더욱 강화되었다. 이름표와 손님맞이부터 공동작업 구역에 이르기까지 티나는 사람들이 행사에 참여하는 내내 소속감을 느낄 수 있도록 지속적으로 암시를 주고 그들이 서로 교제할 수 있는 기회를 만들었다. 그 경로가 어찌나 잘 닦여 있었던지 아침 댓바람부터 일어나 부루퉁하게 온 사람들도 만남의 기회를 통해 영감을 받으면서 며칠 동안 버틸 에너지를 충전했다. 티나는 사람들이 있는 곳, 그리고 사람들이 있었으면 하는 곳을 중심으로 행사를 설계했다.

창작자들을 불러모아 관계를 맺으려는 티나의 전략은 수년간의 경험과 본능에서 나온 것이지만 그것은 SOAR 모델과 완벽하게 일치한다. 티나는 사람들에게 기술Skills과 기회Opportunities, 접근성Access과 자원Resources을 제공하며, 참여를 통해 멤버들은 창의력을 발휘하게 되고 관심 있는 목표를 성취할 통찰력과 인맥, 도구를 얻었다.

신뢰는 무수한 취약성의 고리들로부터 피어난다. 자원봉사자들은 시간을 내어 행사 준비와 촬영을 돕고, 음악가들과 강연자들은 재능을 기부한다. 그리고 이런 봉사활동 하나하나가 공동체 의식을 불러일으켰다. 참가자들은 냉담한 외부세계와 그들이 참여하는 공동체 사이의 분명한 경계를 깨닫는다. 그것은 수동적인 경험이 아니라 구성원들은 누구라도 강연이나 홍보를 통해 자신을 알릴 수 있다. 근본적으로 그들에게는 영향력이 있다 보니 참여할 때마다 인사이트가 생기고 아는 창작자들이 많아진다. 모두가 같은 여정에서 한 방향으로 나아가며 동일한 가치의 창의성과 영감을 공유하는 것이다.

티나의 최대 강점은 디자인 실력이 아니었다. 사실 이런 행사에는 디자인 실력이 거의 필요가 없었다. 그녀의 진정한 강점은 꾸준함이었다. 만일 행사가 일회성으로 그쳐 사람들이 다시는 서로 만날 수 없었다면 공동체 의식을 느끼기란 거의 불가능했을 것이다. 우리가 만들고자 하는 유형의 관계는 함께하는 시간이 많아질수록, 꾸준히 만날수록 더 발전된다. 종교단체들은 매주 열리는 행사를 통해 이 목표를 달성한다. 기독교인들은 일요일마다 예배를 드리며, 이슬람 교도들은 금요일마다 '신도의 날'이라는 뜻의 주무아를 연다. 이런 꾸준함은 사람들이 서로 만나 의식에 참여하며 유대를 강화할 시간과 공동체 의식을 키울 기회를 제공한다. 그 밖에도 주중 내내 이어지는 기도 모임이나 자원봉사, 단체여행 같은 커뮤니티 모임들과 모두가 참여할 수 있는 전체 모임들이 열린다.

영향력을 넓히는
공동체 모임 만들기

우리 주변의 커뮤니티 모임들도 유사한 구조를 지닌다. 스포츠 팬들은 매주 동네 술집에 모여 응원하는 팀의 경기를 시청한다. 경기장에 직접 나가는 것은 부가활동이다. 자기 팀이 경기를 하지 않더라도 모두가 보는 시즌 마지막 경기는 텐트폴 행사 tentpole event(중심이 되는 대규모 행사)다. 크리에이티브 모닝스와 인플루언서즈, 웨이트 워처스, 콘바디 운동의 강점도 마찬가지로 꾸준한 공동체 모임에 있다. 다음은 행사를 분류하는 세 가지 기본적인 범주로, 모임 주최자는 달성하려는 목표에 부합되는 행사에 초점을 둘 필요가 있다.

1) 본활동 Flagship

가장 꾸준하게 하는 활동이다. 매주, 매달 또는 정해진 주기마다 행사를 진행한다. 인플루언서즈의 경우엔 인플루언서 디너이고, 스프링복스 같은 구단의 경우엔 훈련, 그 팬들의 경우엔 경기이다. 종교는 예배를 드리며, 크리에이티브 모닝스는 아침 행사를 갖는다. 일부 조직들의 경우 이런 행사를 커뮤니티를 개설할 때나 기업의 오리엔테이션으로 연다. 메인 플랫폼이 본활동의 역할을 하기도 한다.

2) 권역모임 Offshoot

권역모임은 부차적으로 진행하는 프로그램으로, 행사나 체험 또는 관심 주제와 관련하여 모일 기회를 제공한다. 인플루언서즈에서는 애스테틱 센터빌리티 브런치와 같이 외부 기업들과 제휴하여 연간 8~10회의 맞춤행사를 연다. 또 매달 또는 두 달에 한 번씩 성소수자 커뮤니티 회원들을 위해 '프라이드 워크아웃Pride Workout'과 '우먼 오브 인플루언스Women of Influence' 행사를 열며, 유색인·비영리재단·마케터 등의 그룹들을 위한 다른 여러 행사들도 마련하고 있다.

3) 전체 모임 Large Gathering

전체 모임은 대규모로 열리는 연간 또는 계절별 행사로, 텐트폴 행사로도 알려져 있다. 미식축구에는 슈퍼볼이 있고, 슈퍼히어로 팬들에게는 코믹콘이나 오래 기다린 영화의 개봉, 인플루언서즈에는 동문회와 인플루언서 살롱 시리즈가 있다.

이것이 내가 일반적으로 추천하는 구조다. 여러분이 만들고자 하는 커뮤니티의 규모에 따라 다르겠지만 대부분의 경우엔 본활동 행사만 열면 된다. 크리에이티브 모닝스는 세계적으로 꾸준히 열리는 단 한 가지 행사를 통해 목적을 달성하고 있다. 크리에이티브 모닝스의 규모를 고려할 때 1년에 한 번씩 대규모 행사를 열어 전 세계 창작자들을 한곳에 모이게 할 수도 있을 것이다. 하지만 현재는 참가비를 받지 않고 있기 때문에 대규모 행사를 개최하기 위해서는 대형 후원자를 물색하고 엄청난 자원봉사 프로그램을 개발하거나 아니면 규칙을 바꿔 참가비를 받든가 해야 할 것이다. 그런데 이런 전체 행사가 현재 하고 있는 방식보다 목표 달성에 더 도움이 될지는 확실치 않다. 그렇다면 큰 도움이 되지 않는 한 대규모 모임은 삼가는 게 좋다. 규모가 커지면 세부계획을 세우기가 버겁고 시간과 비용이 드는 데다, 매주 또는 매달 열리기보다는 연례행사가 되기 쉬워 잠재적인 문제가 발생할 소지가 있다.

온라인 행사든 대면 행사든 진행형식이 정해지면 여러 차례 행사를 개최해 시행착오를 줄여 가며 지속적으로 개선해 보자. 그것이 효과적인 경로를 설계하고 영향력 방정식을 적용할 수 있는 길이다. 처음에는 완벽하게 되지 않겠지만 시간이 지나면서 나아질 것이다. 전체 모임이 이미 50~100명 또는 그 이상을 수용하는 경우라면 굳이 더 큰 모임은 필요없다. 다만 커뮤니티 행사는 고려해 보라. 한 번에 2~20명 정도가 모일 경우엔 매번 참가자가 바뀌게 되어 아마 사람들이 다시 만날 기회를 원할 것이다. 이럴 때 대규모 모임을 가지면 공동체 의식을 키울 수 있다. 일반적으로 처음에는 소규모로 시작하여 점차 규모를 키워가는 것이 바람직하다. 그 편이 스트레스가 덜하고 더 즐겁게 행사를 진행할 수 있다.

나 역시 인플루언서 디너 이후로 다시 사람들을 초대하지 않았다면 그들은 그들끼리 또는 나에게는 유대감을 느낄지 몰라도 공동체 의식을 가지지는 못했을 것이다. 그래서 나는 '영감의 문화 : 인플루언서 살롱'을 대규모 모임 형식으로 개발하여 사람들이 다시 만날 수 있는 기회를 제공하고 있다.

공동체 의식을 가지기 위해서는 행사를 꾸준히 여는 것이 무엇보다 중요하다. 초대받은 사람들이 이번에 바쁠 경우 다음 번 또는 그 다음 번 기회에 참석할 수 있다는 사실을 알면 안정감이 생긴다. 이처럼 짜임새 있고 지속성 있는 커뮤니티는 사람들에게 든든한 버팀목이 된다. 크리에이티브 모닝스가 성공을 거둔 이유도 바로 이런 꾸준한 접근방식과 개선과정에 있었다.

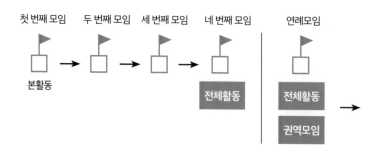

Part 5 커뮤니티에 사람을 모으는 방법

크리에이티브 모닝스 커뮤니티가 성장해 오는 동안 티나는 자신과 수많은 사람들이 편안함을 느낄 수 있는 자리를 찾았고, 티나를 믿고 따르는 사람들이 생기면서 엄청난 사업적 기회도 찾아왔다. 티나는 현재 창작자들을 위한 공동작업 공간과 컨설팅회사를 비롯한 여러 기업들을 성공리에 운영하고 있으며, 개인 브랜드도 만들어 일취월장하고 있다. 그런데 이 과정에서 티나가 디자이너였던 것이 도움이 되었을까? 물론이다. 하지만 초창기에 그녀는 무일푼에 영어도 서툰 이민자였다. 디자인 관련 지식이 도움이 되었을 수도 있지만 그녀를 성공으로 이끈 것은 다른 무엇보다 꾸준함이었다. 퀴퀴한 베이글을 내놓고 가졌던 첫 번째 행사 이래로 티나는 12년간 매달 크리에이티브 모닝스를 진행하고 있다. 그 이유는 그녀가 무한게임을 하고 있기 때문이다. 좀 이상하게 들릴지 모르니 설명을 해보자.

유한게임 vs 무한게임

1986년에 제임스 P. 카스는 《유한게임과 무한게임Finite and Infinte Games》이라는 제목의 굉장히 파급력 있는 책을 출간했다. 그는 우리가 삶의 모든 국면에서 이 두 가지 게임 중 하나를 하고 있다고 주장한다.

유한게임에는 시작과 끝이 있고, 이기기 위해 게임을 하며, 합의된 규칙이 있다(예를 들어 얼마 동안 게임을 할지, 승리의 기준이 무엇인지 등). 농구는 유한게임이다. 정해진 시간이 지나면 경기가 종료되고 더 많이 득점한 쪽이 이긴다. 원한다면 다시 할 수 있지만 첫 번째 게임이 끝났으니 그것은 유한게임이다.

반면에 무한게임에는 끝이 없으며 합의된 규칙도 없어 승자도 패자도 없는 게임이다. 사람들은 즐기기 위해 그런 게임을 하며, 게임의 목적은 가급적 오래 게임을 지속하는 데 있다. 결혼은 무한게임이다. 이웃이나 친구보다 점수를 더 많이 얻기 위해 결혼생활을 하는 사람은 없으며, 결혼이 주는 가치 때문에 게임에 참여하는 것이다. 그리고 결혼에는 보편적인 규칙도 없어서 부부마다 다른 방식으로 게임을 한다. 결혼은 최대한 오래 하려고 애쓰는 무한게임이다.

<유한게임>

시작과 끝이 있고,
규칙이 합의되어 있음

<무한게임>

끝과 규칙이 없고,
따라서 승자와 패자도 없음

결혼과 마찬가지로 인간관계와 공동체, 신뢰와 소속 역시 모두 무한게임이다. 이것들이 주는 즐거움 때문에 우리는 게임을 한다. 보상은 소속감이다. 어차피 이길 방법이 없기 때문에 이기려고 애써봐야 소용없다. 더 큰 공동체를 갖는다고 해서 이기는 것이 아니다. 자신의 가치에 맞는 작지만 결속력이 강한 공동체에서 더 즐겁게 생활할 수 있다. 게임을 하는 것만으로도 충분한 보상이 되며 게임을 하는 동안 영향력이 커질지라도 그것은 부산물일 뿐 목표가 아니다.

하지만 사람이나 조직이 잘못된 게임을 하면 파괴적인 결과가 발

Part 5 커뮤니티에 사람을 모으는 방법

생할 수 있다. 폭스바겐이 자사 차량의 성능을 눈속임하려고 자동차 배출가스 결과를 조작했을 때 그리고 웰스 파고가 불법으로 고객들에게 은행 계좌를 개설해 주어 단기적인 이익을 얻은 사기 행위가 드러났을 때 두 회사 모두 명성에 엄청난 해를 입었다. 그들은 사업이라는 무한게임을 유한게임처럼 하고 있었던 것이다. 그들은 게임이 최대한 오래 지속되게 하고 가급적 오래 게임에 임하는 것을 목표로 삼았어야 했다. 그런데 경영진이 보너스를 받을 사사로운 욕심에 그러한 조치가 미칠 영향을 신경 쓰지 않았던 것이다. 마찬가지로 우리가 공동체를 유한게임으로 여기면 공동체는 소속감을 주는 경험에서 체스 게임으로 바뀌게 된다. 저마다의 가치를 지닌 개개인이 목적 달성을 위한 수단으로 사용되는 졸(卒)이 되고 마는 것이다. 결국 우리가 키운 신뢰와 공동체 의식이 산산이 부서져 버려 오랫동안 애써 가꿔온 것을 잃어버리게 된다.

오랫동안 지속되는
커뮤니티의 5가지 원칙

바로 이 지점에서 티나 로스-아이젠버그와 진 나이디치, 코스 마르테를 비롯해 이 책에서 소개한 행사 주최자들이 돋보이는 것이다. 그들은 무한게임을 했다. 그들은 하나의 공동체로서 게임을 할 때 삶이 개선되고 바라는 바(건강, 사업상의 성공, 대의의 전파, 좋은 친구 찾기)가 이루어진다는 사실을 알았다. 어떤 날은 대단한 신규고객이나 후원자, 친구들을 만나 사귀게 되어 승리감이 들 수도 있고, 또 어떤 날은 잘 맞지 않는 사람과 만나게 되거나 회원이 다른 도시로 이사를 가서 더 이상 커뮤니티 활동을 할 수 없게 된 데 좌절감이 느껴질 수도 있다. 하지만 이럴 때는 자신이 어떤 게임을 하고 있는지 유념할 필요가 있다. 중요한 것은 숫자가 아니라 참여와 연결 그리고 최대한 게임을 오래 지속하는 것이다. 게임은 그 자체로 선물이며, 이 게임 속에서 인생의 마법이 일어난다. 지금껏 게임을 해오는 동안 내게는 다음의 원칙들이 도움이 되었다. 당신도 그렇기를 바란다.

1) 선량한 의도

선량한 의도를 갖고 있지 않다면 유의미한 관계와 공동체 의식을 발전시키기란 불가능에 가깝다. 단기적으로는 사람들과 사귈 수 있을지 몰라도 장기적으로는 이기적인 의도가 드러나면서 평판에 해를 입게 된다. 관계로 인해 얻어지는 모든 사회적, 직업적, 건강 관련 혜택들이 물거품이 된다. 순수하게 이타적이어야만 한다는 말이 아니다. 누군가 나에게 상품을 팔아도 괜찮지만 나는 그 판매원이 내 이익을 가장 우선시해 주기를 바란다. 어떤 대의를 위해 후원해 달라는 요청을 받으면 그 비영리단체가 내 기부금을 존중할 방법을 알고 있기를 바란다.

2) 소속감과 편안함

죽마고우를 만나면 우리는 신이 난다. 그 친구에겐 아무 말이나 해도 흉이 될까 걱정하지 않는다. 하지만 안타깝게도 이런 심리적 안심이 드는 경우는 극히 드물다. 구글에서는 무엇이 팀의 효율을 높여 주는지 이해하고자 '아리스토텔레스 프로젝트Project Aristotles'라는 이름의 연구를 진행했다. 일반적으로 우리는 전문분야가 서로 다른 5~10명의 천재스타들로 이루어진 팀이 가장 효율적이지 않을까 생각한다. 특히 구글 같은 회사에서는 더더욱 그럴 것이다. 그러나 조사 결과는 놀라웠다. 효율적인 팀을 예측하게 해주는 최우선 변수가 '심리적 안심'으로 나타난 것이다. 안전하다는 느낌을 가지는 팀은 기꺼이 위험을 무릅쓰고 취약성을 드러내 보인다. 앞서 배웠듯이 취약성의 고리는 신뢰를 유발하고 더 큰 유대감을 느끼게 해준다. 틀린 말을 하거나 실수를 하더라도 안전하다는 느낌을 가진 팀이 사고력이 더 뛰어난 팀을 능가했다. 그렇다고 아무나를 공동체에 소속되게 해야 한다는 뜻은 아니다. 누구를 받아들일지는 당신에게 달려있지만 내부 사람들은 안전함과 소속감을 느껴야 한다.

3) 플랫폼 구축과 커뮤니티의 성장

공동체 의식은 자생하는 것이지 외부에서 부여할 수 있는 것이 아니다. 우리는 그저 사람들이 함께 모여 유대의 경험을 쌓을 수 있는 플랫폼을 제공할 뿐이다. 공동체는 이미 존재하고 있다. 사람들이 필요로 하는 것은 단지 서로 연락을 취하고 모일 수 있는 방법이다. 사람들이 길을 찾을 수 있도록 경로를 제대로 설계하면, 그 경로를 통과하고 난 뒤 그들은 소속감과 편안함 그리고 자신과 같은 가치를 공유하는 사람들과 함께한다는 느낌을 경험하게 될 것이다. 이는 모두가 보다 나은 삶을 살아갈 원천이자 당신이 영향력을 키우는 원천이 된다.

4) 입회 절차

입회 절차는 사람들로 하여금 통과의례를 거친 뒤 회원 자격을 갖추게 되었다는 느낌을 준다. 입회 절차가 치열하면 치열할수록 사람들은 집단에 더 애착을 갖게 된다. 크리에이티브 모닝스에서는 강연과 공연이 시작되기 전에 자리에서 일어나 간단하게 자기소개만 하면 된다. 이것이 대체로 참가자를 맞이하는 일반적인 방식이다. 인플루언서즈의 경우엔 그저 식사 자리에 와서 함께 요리하는 것이 입회 절차라 할 수 있다. 이 과정만 거치면 누구나 '내부' 사람이 되고 내가 개최하는 어느 살롱이든 참석할 수 있다. 그리고 그들은 상시 초대자 명단에 들어 언제나 환영을 받게 된다.

5) 자산기반 공동체개발 모델

큰 기업은 특정 기술이 부족할 경우 해당 기술을 보유한 사람을 고용할 수 있다. 그러나 공동체에서 특수한 전문성을 지닌 사람을 찾아 필요한 역할을 맡기기란 쉬운 일이 아니다. 그래서 탄탄한 공동체들은 주로 '자산기반 공동체개발ABCD :Asset-Based Community Development' 모델을 채택한다. 이는 멤버들이 이미 보유하고 있는 기술과 자원을 밑거름으로 성장을 도모하는 방식이다. 이 모델은 부족한 부분에 초점을 두기보다 이미 보유한 자산을 바탕으로 생성할 수 있는 것에 시선을 돌리도록 유도한다. ABCD 접근법을 통해 구성원들은 공동체에 기여하고 스스로 한 일에 자부심을 가지게 된다. 기업문화를 공고히 하고자 할 때 ABCD 접근법을 사용하면 더 많은 기여를 이끌어 내고 더 강한 연대의식을 창출할 수 있다.

인맥 형성은 무한게임일 수 있지만, 그렇다고 영원히 사람들을 모아야 하는 것은 아니다. 한두 번 행사를 열어보고 그것이 즐거운지 확인해 보라. 아니면 다른 공동체 모임에 참석해 볼 수도 있다. 어느 쪽을 선택하든 자신의 성격과 목적에 맞는 접근법이 되도록 하라. 개인적으로 나는 보다 친밀한 행사를 선호한다. 두세 명과 모이거나 아니면 친구 한 명과 함께 하이킹을 가기도 한다. 앞서 소개한 티나의 경우에는 많은 사람들을 불러모으는 재주가 탁월하다. 무엇이 됐건 자신에게 적합한 방식을 택해야 한다.

이를 알아보기 위해 Part 6에서는 소셜 커뮤니티와 사업기반 커뮤니티, 대의기반 커뮤니티와 기업문화에 이르기까지 공동체의 유형별로 어떤 방식을 취하면 좋을지 알아볼 것이다. 그리고 Part 7에서는 온라인 환경이 더욱 대중화되고 있기 때문에 대면 모임과 비대면 모임의 차이점에 대해서도 살펴볼 것이다. 이 모든 주제들이 당신에게 직접적으로 적용되지 않을 수도 있지만, 여러 사례를 접하다 보면 아이디어가 떠오르고 통찰력이 생길 것이다.

you're invited

다양한 커뮤니티를 만드는 방법

1 / 커뮤니티 유형에 따른 접근방법

지금까지 이 책에서 많은 사례들을 공유했는데, 이를 통해 당신이 목표에 맞는 준비를 확실히 갖추기를 바란다. 사람들을 모아 함께 아이디어를 탐구하고 싶은 이도 있을 테고, 충성도 높은 고객이나 지지자, 후원자 그룹을 대규모로 확보하고 싶은 이도 있을 것이다. 분류에 딱 들어맞기는 어렵겠지만 그래도 여기서는 목표에 따른 범주를 간략하게 4가지로 나누어 탐구해 보고자 한다.

그 범주는 사업기반 커뮤니티(IT 분야, 건축 분야 종사자처럼 산업별 또는 전 업종의 CEO 같은 직책별 공동체 등), 대의기반 커뮤니티(종교, 사회 정의, 지지 집단 공동체 등), 기업문화(결속력과 유대감이 높고 효율적으로 기능하는 팀 만들기), 소셜 커뮤니티(친구 그룹, 취미 기반 활동, 엔터테인먼트 공동체 등)이다. 물론 어떤 공동체도 이 범주들에 정확히 맞아떨어지지는 않을 것이다. 가령 티나의 크리에이티브 모닝스는 창작

활동을 하는 사람들이 서로 사귀려고 모이는 모임이므로 소셜 커뮤니티일 수도 있고, 창작자들이 그곳에서 지식 증대와 성공을 도모하므로 사업기반 커뮤니티일 수도 있다. 양쪽 다 틀리지 않다. 그리고 뭐가 됐건 상관없다. 정말로 중요한 점은 그 범주가 우리로 하여금 조직화된 방식으로 아이디어를 공략하게 해주느냐이다.

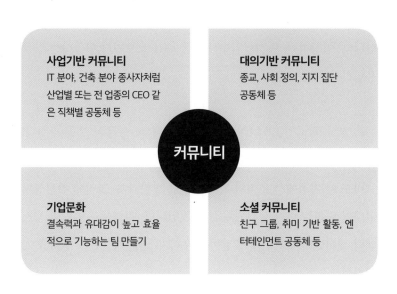

다음은 고객들이 설계를 요청할 때 그들이 만들고자 하는 공동체를 알아보기 위해 내가 묻는 질문들이다.

1) 어떤 사람들과 만나고 싶습니까?
그들이 지닌 영향력의 정도에 따라 접근전략이 달라집니다.

2) 단일 행사 또는 반복적인 소규모 행사를 원하십니까?(꽃꽂이, 생

일파티·동문회, 브랜드 출시 등) 아니면 수개월~수년에 걸친 공동체 의식 형성을 원하십니까?(레드불 뮤직 아카데미, 인플루언서즈, 크리에이티브 모닝스 등)

3) 한 번에 얼마나 많은 사람들과 만나고 싶습니까?

당신의 성격과 만나고자 하는 대상 및 목표와 그 규모가 어울려야 합니다. 영향력이 큰 사람일수록 많은 수를 모으기가 힘들다는 점을 유념하십시오.

4) 코끼리와 기수가 나아갈 경로를 설계할 때 그들이 길 끝에 다다라 어떤 느낌을 받고 어떤 생각과 행동을 하기를 바라십니까?

바로 이 지점에서 조직의 가치가 빛을 발합니다. 조직에 진정성이 없다면 원하는 바가 성취되지 않을 것입니다. 피크엔드 법칙과 애스테틱 센터빌리티 브런치의 말미에 우리가 꽃을 배달했던 방식을 기억하십시오.

5) 그 가치들이 당신의 관심사와 일치합니까?

2회 이상 행사를 열 계획이라면 그 가치들이 당신의 관심사에 부합해야 합니다. 그렇지 않으면 계속하고 싶지 않아집니다.

6) 당신이 바라는 유형의 멤버십을 형성하기 위해 어떤 독창적인 형식을 사용하여 사람들을 참여시킬 수 있을까요?

충분히 시간을 들여 심사숙고하십시오. 우리도 좋은 아이디어를 떠올리기까지 무수한 시행착오를 겪었습니다.

7) 그 활동에 사람들을 참여시키기 위해 어떤 홍보전략을 사용할 예정입니까?

8) 영향력 방정식을 어디에 더 활용할 수 있을까요?

9) 인간행동에 대한 지식으로 미루어 볼 때 그 경로가 기수와 코끼리의 마음을 움직일까요?

10) 그 경로가 윤리적인가요?
아직 친분이 없는 사람이 당신이 어떤 식으로 경로를 설계했는지 알게 된다면 언짢아할까요? 그렇다면 다시 설계하세요.

가장 큰 문제는 당신이 지향하는 핵심가치를 중심으로 사람들을 참여시킬 방법을 찾는 것이다. Part 6에서는 이런 접근법을 비즈니스와 기업문화, 비영리재단, 개인 커뮤니티 전반에 어떻게 적용하는지 관련 사례들을 통해 살펴보도록 하겠다.

2
사업기반 커뮤니티 만들기

사람들은 왜 세일즈포스의
커뮤니티에 열광하는가?

CRM 전문기업인 세일즈포스는 고객관리 솔루션 제공으로 연간 수십억 달러의 수입을 올리며 대단한 사업적 성공을 구가하고 있다. 세일즈포스가 2019년 그들의 연례 콘퍼런스인 드림포스Dreamforce에 참석한 것으로 추산한 인원은 17만 명이 넘었다. 참고로 삼성, 소니부터 마이크로소프트, 애플까지 전 세계 유수의 전자회사들이 참여하는 국제전자제품박람회CES, Consumer Electronics Show에는 해마다 6만 명 정도가 모인다. 이처럼 세일즈포스보다 훨씬 많은 매출을 올리는 경쟁업체들도 연례 콘퍼런스 규모나 열성적인 팬덤 면에서는 드림포스나 세일즈포스 커뮤니티의 발끝

2019년 호주에서 열린 세일즈포스의 연례 콘퍼런스 '드림포스'

도 따라가지 못한다. 현장 분위기 탐색 차 참석한 드림포스에서 나는 간간이 내가 제품 콘퍼런스가 아닌 코믹콘에 와 있는 듯한 느낌을 받았다.

그렇다면 세일즈포스가 그토록 헌신적인 커뮤니티를 만들 수 있었던 비결은 무엇일까? 바로 MC 해머 덕분이다. 맞다. 1990년대 초 배기팬츠를 입고 활동했던 그 인기 힙합 가수 말이다. 세일즈포스의 CEO 마크 베니오프와 만난 자리에서 해머는 거리홍보팀에 대해 귀띔해 주었다. 음악계에서는 새로 출시될 앨범이나 곧 있을 순회공연 소식을 알리기 위해 거리홍보팀들이 거리를 돌아다니며 홍보를 하고 포스터를 붙이곤 한다. 해머에 이어 빌리 그레이엄 목사를 만나 복음의 힘을 확인한 베니오프는 고객들을 지역 프로모터로 만들 수 있는 잠재력을 보았다.

세일즈포스는 설립 초기에 버스 투어 이벤트를 통해 지역의 고객들과 잠재고객들을 본사로 초대했다. 베니오프는 잠시 제품 소개를 한 뒤 질문에 답을 할 예정이었으나 고객들 스스로가 베니오프보다 더 열성적으로 나서서 답변을 하고 제품 홍보에 열을 올렸다. 고객들은 베니오프보다는 그들끼리 사귀는 데 더 관심을 보였다. 그래서 그는 한쪽으로 비켜서서 커뮤니티가 형성되는 모습을 지켜보기만 하면 되었다. 이런 경험이 무척이나 강렬했기에 회사가 성장할수록 세일즈포스는 우선적으로 고객과 마니아, 개발자, 파트너들이 한자리에 모일 수 있는 기회를 제공했다.

이런 커뮤니티 우선 정책의 일환으로 세일즈포스는 사람들이 진심으로 환영받는다는 느낌을 받을 수 있도록 투자를 아끼지 않았다. 특히 고객들이 정직한 피드백과 사용 후기를 공유할 수 있도록 했는데, 이런 투명성이 잠재고객들의 마음을 사로잡았다. 또한 회사 내부에 커뮤니티 지원팀을 만들어 모임의 주최를 격려하고 지원했으며, 팬들에 대한 후원은 물론, 지역행사의 운영을 도울 프로그램 및 자료를 개발해 왔다.

새라 프랭클린은 지난 12년간 세일즈포스의 커뮤니티 지원팀을 이끌어 왔다. 항상 커뮤니티가 핵심가치를 대변하도록 보장하는 것이 그들의 임무이며, 멤버들이 서로 연락하고 배우고 즐기고 인심을 베풀도록 하는 것이 그들의 사명이다. 여기서의 인심이란 그들 내부뿐만 아니라 지역사회에도 기여하는 것을 뜻한다. 많은 기업들에서 이런 슬로건을 내세웠다가 흐지부지 끝내 버리는 데 반해, 프랭클린과 팀원들은 대면으로든 온라인으로든 그들이 기획하는 모든 행사에서 이를 반드시 고수했다.

심지어 이 팀은 막대한 비용을 들여 '트레일헤드Trailhead'라는 무료 온라인교육 프로그램까지 만들었다. 덕분에 초보자들은 이를 통해 세일즈포스 플랫폼의 사용법과 고객관리 방법을 간단하게 배울 수 있었다. 또 저마다 처한 환경이 다르다는 것을 알기에 세일즈포스는 사람들이 각자에게 맞는 길을 찾을 수 있도록 트레일헤드의 경로를 다양하게 설계했으며, 계속해서 그 프로세스를 개선해 나가고 있다. 트레일헤드를 활용해 과제나 수업을 완료할 때마다 목표 달성 배지를 부여하는 식으로, 이 프로그램은 무수한 사람들의 커리어를 향상시켰다. 그 결과 진로를 바꾸고자 했던 미용사는 프로그래머가 되었고, 가족의 생계를 꾸리기 위해 혈장을 팔던 실직자 아버지는 현재 가족 휴가를 계획할 만큼 충분한 소득을 올리는 프로젝트 매니저가 되었다.

세일즈포스는 궁금한 점을 물어볼 수 있는 사람도 없이 전문적 기술을 배운다는 게 부담스러울 수 있다는 생각에 교육 프로그램에 아예 커뮤니티 체험까지 포함시켰다. 등록 순간부터 사람들은 온라인 커뮤니티와 오프라인 지역 모임에 초대되는 것이다. 경로를 설정하고 공동체 의식을 배양하려는 의도가 다분히 깔려 있는 조치다. 이 정도로 설계에 공을 들였으니 그들이 커뮤니티 인플루언서들을 참여시키는 데 그토록 놀라운 성공을 거둔 것은 어쩌면 당연한 결과이다.

사업기반 커뮤니티를
만드는 방법

그렇다면 사업기반 커뮤니티는 어떻게 만들까? 늘 그

랬듯이 그 답은 누구와 관계를 맺고 싶으냐와 어느 정도의 규모를 원하느냐에 따라 달라진다. 특히 사업기반 커뮤니티는 업계별로 매우 다를 수 있기 때문에 어떤 고객이 어떤 영향력 범주에 속하는지 파악해 두어야 한다. 예컨대 글로벌 컨설팅회사의 마케팅팀 운영자에게 글로벌 인플루언서 고객은 전 세계 대기업의 CEO가 될 수 있으며, 오피니언 인플루언서 고객은 부사장과 주요 임원진, 커뮤니티 인플루언서 고객은 팀장급이 될 수 있다. 이처럼 산업별로 직함이 다르고 같은 직함을 가진 사람들도 반드시 동일한 영향력을 지니거나 같은 크기의 조직을 운영하는 것은 아니기 때문에 고객에 대한 분류가 필요하다. 비영리재단 종사자도 같은 방식으로 후원자를 분류하고 그들과 관계를 맺을 최상의 방법을 판단하면 된다.

　고객들을 영향력의 범주에 따라 분류하고 나면 얼마나 많은 그룹과 관계를 맺을지가 가시화된다. 대기업에서는 동시에 20개 이상의 프로그램과 전략을 운영하기도 한다. 그 전략이 고객의 영향력 수준만이 아니라 고객이 이용하는 서비스에도 적합해야 하기 때문이다. SAP 같은 글로벌 소프트웨어 업체는 이루 헤아리기 힘들 만큼 많은 제품을 판매한다. 그들은 회계 및 인사 소프트웨어에서부터 공급망과 호스팅 서비스에 이르기까지 온갖 제품과 서비스를 다 제공하며, 그것을 사용하는 각각의 고객들 역시 매우 다양하다. 이처럼 광범위한 제품을 판매하는 기업들은 고객 그룹별로 별도의 커뮤니티를 운영하고자 할 것이다. 이를테면 인사 직종에 하나, 회계 분야에 하나, 그리고 정부 및 제약업계 같은 규제산업 부문에 하나처럼 말이다. 그래서 나는 제품군별로 별도의 영업팀을 보유한 기업들은 자체 프로그램을 개발하되, 동일한 원칙과 가치에 기반한 커뮤니티를 구축하여 브랜드의 일관성을 유지하고 고객들에게 통일된 메시지를 전달하기를 권한다.

여기까지 왔으면 이제 얼마나 많은 그룹(회계, 인사, 공급망 등)에 집중할지, 그리고 영향력 수준별로 어떤 전략을 사용할지 감을 잡아야 한다. 그룹별로 2~3개의 커뮤니티를 운영하면 글로벌·오피니언·커뮤니티 인플루언서 각각과 교류할 수 있다. 물론 대부분의 기업들은 오피니언 또는 커뮤니티 인플루언서 한쪽과의 교류만으로도 충분할 것이다.

사람들은 종종 개인의 자격으로 사업기반 커뮤니티를 육성할 때가 기업의 자원과 지위를 활용할 때보다 더 수월할 수 있다는 데 놀라곤 한다. 기업에 따라 다르겠지만 기업에 소속된 사람들은 기업의 전통적 사고방식에 매몰될 우려가 있는데, 이때 두 가지 난관을 극복해야 한다.

첫 번째 난관은 기업 임원들이 대개 자사와 고객 커뮤니티의 관계가 좋다고 생각한다는 점이고, 여기서 문제는 고객들은 그렇게 생각하지 않는다는 데 있다. 고객은 영업사원 개개인을 좋아할지는 몰라도 고객들끼리 서로 알지 못하기 때문에 그들 간의 공동체 의식은 없다. 이는 브랜드와 고객들 사이의 연결, 그리고 브랜드가 고객들 마음에서 차지하는 위치를 상승시키는 데 커다란 제한을 가한다. 또 훌륭한 제품을 제공하고 있다면 고객들끼리 뭉치더라도 염려할 일이 없지만 많은 기업들은 고객끼리 만나는 것을 기피한다.

두 번째 난관은 현재 시행 중인 프로그램이 효과가 있다고 생각하여 임원들이 이를 바꾸고 싶어하지 않는다는 것이다. 물론 현재 전략이 효과가 있다면 굳이 다른 선택지를 생각할 필요는 없다. 문제는 엄청난 비용을 쓰면서도 원하는 결과를 얻지 못하고 있는 경우다. 글로벌 판매조직들은 고객들의 마음을 얻고자 흔히 한 해에 수천 번의 행사를 열고 수백만 달러의 돈을 지출한다. 하지만 마케터와 판매원은 과학자가 아니기 때문에 그들이 인간행동을 이해하리라고 기대하는 것은 무리다. 기업들에서 시행 중인 많은 전략들은 표준적인 것으로, 지금 그대로 효과가 있다면 계속 그 전략들을 고수하면 된다. 그러나 더 큰 공동체 의식을 원한다면 몇 가지 취해야할 조치가 있다.

사업기반 커뮤니티에서
공동체 의식을 높이기 위한 효과적인 방법

1) 근사한 저녁식사

고객의 환심을 사고자 할 때는 대개 그들을 유인하기 위해 또는 홍보 후에 인연을 맺기 위해 근사한 식당에서 사적으로 저녁을 대접하곤 한다. 하지만 나는 이런 식사 자리가 대체로 낭비라고 생각한다. 물론 나 자신이 성공적인 저녁식사 경험을 제공하고 있으며, 여기에서 영감을 얻은 다른 브랜드와 에이전시들이 유사한 타이틀로 만찬 행사를 열기 시작했지만 말이다. 나는 그들이 내 방식을 베끼려 든 것이라 생각하지 않는다. 나 역시 저녁식사나 퇴근 후의 여유로운 만남이라는 콘셉트를 독창적으로 개발한 것은 아니다. 그렇지만 다른 에이전시들이 인플루언서 디너처럼 행사를 장기간 지속하지 못하는 이유는 방점을 저녁식사에 찍고 있기 때문이다. 표준적인 비즈니스 만찬의 구조를 고려할 때 그런 식으로는 오래 가는 인연을 만들기가 쉽지 않다. 중요한 것은 함께 요리를 준비하고 식탁에 둘러앉아 식사를 하며 게임을 즐기는 시간이다.

그런데 이때 식사 인원이 4~5명이 넘어가면 대화 상대가 옆 사람들로만 한정된다는 문제가 발생한다. 테이블의 폭과 방 안의 소음에 따라 맞은편에 앉은 사람들의 말소리는 들렸다 안 들렸다 한다. 그래서 양옆 사람들과만 대화를 나누게 되는 것이다. 그런데 그 두 사람이 2시간 동안 즐겁게 대화할 만큼 서로에게 많은 관심을 가지고 있을 가능성은 그리 높지 않다. 게다가 대화하고 싶은 사람이 옆자리에 앉게 되는 경우는 도리어 희박하다. 결국 그런 식사 자리는 신뢰와 소속감을 키우는 경험이 아니라 불편하고 재미없는 경험이 되기 십상이다. 식사를 꼭 포함시켜야겠다면 다른 형식으로 하거나 한 테이블당 인원수를 조정하여 사람들이 서로 신뢰를 쌓을 수 있는 활동을 모색해야 한다. 나는 식사 때 코스마다 사람들의 자리를 바꾸거나 가정식으로 상을 차리되 서로 다른 사람의 식사를 챙겨주도록 하는 방식을 썼다. 한 번은 사람들을 데리고 맛집 투어를 나가 식당 6곳을 돌며 식당마다 몇 가지 음식을 시켜 서로 나눠 먹기도 했다. 저녁식사 방법은 무수히 많다. 그리고 이때 상호작용을 촉진하는 활동이 함께 이루어지는 환경에서 음식을 대접하는 편이 목적 달성에 더 유리하다.

2) 선물하기

선물의 경우는 좀 더 많은 신경을 써야 한다. 주는 사람은 노력을 기울이지만 받는 사람은 그렇지 않은 경우가 많기 때문이다. 특히 거의 모든 기업의 사은품이 냉대를 받는다는 데 주목해야 한다. 회사 로고가 박힌 티셔츠나 집에 이미 여러 개가 굴러다니는 휴대폰 보조 배터리에 누가 관심을 가지겠는가. 이런 것들은 결국 쓰레기로 버려질 뿐이다. 그보다 우리는 누구에게 선물을 할까, 어떻게 하면 그 선물이 그들에게 특별한 의미가 될까, 왜 당신의 회사가 그런 선물을 할까에 대해 숙고할 필요가 있다.

나는 고객에게 선물을 하는 경우 내 친구이자 《선물의 힘》의 저자인 존 룰린이 내 전략의 실행을 돕기 위해 설립한 기프톨로지Giftology 라는 이름의 선물 대행사를 이용한다. 기프톨로지는 맞춤 글귀를 새긴 주방칼부터 사랑하는 사람이 보낸 메시지를 담은 수제 머그컵에 이르기까지 다양한 굿즈를 제작해 왔다. 은밀한 식사 경험을 제공하는 사람으로서 이런 선물들은 내가 하는 일에 잘 어울릴 뿐 아니라 나를 떠올리게 하는 기념품 역할을 한다. 선물하기는 관련 주제에 대한 책을 따로 써도 될 만큼 복잡한 주제이다. 그래서 내가 여기서 특별히 강조하고 싶은 것은 아무도 원하지 않는 쓰레기를 그만 보내고 당신의 기업과 어울리는 특별한 선물을 고려해 보았으면 한다는 것이다. 잘못된 선물은 예산만 갉아먹을 뿐이지만 적절한 선물은 고객들의 관심을 사로잡고 신뢰와 유대, 공동체 의식을 높여 줄 수 있다.

Part 6 다양한 커뮤니티를 만드는 방법

3) 파티와 대규모 판촉행사

넓은 공간, 시끄러운 음악 소리, 음료와 사진 부스, 회사 로고가 적힌 포스터 등으로 구성된 행사는 참석자들이 재미나게 즐길 수는 있지만 하나같이 대동소이한 느낌을 준다. 2018년에 나는 세계 최대의 IT기업 한 곳으로부터 비공개 제품 출시 파티를 기획해 달라는 요청을 받았다. 그들은 획기적인 제품을 발매할 예정이라며 아주 특별한 행사를 원했다.

나는 그들이 누구와 함께 무엇을 달성하고 싶은지, 얼마나 많은 인원을 부르고 싶은지, 예산은 얼마나 되는지를 먼저 물었다. 그들은 영향력 있는 사람들 200명을 위해 20만 달러를 쓰려 한다고 답했다. 나는 말문이 막혔다. 무슨 생각으로 그만한 돈을 쓰려 하는지 이해가 안 갔다. 그들은 유명 밴드를 부르고 최고급 음식을 대접하기를 원했다. 그래서 나는 그들에게 행사의 예산이 적당한지 알아볼 최상의 방법으로 '10% 챌린지'를 제안했다.

만약 염두에 두었던 예산의 10%밖에 없다면 어떤 방법으로 같은 결과를 도출할 수 있을까? 그들은 원래 예산의 10%인 2만 달러로 똑같이 파티를 열되 대신에 디제이를 한 명만 쓰고 음식의 질은 살짝 낮추기를 원했다. 이 경우 어차피 그들의 아이디어에는 손님들을 브랜드와 연결시킬 만한 요소가 딱히 없었기 때문에 예산의 10%만으로도 손님들은 본질적으로 동일한 경험을 하게 된다. 그렇다면 그런 행사를 10번 열어 더 많은 사람들과 접촉하거나 남는 예산을 다른 마케팅 활동에 쓰지 않을 이유가 어디에 있겠는가? 그래서 우리는 10% 챌린지를 한 번 더 시도해 보기로 했다. 만약 예산이 2,000

달러밖에 없다면 어떻게 하겠는지 물었더니 그들은 손님을 15명 불러 저녁식사를 대접하겠다고 했다. 설계만 제대로 하면 참석자들이 시끄러운 파티에서보다 더 친밀한 대화를 나누고 더 깊은 인연을 맺을 수 있다. 그리고 실제 예산은 이런 식사를 100번이나 대접할 만큼 있었다. 우리는 거기서 마지막으로 한 번 더 10% 챌린지를 시도해 보기로 했다. 그런데 200달러로는 그들이 뭘 할 수 있을지 생각해 내지 못했다. 나는 저렴한 음식을 주문하여 '보드게임의 밤'을 가질 것을 제안했다. 다른 어떤 활동보다 더 재미있으면서(잘나가는 사람들과 게임을 하는 것이니) 비용은 원래 예산의 1,000분의 1밖에 들지 않는다. 물론 이 방법이 해당 브랜드가 추구하는 가치와 일치하지 않을 수 있다는 점은 인정하지만, 그래도 예산을 최대한 잘 활용하고 있는지 확인할 수 있는 훌륭한 검증방법이기는 하다.

이렇게 그들이 원하는 것이 무언인지 더 깊이 파고들자 그들은 마침내 SNS 포스팅과 브랜드 연결에 관심이 있다고 털어놓았다. 이것이 중요한 지점이다. 기업이 관심을 두는 지표를 중심으로 행사를 기획할 필요가 있다. 그 지표는 참석자 수나 총매출일 수도 있고, SNS 포스팅이나 설문 응답일 수도 있다. 무엇이 됐건 그 점을 행사 설계 시에 반드시 고려해야 한다. 그렇지 않으면 회사는 그 기획안을 지원하려 들지 않을 것이다.

우리는 양방향의 몰입형 설치미술 작품을 제작하기로 결정했다. 이를 활용한 행사로 회사는 SNS에 제품 출시 사실을 대대적으로 알리는 톡톡한 홍보 효과를 누렸다. 심지어 행사 참석자가 이렇게 말할 정도였다.

"일반적인 신제품 출시회를 예상하고 갔는데 그곳에 온 사람들은 정말로 즐거워하며 더 오래 머물고 싶어했어요. 여기저기 많이 다녀 봤지만 그런 행사는 처음이었죠. 대부분의 파티는 갔다 오면 그걸로 끝이잖아요."

그럴 수 있었던 이유는 우리가 사람들에게 그들의 코끼리와 기수가 나아갈 길을 만들어 주고 소속감을 심어 주었기 때문이다. 더군다나 이 일은 나의 보수를 제외하고 총 2만 달러에 달성한 일이었다. 10% 챌린지가 통한 것이다.

너무나 많은 기업들이 신제품 출시를 알리기 위해 호화로운 파티를 열어야 한다고 생각한다. 그런데 나는 그런 신제품 출시 행사가 높은 매출이나 언론 노출로 이어지는 경우를 거의 보지 못했다. 이런 종류의 대형 이벤트가 기업의 사기 진작이나 기업문화 형성에는 중요할 수 있겠지만, 막대한 자금을 투입하려 할 때에는 그 전에 무슨 이유에서 사람들을 모으려는 것인지 명확하게 체크할 필요가 있다. 직원들에게 감사를 표하는 일도 무척 중요하지만 이를 마케팅이나 세일즈와 혼동해서는 안 된다. 또 투자 대비 수익성이 좋지 않은 경우가 많으니 잠재고객들과의 만남에 얼마만큼의 돈을 쓸 것인지 신중히 판단해야 한다. 이때 의미 있는 관계를 형성하는 데 도움이 될 만한 창의적인 솔루션은 언제나 존재한다. 더 많은 숙고와 정신적인 노력이 필요하겠지만 그런 솔루션에는 대개 비용이 훨씬 덜 든다. 파티가 최고의 홍보나 판매 기회가 될 경우에도 그 경험을 통해 바라는 바가 달성되도록 설계해야 한다. 특히 공동체 의식을 키우지 못한다면 매번 처음부터 다시 사람들을 불러모아야 할 것이다.

4) 콘퍼런스와 인더스트리 서밋

글로벌 고객층을 보유하고 있으며 매출이 수십억 달러에 이르는 기업들에게는 연례 콘퍼런스annual conference가 새소식을 알리고, 고객들과 만나고, 관계를 유지하며, 더 고가의 제품을 구매하도록 유도할 수 있는 커다란 기회가 된다. 한편 인더스트리 서밋industry summit은 대개 같은 업계나 직급의 종사자들 50~500명 가량이 모이는 중규모의 행사로 치러진다(석유 및 가스업, 포장소비재업, 최고마케팅책임자CMO, 최고재무책임자CFO, 최고운용책임자CIO 행사 등).

참가자와 브랜드 그리고 참가자들 간의 연결을 의도하고 기획된 것이라면 나는 이런 유형의 행사들에 대찬성이다. 하지만 이런 방식의 행사에는 재정적으로나 인력 면에서나 엄청난 비용과 많은 수고가 든다. 그렇다면 이런 의문이 들 것이다.

"어떻게 하면 훨씬 적은 노력과 비용으로 동일한 비즈니스 효과를 낼 수 있을까?"

10% 챌린지와 비슷하지만 여기에는 예산뿐 아니라 직원의 에너지와 시간 절감 문제도 포함된다. 해결책으로 고객들과 더 굳건한 관계를 맺을 수 있는 소규모 행사를 적은 비용으로 연속하여 여는 방법이 있다. 사람을 많이 부른다고 해서 반드시 더 좋은 것은 아니다. 많은 사람이 오더라도 당신과 브랜드에 대해 거의 각인시키지 못하고 보내느니 중요한 사람들 소수와 자주 만나며 대상을 넓혀가는 편이 원하는 바를 훨씬 더 잘 달성할 수 있다.

5) 유명인 행사와 팬미팅

브랜드들은 종종 행사의 유인책으로 인기 연예인이나 명사를 불러 공연이나 강연을 한다. 이로 인해 잠재고객들이 행사장을 찾으면 판매원들은 그 기회를 이용해 제품 홍보에 나선다. 오해는 없길 바란다. 나도 인지도 높은 사람들을 즐겨 부른다. 다만 잠재고객들이 행사장에 오는 이유는 유명인의 이야기를 듣고 셀카를 찍고 싶어서이다. 십중팔구 상품에는 관심이 없을 것이다. 유명인들이 행사장을 채워줄 수는 있겠지만 그들이 당신의 브랜드나 제품과 무슨 상관이 있는지, 다음 번에는 또 어떻게 할 것인지 자문해 보아야 한다.

유명인과 브랜드 간에 뚜렷한 상관관계가 없다면 브랜드는 진정성을 잃게 되고, 고객들은 대개 그 브랜드가 돈을 펑펑 잘 쓰는 곳이라는 인식만 갖게 될 뿐이다. 당신의 최대 경쟁자도 다음 주에 똑같은 유명인을 불러 행사를 열 수 있으며, 그렇게 되면 브랜드 가치가 모호해진다.

나는 마이애미의 한 미술품 전시회장에서 열린 어느 주류 브랜드 파티에 참석한 적이 있다. 전시품 소개 이후 유명 가수가 나와, 뉴욕에 관한 노래를 불렀다. 이 행사를 한 번 점검해 보자. 파티를 연 주류 브랜드 측의 누구도 전시회 작품과 관련된 사람이 없었고, 브랜드의 근거지가 뉴욕인 것도 아니었으며(사실 그들의 소재지는 다른 주다), 뉴욕 기반의 가수나 자선단체와도 아무런 관련이 없었다. 내가 이 브랜드를 기억하는 유일한 이유는 시나리오의 앞뒤가 전혀 들어맞지 않았기 때문이다. 명심하라. 우리의 목표는 코끼리와 기수가 나아갈 경로를 만들어 사람들과 깊고 유의미한 관계를 맺는 데 있다. 이런 관점에서 볼 때 유명인 행사가 그런 목표를 달성하는지 나는 잘 모르겠다. 솔직히 이런 행사는 값비싼 공연을 미끼로 누군가를 불러내어 데이트를 하는 것이나 다름없다. 그렇다면 단지 공연을 볼 목적으로 오는 사람들이 체험을 즐기고 관계를 맺을 가능성은 희박하다.

또 다른 문제는 유명인을 부르면 사람들이 많이 오긴 하겠지만 다음 번에 사람들을 모으려면 '더 인지도 높은' 유명인이 필요할 것이라는 점이다. 이는 곧 더 높은 비용으로 이어지며, 급기야는 사람들이 와서 서로 교류하고 브랜드와 관련된 의미 있는 체험을 즐기게 하기보다는 유명인 섭외 경쟁에 더 급급하게 될 것이다.

유명인 섭외에 대해 첨언하자면, 그들의 재능으로 놀라움을 안겨 주는 것과 그들을 유인책으로 활용하는 것 사이에는 전략적인 차이가 있다. 내가 초대장에서 어떤 유명인을 홍보하면 참석자들은 그 사람을 보러 올 것이다. 그러나 내가 행사를 우선 홍보하면 브랜드 이미지에 맞는 그의 재능에 시선이 집중되고 그것이 브랜드의 혁신 스타일과 사고방식을 대변할 것이다. 이런 전략을 사용할 때는 2가지 방법 추천한다. 첫째, 인지도는 좀 떨어지더라도 놀라운 재능을 지닌 사람을 섭외하라. 사람들에게 신선한 재능을 접하게 할 때 보다 깊은 인상을 줄 수 있다. 둘째로 스타일을 변경해 보라. 한 번은 마술사를 불러 공연을 보여주고 다른 한 번은 칵테일 전문가를 불러 칵테일 제조법을 가르쳐 주는 식으로 말이다. 이렇게 하면 자기 자신과 경쟁을 벌일 필요가 없어진다.

6) 전문가 강연

이런 행사에서는 생산성 향상에 관한 책을 쓴 저자나 업계의 현황을 알려주는 경제학자 등 특정 주제와 관련된 전문가들이 자신이 개발한 유명한 아이디어를 제시한다. 이를 바라보는 내 심경은 복잡하다. 한편으로는 분명 브랜드와 맥을 같이하는 면이 엿보이지만 다른 한편으로는 역시나 유명인을 내세운 행사들과 다를 바 없어 보이기 때문이다. 경쟁사도 그들을 섭외할 수 있으며, 그 아이디어는 주최 측의 것이 아니다. 다음의 질문에 답해 보자.

'당신의 회사에 독특한 관점이나 데이터, 지식을 공유할 수 있는 사람이 있는가?'

이것이 역시나 한 사람의 강연자로서 내가 모든 고객들을 위해 새로운 강연을 개발하는 이유이기도 하다. 나는 고객들의 가치가 빛을 발하도록 하고 그들을 위해 우리가 올바른 길을 설계할 수 있기를 바란다.

사업기반 커뮤니티 관련
다양한 사례

지금까지 나는 기존의 전략을 증진시킬 방법에 대한 여러 사례를 제시했다. 이제부터는 사업기반 커뮤니티를 구축할 때 어떻게 하면 좋을지 몇 가지 사례를 통해 알아보도록 하자. 커뮤니티를 구축할 때 이 사례들이 좋은 본보기로 참고될 수 있기를 바란다.

1) 제로 아워 Zero Hour

게스트 20명이 테이블 4개에 나눠 앉아 저녁식사를 한다. 30분 뒤 음식이 모두 치워지고 물 부족 사태를 전하는 남아공의 뉴스들이 방영된다. 각 테이블에는 이제 그들이 함께 생존을 고민해야 할 가족이라는 설정이 부여된다. 생존을 위해 그들은 더러운 물과 함께 필터를 만들 물품들을 제공받는다. 필터 만들기가 끝나면 정수기 필터 회사 하이드로스Hydros의 설립자인 윈스턴 이브라힘이 자원 처리에 대한 대화를 주도한다. 이런 식으로 하이드로스는 환경에 관심을 가진 고객과 파트너들로 이루어진 헌신적인 커뮤니티를 구축했다.

2) 퍼컵 나이트 Fuckup Nights

레티샤 가스카와 페페 빌라토로가 공동으로 창안한 〈사업 실패담 공유의 밤〉 행사는 참가자들이 솔직한 고백을 통해 카타르시스와 희열을 느끼는 체험을 하게 해준다. 사업 실패의 부끄러움으로 인해 사람들이 다시는 앞으로 나아가지 못하는 경우가 너무나 많다는 깨달음에서 탄생한 퍼컵 나이트는 시도와 과정에서의 배움을 높이 평가한다. 형식은 단순하다. 서너 명이 무대에 올라 슬라이드를 활용해 자신의 실패담을 설명하고 질의응답 시간을 가진 뒤 친분을 쌓는 시간으로 마무리된다. 이 참신한 행사는 현재 300개 이상의 도시에서 열리고 있다. 개인적으로 나는 이 콘셉트가 인간의 취약성을 건드리며 이를 당당하게 공개한다는 점에서 마음에 든다. 그리고 그것은 관계를 진전시킬 안전하고 신뢰할 수 있는 공간을 만드는 근사한 방식이다.

자신이 실패한 경험을 공유하면서 다른 사람들과 의미 있는 관계를 형성하고, 이를 통해 서로 공감할 수 있는 공간, 퍼컵 나이트

3) 쏘트 리더 하이킹 The Thought Leader Hike

일주일에 한 번씩 샌디에이고의 토리파인주립공원에서는 작가와 비즈니스 리더들이 모여 아름다운 경치와 건강한 하이킹 그리고 무엇보다 방해받지 않는 대화의 시간을 즐긴다. 이 활동은 친목 도모뿐 아니라 건강에도 도움이 될 무언가를 해보고자 작가 존 아사라프가 친구들과 마케팅 디렉터를 비롯하여 기업가와 배우, 엔지니어, 운동선수, 그리고 베스트셀러 작가 등 다양한 재능을 가진 사람들을 초대했던 모임에서 시작되었다. 이 모임에는 가입비나 입회 절차가 따로 없다. 단지 신뢰받는 친구들이 그들이 초대하는 손님들에게 모임 소식만 전하면 된다. 숱한 프로젝트와 새로운 책, 사업, 새로운 우정과 관계가 이 모임에서 탄생했다.

4) 브런치워크 brunchwork

내 응원에 힘입어 폴리나 카피스가 설립한 브런치워크는 밀레니얼 세대를 위한 독특한 비즈니스 커뮤니티를 육성해 왔다. 매주 주말마다 젊은 전문가들로 이루어진 회원들이 전국 각지에 모여 브런치를 살짝 변형한 모임을 가진다. 음식을 먹고 어울릴 시간을 좀 가지고 나면 저명한 비즈니스 리더 2명이 아이디어를 제시하거나 질문을 받는다. 이후 회원들은 소그룹으로 나뉘어 사업적 과제를 제시받고, 서로 머리를 맞대고 해답을 도출하여 강연자들에게 설명한 뒤 피드백을 받는다. 행사의 각 부분이 SOAR 모델의 각 요소들(기술, 기회, 접근성, 자원)을 제공하고 있음을 알 수 있다.

매주 주말마다 젊은 전문가들로 이루어진 회원들이 전국 각지에 모여 브런치를 살짝 변형한 모임을 가지고 있다.

3 / 대의기반 커뮤니티 만들기

대의기반의 커뮤니티를 구축할 때 염두에 둘 가장 중요한 요소 두 가지는 '멤버십'과 '모금'이다. 예를 들어 암과 같은 문제를 다룰 때에는 암 치료 중인 환우들이 서로를 응원하는 커뮤니티가 필요할 수 있고, 의료비를 감당할 수 없는 환자들을 돕기 위해 모금을 해야 할 수도 있다.

여기서의 핵심은 자신이 하려는 일과 대상자가 누구인지를 명확하게 파악하는 것이다. 일부 단체들은 자금 제공자와 보살핌을 필요로 하는 대상을 따로 구분하여 커뮤니티를 설계하고 있다. 이는 좋은 전략이 될 수 있다. 자금 제공자와 암 환자가 받는 사회적 압력은 크게 다를 수 있기 때문이다.

환자들을 위한 지원 시스템을 만들 때에는 크리에이티브 모닝스가 했던 것처럼 소셜 커뮤니티와 비슷한 그룹을 만들면 좋다. 이런 종류의 커뮤니티는 체계가 잘 잡혀 있어서 참여를 원하는 어느 지역의 커뮤니티에든 쉽사리 복제가 가능하다.

하지만 기금을 모으고 언론의 지원을 이끌어 내야 할 때는 어떻게 해야 할까? 전통적인 비영리단체의 모금은 막대한 금액을 후원하는 이름난 소수의 후원자들과 갈라gala 형식의 모금행사가 결합되어 이루어진다. 자선단체들은 대체로 11월과 12월 경에 화려한 행사장에서 격식을 갖춘 대규모 모금행사를 연다. 하지만 이런 접근방식에는 몇 가지 중대한 문제점이 있다.

1) 하룻밤에 큰돈을 모금한다

'큰돈을 모금하는 게 우리의 진정한 목표인가?' 하는 생각이 들 수 있다. 물론 그렇다. 하지만 이는 단체가 운용하는 전체 자금의 80%가 단 하룻밤만에 나올 수 있다는 뜻이기도 하다. 만약 그때 모금이 잘되지 않을 경우 직원을 해고하거나 프로그램을 접어야 할지도 모른다.

2) 비영리단체의 가치와 어울리지 않는다

기아 종식을 위한 기금 모금에 1인당 250달러의 식비를 쓰는 것은 솔직히 어불성설이다. 핵심가치에 부합하지 않는 활동이므로 설계부터 다시 해야 한다.

3) 대의가 아닌 파티가 중심이 된다

행사를 준비하는 사람들이 매년 자기 지인들 위주로 초청을 하기 때문에 참석자들과 기관 간에 유대가 형성되지 않는다. 그로 인해 해마다 게스트와 후원자 확보 작업을 처음부터 다시 해야 하는 결과가 초래된다. 여기에 드는 노력을 고려할 때 이 과정은 소모적이고 많은 스트레스를 유발한다.

이런 이유 때문에 몇몇 단체들은 1년 내내 후원자들과 깊고 유의미한 관계를 유지할 수 있는 방향으로 모금방식을 전환하고 있다. 그럼, 이에 대한 성공사례로 미국다발성경화증협회의 커뮤니티 사례를 살펴보도록 하자.

미국다발성경화증협회의
풀뿌리 모금

미국다발성경화증협회National Multiple Sclerosis Society는 다발성경화증을 앓고 있는 미국인을 100만 명 가까이 후원하고 있는 훌륭한 비영리단체다. 이 협회의 인상적인 점은 한 해에 2억 달러에 이르는 기금의 대부분을 몇몇 대형 후원자들에게서 기부받는 것이 아니라 거의 전적으로 풀뿌리 모금으로 유치한다는 점이다. 직원의 규모와 질병의 유병률을 감안할 때 그들은 기대치를 훨씬 상회하는 성과를 달성하고 있다. 어떻게 이런 성과를 낼 수 있었을까?

그들은 어떻게 하면 사람들의 흥미를 유발하는 모임을 만들까에 항상 골몰해 왔다. 아이들이 책을 한 권씩 읽을 때마다 기부금이 쌓이는 독서 마라톤과 자전거 타기 행사 같은 프로그램들을 남들보다 몇 년 앞서 시작했고, 1980년대 후반에는 U.G.L.Y. 바텐더대회라는 프로그램을 개발하기도 했다. 참으로 영리한 아이디어였다. 미 전역의 술집들이 자기 가게의 바텐더를 U.G.L.Y.(Understanding Generous Lovable You, 이해심 많고 자비롭고 사랑스런 당신)로 추대하는 행사에 후원자들을 초청했다. 모금액 1달러당 1표를 행사하는 형식으로 계산되었고, 가장 많은 표를 받은 바텐더에게 올해 최고의 U.G.L.Y. 바텐더의 영예가 돌아갔다. 이를 통해 미네소타와 펜실베이니아에서만 50만 달러가 넘게 모금되었다. 하지만 음주의 악영향이 불거지자 협회는 이 프로그램을 점차 축소하고 체력 단련 위주로 전략을 바꾸어 연간 550여 회가 넘는 행사를 개최했다. 행사 장소로는 전국 각지의 300개 산책로와 65개 자전거길을 이용하며, 사람들은 여기에 모여 함께 체력을 단련하고 경치도 감상하며 기금 모금활동을 펼치고 있다.

내가 이 프로그램들을 좋아하는 데에는 몇 가지 이유가 있다. 우선 운동을 함께 해본 경험이 사람들로 하여금 건강에 노력을 기울일 수 있는 동기를 심어주기 때문이다. 또 이런 프로그램은 갈라 행사에 비해 비용이 매우 적게 들며, 이를 단체의 가치와도 연결시키기 쉽다. 다시 말해 이런 프로그램은 좋은 경험을 제공하여 모금에도 도움이 될 뿐만 아니라 모임의 존재가치도 든든히 보장해 준다. 이러한 행사를 개발하면 기존의 후원자 외에 또 다른 후원자들을 초대할 수 있다. 후원자들은 자기 지인들을 불러 함께 참여하며 대의에도 한 걸음 더 다가서게 된다.

미국다발성경화증협회는 이 질병에 관한 모든 면(연구, 지지, 서비스 등)에 관여하고 있기 때문에 환자들을 위한 커뮤니티 기반의 부가적인 프로그램들도 실시하고 있다. 환자들은 전국에 있는 천여 개의 권역모임에 참가할 수 있다. 또한 협회는 2만 명 이상의 활동가로 이루어진 커뮤니티를 보유하고 있으며, 이들은 전화나 메일을 통해 정부의 관심을 촉구하는 노력을 기울여 왔다. 여기에서 얻을 수 있는 커다란 교훈은 지원이 필요한 사람들 그리고 특정 사안에 영향을 받는 사람들을 위한 여정이나 경험을 창출하면 엄청난 성공으로 이어질 수 있다는 점이다. 특히 그 여정과 경험이 단체의 가치를 기반으로 하며 코끼리와 기수의 마음을 움직일 때는 더더욱 그렇다.

이 협회는 지지자 커뮤니티를 구축하려는 분명한 의도를 가지고 다양한 참여를 독려하는 독창적인 프로그램들을 개발해 왔다. 대상자는 집에 머물면서 글쓰기를 원하는 사람들에서부터 환자나 그 친구 및 가족이 운동선수들과 함께 걷기를 바라거나 자전거를 타고 달릴 수 있는 사람들까지 다양하다. 이런 정도이니 협회가 규모에 비해 그토록 높은 성과를 거두는 것은 어쩌면 당연한 일이다.

대의기반 커뮤니티 관련
다양한 사례

이제 당신이 만들고자 하는 대의기반 커뮤니티에 대해 이야기해 보자. 요즘 세상은 새로운 정보와 이슈가 하루가 다르게 쏟아져 나온다. 이는 곧 당신의 대의가 지지를 받기 위해서는 사람들의 눈에 띄어야 하고, 그들의 지지가 한때의 유행으로 그치지 않도록 관계에 집중해야 한다는 뜻이다.

먼저 커뮤니티를 몇 개나 구축할지 정한 뒤 각각의 커뮤니티를 위한 경로를 설계하라. 그러려면 사람들이 당신이 주장하는 대의에 대해 어떤 느낌을 갖기를 바라는지 그리고 어떤 범주의 인플루언서들에게 접근을 시도할지 알아야 한다. 커뮤니티 인플루언서들과 접촉하여 SOAR 모델을 적용하고 싶다면 자전거 타기가 좋은 방법이다. 사람들에게 자전거 타는 법을 가르쳐 주고, 전문가를 만나게 해주며, 자전거를 탈 기회와 제휴업체를 통한 장비 할인 혜택 같은 자원을 제공하라. 오피니언 인플루언서들과 관계를 맺고 싶다면 인심이 많고 참신하며 적절한 큐레이션에 경외감을 불러일으킬 수 있는 행사를 계획하라. 아직 해당 사안에 생소한 인지도 높은 후원자와 유명인을 만나고자 할 때는 이 점이 특히 더 중요하다. 실천이 말처럼 쉽지는 않겠지만 다음에 소개하는 대의기반 단체들의 몇 가지 사례를 참고해 보자.

1) 걸트렉 GirlTrek

'건강 걷기 챌린지에 도전하자'는 한 SNS의 포스팅이 흑인 여성 및 소녀들을 대상으로 하는 미국 최대의 공중보건 및 자기관리 프로그램으로 성장했다. 걸트렉을 통해 매주 미 전역의 공동체 걷기 행사에 참여하는 인원은 연간 수십만 명에 이른다. 형식은 아주 간단해서 흑인 여성과 소녀들이 정해진 장소에서 만나 지정된 경로를 걷는

걸트렉에 참가하는 여성들은 '모두가 함께 걷는다'는 목표를 가지고 꾸준히 걷고 있다.

게 끝이다. 이 여성들이 걷는 이유를 걸트렉의 공동발기인인 T. 모건 딕슨은 매일 137명의 흑인 여성이 심장질환으로 사망하기 때문이라고 전한다. 심장질환은 미국에서 총기 사건과 흡연, 에이즈를 합친 것보다 더 많은 생명을 앗아가고 있으며, 이는 충분히 예방이 가능한 질환이다. 걸트렉에 참가하는 흑인 여성들과 소녀들은 자신의 건강을 위해서, 서로의 연대를 위해서, 또 자신들의 거리를 되찾기 위해서 걷는다.

2) AA 금주모임
'익명의 알코올 중독자들Alcoholics Anonymous'이라는 이름의 금주모임은 1935년부터 만남을 가지면서 지금껏 수백만 명의 목숨을 구하고 사람들의 삶을 크게 개선하는 역할을 했다. 익명성을 보장하는 특유의 형식 덕분에 사람들은 모임에서 술과 관련하여 자신이 겪고 있는 문제를 안심하고 털어놓는다. 익명성을 기반으로 하는 커뮤니티가 어쩌면 그토록 탄탄하게 유지될 수 있는지 신기할 따름이다. 그들에게는 중앙지휘부가 없으며, 모임은 독자적으로 조직되고, 만남은 무료 공간에서 이루어진다. 커뮤니티를 만드는 데에는 돈이 아니라 플랫폼과 사람들의 만남을 도와주는 형식만 있으면 된다는 것을 보여주는 완벽한 사례라 하겠다. 꾸준한 만남과 모임에서 얻는 효과, 모임의 설계방식 덕분에 사람들은 전 세계 약 180개국의 무수한 도시들에서 열리는 어떤 모임에 가더라도 금세 소속감과 안정감을 느끼게 된다.

3) 바버샵 북스 Barbershop Books

미국 초등학교 4학년 흑인 남학생의 85% 이상이 글을 잘 읽지 못한다는 교육부의 조사 결과에 앨빈 어비는 큰 충격을 받았다. 이에 그는 공동체 기반의 바버샵 북스라는 프로그램을 만들어 미 전역의 이발소에 아이들이 좋아할 만한 독서 공간을 만들고 이발사들에게 읽기 쓰기 교육을 시켰다. 흑인 사회에서 이발소는 중요한 모임장소이기 때문에 참으로 기가 막힌 전략이 아닐 수 없다. 어비에 의하면 흑인 학생들은 보통 한 달에 한두 번씩 이발소에 가는데, 그때마다 아이들은 자기들 문화와 연령에 맞는 아동 도서를 접할 기회를 갖게 된다고 한다. 이 프로그램의 장점은 코끼리와 기수의 경로에 최적화되어 있다는 점이다. 이 프로그램은 제 갈 길을 가는(이미 이발소로 가고 있는) 사람들을 따라가 작은 변화로 커다란 영향을 미치고 있다.

가장 유능한 대의기반 조직들은 특정 사안에 대해 단체의 사명과 일치하는 방식으로 커뮤니티를 결집시킬 수 있는 곳들이다. 나는 우리의 커뮤니티가 연례행사가 아닌 연중 지속되는 커뮤니티 중심의 활동으로 방식을 전환하기를 원한다. 대의가 누군가의 소셜서클과 일상에 통합될 때 비로소 참여와 기부가 그들 관심사의 자연스러운 표현이 된다.

다음으로는 당신 조직의 코끼리와 기수를 위해 경로를 설계하는 법을 알아볼 것이다. 영리업체이든 비영리단체이든 공동체 문화는 조직 내부에서 시작된다.

4 / 기업문화 만들기

얼마나 탄탄한 기업문화를 조성하느냐에 따라 팀의 성과가 좋아
질 수도 있고 아니면 그저 그렇거나 엉망이 될 수도 있다. 그래서 공
동체적 접근법과 여정은 적합한 인재의 유치 및 팀 구성에 대단히
효과적이다. 여러 연구를 통해 밝혀졌듯이 직장 선택의 가장 중요한
요소는 보상이 아니다. 사람들은 원대한 비전을 가진 조직의 일원이
라는 소속감을 느끼고 싶어한다. 이런 신호는 채용과정에서부터 고
용되어 일하는 내내 지속적으로 구성원에게 전달된다. 기업문화는
그 자체로 책 한 권을 쓸 만한 주제이지만, 사람들과 만나 신뢰를 쌓
고 공동체의 구성원이 되는 원칙들은 여러 형태의 공동체(대의기반,
사업기반, 소셜 커뮤니티)뿐만 아니라 기업환경에도 적용될 수 있다.

어느 기업에나 나름의 문화가 있다. 이때 중요한 점은 그 문화를
직접 조성하고 있느냐 아니면 자연적으로 문화가 형성되고 있느냐

이다. 일부 측면들은 자연스럽게 형성될 수 있지만 의도적으로 멤버십과 소속감을 심어 주지 않으면 그 문화는 탄탄하게 지속되지 못할 가능성이 높다.

　보통 직원들은 '채용'과 '고용'의 두 가지 여정에서 서로에게 영향을 미친다. 이 경우 여정을 설계할 때에는 끝에서부터 하는 것이 좋지만 편의상 일련의 과정을 실제 경험되는 순서대로 살펴보기로 하자.

기업문화에서
'채용'의 중요성

　　　　기업문화의 시작은 사람들이 조직에서 일하기 시작할 때부터가 아니라 채용공고를 보거나 지원서를 내는 순간부터

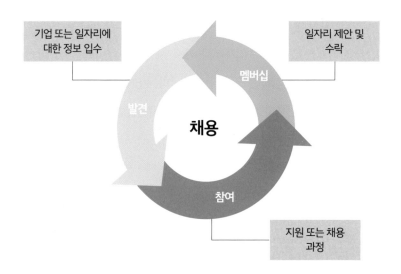

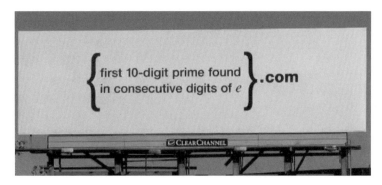

구글은 2004년 실리콘밸리의 101번 고속도로에 '자연 상수 e를 풀어서 쓸 때 나오는 첫 10자리 소수.com'이라는 광고판을 세웠다. 광고판의 문제를 풀어 접속하면 구글의 채용 사이트가 뜬다.

영향을 미친다. 한 예로 구글은 '자연 상수 e를 풀어서 쓸 때 나오는 첫 10자리 소수를 구하라'는 난해한 문제를 광고판에 게시하는 식의 재미난 채용 관행으로 세간의 이목을 끌어 왔다.

이런 접근법은 자신의 능력을 표출할 수 있는 참신한 도전을 즐기면서 동시에 채용과정에 진지하게 임할 사람들을 유인하는 장점이 있다. 완벽한 이력을 갖춘 사람은 수없이 많다. 그러나 단순한 호기심에서 집으로 달려가 컴퓨터를 켜서 이 방정식을 푸는 사람이야말로 바로 구글이 원하는 유형의 사람이다. 이러한 구글의 광고판은 구글이 지향하는 문화를 보여주며, 그 문화는 사람들이 지원서를 내기 전부터 이미 전파되기 시작한다.

당신은 채용할 사람들에게 어떤 여정을 제시할 것인가? 직무설명서에 적힌 항목들을 들여다보고 지원하게 할 것인가 아니면 자신과 비슷한 가치를 지닌 사람들이 있는 공동체에 합류하고 싶은 마음으로 지원하게 할 것인가?

이와 동일한 가치들을 참여과정으로도 확장할 필요가 있다. 인재를 구하고 사람들의 마음속에서 우위를 차지하는 기업이 되는 것은 여러 업계에서 중요한 일이다. 이런 경우 잠재직원들을 대상으로 커뮤니티 기반의 상시 행사를 열면 큰 도움이 된다. 사이버보안 업체의 경우, 매월 주요 도시에서 해커스 밋업Hackers Meetup을 가지거나 깃발 뺏기 게임 같은 것을 하면 최고의 인재를 끌어모아 지속적인 관계를 유지할 수 있을 것이다.

발견과 참여의 여정을 잘 설계하면 나중에 실제로 직원을 구할 때 사람들이 기꺼이 당신 회사에 입사할 기회를 선택할 것이다. 이런 과정이 제대로 이루어지면 보상은 사람들을 당신의 조직으로 유인하는 결정적인 요인이 아니게 된다. 그렇다고 보상이 중요하지 않다는 말은 아니다. 보상을 제대로 하지 않는 기업들은 본질적으로 직원들을 귀하게 여기지 않는다고 말하는 것과 다름없다. 반면에 합당한 보상을 하면서 동시에 공통의 가치와 목표, 성장의 가능성이 존재하는 문화와 공동체의 일원이 될 기회를 보장하면 보수는 더 높더라도 문화는 썩 끌리지 않는 곳에 인재를 뺏기지 않을 수 있다.

기업문화에서
'고용'의 중요성

회사에 입사하는 순간 사람들은 직원으로서의 새로운 여정을 시작하게 된다.

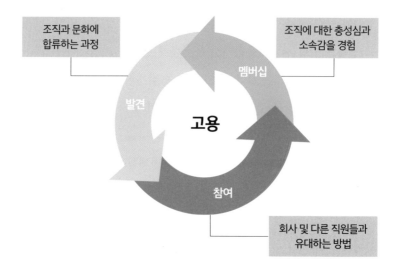

당신의 첫 출근을 떠올려 보자. 첫 출근 전에 당신은 어떤 활동이
나 소통을 했는가? 팀원들과 환영회를 하거나, 커피를 함께 먹거나,
한 팀이 된 것을 축하하는 화상 채팅을 했는가? 아니면 그저 괴롭힘
방지에 관한 의무교육과 회사 연혁이 실린 책자만 받았는가?

대니얼 M. 케이블과 프란체스카 지노, 브래들리 R. 스타츠로 이
루어진 연구진은 신입사원의 업무적응교육 중에 이루어지는 약간의
개입으로 고용유지율을 현격하게 높일 수 없을지 궁금증을 가졌다.
상당히 좋은 조건의 급여와 복리후생을 제공함에도 인도의 대형 콜
센터 위프로Wipro는 업계와 별반 다를 것 없는 50~70%의 이직률을
보이고 있었다. 짐작이 가겠지만 고객지원 업무를 하는 사람들은 극
심한 스트레스에 시달리게 마련이다. 말이 안 통하는 답답한 고객을
만나기도 하고, 통화 시에 좀 더 친절하게 응대해야 한다는 압박도
느끼기 때문이다.

2010년에 위프로는 605명의 신입사원을 채용했다. 연구진은 그들의 업무적응교육에 약간의 변화를 가해 보기로 하고, 직원들을 무작위로 일반적인 적응교육을 받는 대조군과 연수 및 상호작용 시간을 1시간씩 더 가지는 두 실험군, 이렇게 총 세 그룹으로 분류했다.

1) A그룹(개인-주체성 집단)

이들에 대한 1시간의 추가 연수는 '개인'에게 집중되었다. 이들이 문제를 어떻게 해결하고 자기 자신을 어떻게 설명하는지, 일할 때 무엇 때문에 기분이 좋아지고 업무효율이 높아지는지, 어떻게 하면 팀에 최선의 기여를 할 수 있을지에 대한 개별 문답과 그룹 토론이 이루어졌다. 마지막에 그들은 각자의 이름이 쓰인 배지와 운동복 상의를 받았다.

2) B그룹(조직-주체성 집단)

이들에 대한 1시간의 추가 연수는 '조직에 합류한 자부심과 조직의 기준 및 가치의 수용'에 집중되었다. 위프로의 가치와 장점에 대한 논의가 이루어졌고 실적 우수자도 같은 이야기를 전했다. 이후 직원들은 들은 내용을 복기하며 토론을 벌였다. 마지막에 그들은 회사명이 쓰인 배지와 운동복 상의를 받았다.

3) 기존 직원 그룹

이 집단은 위프로가 기존에 해왔던 방식 그대로 적응교육을 받았으며, 별도의 추가적인 개입은 없었다.

실험 결과는 충격적이었다. 7개월 뒤 A그룹의 이직률은 기존 직원보다 32%, B그룹의 이직률은 기존 직원보다 21% 더 적게 나타났다. A그룹과 B그룹의 이직률 차이도 26.7%에 달했다.

이런 차이를 만든 것은 돈이나 탁구대 또는 그 밖의 복지가 아니었다. 조직의 가치를 알려주는 1시간의 연수도 물론 고용 유지에 다소 도움을 주었지만, 가장 큰 영향을 미친 것은 직원 개인에 대해 그 사람이 무엇을 중요하게 여기는지, 그 사람이 팀의 성공에 어떻게 기여할 수 있는지에 대해 주고받은 단 1시간의 대화였다.

당신이 목표하는 바가 기업문화 조성이든 창작자 커뮤니티 생성이든, 사람들은 자신이 가치 있게 여겨지고 자신의 능력과 사고로 모종의 역할을 할 수 있기를 바란다. 위프로의 예에서 봤듯이 팀에 어떤 기여를 할 수 있을지 탐구하는 1시간의 대화를 나누는 것만으로도 사람들은 자신이 소중한 존재이며 그곳에서 자신이 성장하고 기여할 수 있다는 신호를 받는다.

기업문화는
어떻게 설계하는가?

단 한 번의 적응교육이 직원들의 고용 유지에 그토록 심대한 영향을 미친다면 회사의 전통과 핵심가치, 비전 등은 기업이 조성하고자 하는 문화에 분명 더 큰 영향을 미칠 것이다. 어떤 기업들은 아주 허심탄회하게 이야기할 수 있는 기업문화를 조성한다. 이런 곳의 직원들은 피드백을 받는 사람이 설사 기분이 상할 수 있더라도 지속적으로 대화를 하면서 서로 마음속에 있는 이야기를 털어놓는다. 또 어떤 기업들은 선의의 경쟁을 유도하는 문화를 조성한다. 어느 쪽이 더 나은가를 판가름할 수는 없겠지만, 중요한 것은 당신이 지향하는 문화가 기업의 가치와 일치하는가이다.

그렇다면 회사 내 모임은 어떤 식으로 조직할까? 매달 회식 자리를 마련해 직원들에게 술을 진탕 마셔대게 할까 아니면 직원들이 공동의 목표를 향해 연대하고 협력할 수 있는 진정한 기회를 제공할까? 당신의 회사는 부서(영업, 재무, 홍보) 간의 관계를 장려하는가 아니면 각 부서를 고립시켜 서로 간에 기싸움이 발생할 소지를 만드는가?

고객과 후원자, 친구들을 위한 체험을 계획할 때와 마찬가지 방식으로 회사 내 모임을 계획하면 원하는 기업문화를 조성하고 전파할 기회가 생긴다. 하지만 어떤 기업문화를 만들려는지 의도를 내비치지 않으면 직원들은 회사가 무엇을 원하는지 갈피를 잡지 못할 것이다. 자신이 그곳에서 일하고 있는 이유나 달성하려는 목표를 모른다면 혼란스럽고 동기부여가 힘들다. 따라서 직원들에게 기업의 목표가 무엇인지, 기업의 문화가 어떻게 그들을 목적지로 데려가 줄지를 사전에 알려줄 필요가 있다.

마이크로소프트 사원증에는 '더 큰 성취를 위한 전 인류와 전 조직에 대한 권한 부여'라는 글귀가 새겨져 있다. 기업문화가 이 표어를 중심으로 형성되어 있기 때문에 그들은 간부부터 이제 막 일을 시작한 신입사원까지 누구에게 묻더라도 회사의 지향점을 잘 알고 있다. 여기서 중요한 점은 그러한 핵심가치와 문화, 비전을 중심으로 직원들이 회사 및 다른 직원들과 유대할 수 있도록 코끼리와 기수를 위한 여정을 설계하는 일이다.

직원들은 결국 은퇴를 하든, 자기 사업을 시작하든, 아니면 다른 회사로 이직을 하든 모두가 어딘가로 떠나가게 마련이다. 하지만 회사를 떠난 뒤에도 여전히 그들이 전에 일하던 회사와 자신을 동일시하고 심지어 다시 돌아오고 싶은 마음이 들 만큼 강력한 멤버십을 창출할 수 있을까?

글로벌 컨설팅회사 키어니Kearney는 다른 곳으로 이직해 간 사람들을 '동문'으로 간주한다. 그들을 키어니에서 개발한 능력을 발판으로 커리어의 다음 단계로 나아간 사람으로 바라보는 것이다. 예전 직원이라는 말 대신 동문이라는 말을 사용함으로써 키어니는 과거 직원들에게 마치 졸업생처럼 언제든 다시 돌아와도 좋다는 인상을 줬다. 덕분에 그 동문들이 새로 창업하거나 옮긴 회사에서 키어니에 업무를 의뢰하는 일이 다반사가 되었다. 서로 유대하는 방식과 이직 자들을 부르는 명칭을 의도적으로 설정한 회사에게 이런 충성심은 어쩌면 당연한 결과일 것이다.

회사의 기업문화가 어떠하든, 또 어떤 가치를 전달하고 싶든 간에 직원들이 회사를 떠나게 될 시점에 그들이 그동안 한 경험에 어떤 느낌을 갖기를 바라는지 자문해 보라. 그것이 회사의 기업문화를 설계할 때 이상적인 논의의 출발점이 될 수 있을 것이다.

5

소셜 커뮤니티 만들기

보드게임 하나로
할리우드의 인플루언서가 되다

       하와이에서 로스앤젤레스LA로 건너온 배우 케아후 카후아누이는 LA가 창작 공동체 활동을 하기에 이상적인 곳일 거라 생각했다. 그는 LA의 화창한 날씨 속에서 새로운 친구들을 사귀고 야외활동을 즐기며 마음에 드는 프로젝트를 수행하는 모습을 꿈꿨다. 그러나 겉모습과 다르게 권위에 매몰된 이 도시에서는 사람들과 만나도 하와이에서 경험했던 깊이와 유대로는 좀처럼 발전되지 않았다. LA에서의 사교생활은 대사 연습이나 비디오 게임, 아니면 누군가의 초대로 근사한 바에 모여 술을 마시거나 어느 연예인의 집에서 열리는 파티에 참석하는 것 위주로 이루어졌다. 그는 점점 외로워졌고 뭔가 조치를 취하지 않으면 고독감이 우울증으로 발전할 것만 같았다. 궁극적으로 케아후가 바라는 것은 더 깊은 유대와 더 친밀한 관계였다. 그래서 그는 스스로에게 이런 질문을 던졌다.

"사람들을 내가 좋아하는 방식으로 모이게 할 방법이 없을까?"

창의력이 뛰어난 케아후는 그림 그리기나 만들기 모임을 생각했지만 조그만 아파트에 사는 깔끔쟁이에게 사방에 널브러질 물감과 풀, 종잇조각들은 썩 이상적인 풍경이 아니었다. 어느 날 서랍 정리를 하다가 그동안 모아둔 수많은 보드게임 상자들을 발견한 케아후는 한 가지 아이디어를 떠올렸다. 그리고 한 번에 6명씩 서로 다른 그룹을 초대해 '카탄의 개척자' '리스크' '먼치킨' 같은 보드게임을 즐길 계획을 세웠다. 함께 오붓한 시간을 보내며 의미 있는 관계를 형성할 수 있기를, 술집에서 나누는 흔해 빠진 이야기와 사람들 이름에 대한 흐릿한 기억만 가지고 자리를 파하지 않게 되기를 기대했다. 비용이 적게 드는 점도 더할 나위 없이 좋았다. 사람들이 자기가 가지고 있는 게임을 들고 올 수도 있고, 각자 포장 음식을 사와서 비용을 분담할 수도 있었다.

보드게임의 밤이 거듭될수록 사람들과의 유대가 깊어지면서 케아후는 LA 생활에 점차 편안함을 느끼게 되었다. 그리고 매번 새로운 모임을 개최하면서 사람들을 초대하고 게임 준비를 하고 정리를 하는 과정을 간소화하여 조금씩 개선해 나갔다. 경로 설계나 영향력 방정식에 대한 지식 없이도 그는 인간의 여러 행동 특성들을 감안한 모임을 준비한 것이다. 여기엔 그룹이 함께할 수 있는 공동의 활동과 결정장애를 줄여줄 한정된 게임 옵션, 사람들을 한층 결속시켜 줄 극한의 흥분감이 존재했다. 더 중요한 점은 그들의 모임에는 그런 체험을 가로막을 전통적인 사회구조들(시끄러운 음악, 과도한 음주, 권위에 대한 치중)이 상당 부분 제거되어 있었다는 것이다. 그들은 오로지 재미와 유대를 위해 모였다. 리처드가 TED를 설계했을 때처럼 훌륭한 설계를 통해 케아후는 재미와 유용성을 더하는 만큼이나 주의를 산만하게 하는 불필요한 요소들도 대폭 제거할 수 있었다.

이 사례에서 마음에 드는 점은 이 모임이 내성적인 사람들에게 잘 맞는 아주 단순한 형식을 취하고 있다는 것이다. 케아후는 보드게임을 하자며 사람들을 초대했고, 이런 모임은 그 주변의 소셜서클들에게는 전혀 생소하고 참신한 것이어서 꾸준하게 지속되며 하나의 문화로 발전했다. 케아후가 이 모임을 자신의 커리어를 위한 수단으로 전환하고자 했다면 제작자나 감독, 캐스팅 담당자를 초대하면 되었고, 더 넓은 공간이 필요하면 친구의 집을 빌리면 되었다. 하지만 그런 건 그의 목표가 아니었다. 그의 바람은 보다 깊고 의미 있는 관계를 맺는 것이었다. 그는 LA에서도 고향 같은 편안함을 느끼며 경미한 고립감을 탈피하고 싶었다. 얼마 지나지 않아 케아후는 그런 관계들을 발견하고 발전시켜 나갔으며, 아니나 다를까 자신의 직업적 성공을 위해 모임을 가진 것이 아님에도 커뮤니티의 중심 인물이 되자 커다란 영향력을 갖게 되었다. 알고 보니 할리우드 공상과학 영화와 판타지 영화의 배우 및 제작자들 다수가 보드게임 마니아였고, 덕분에 케아후의 집에서 열린 친밀하고 열띤 보드게임의 밤은 그의 인생 곳곳에 영향을 미치게 되었다. 요즘은 이런 게임의 밤을 거의 주최하지 않음에도 그의 목표는 충분히 달성되고 있다. 이제 그는 친구들과 함께 산악자전거 타기를 즐기고 있다.

소셜 커뮤니티의 시작은
좋아하는 사람들과 함께하는 것

케아후가 열었던 게임의 밤과 크리에이티브 모닝스, 인플루언서 디너에서 보았듯이 소셜 커뮤니티를 만드는 열쇠는 자신이 좋아하는 형식을 택해 지인 또는 관심을 보이는 사람들과 모임을 시작하고 전통과 새로움을 가미하며 점차 발전시켜 나가는 데 있다. 이러한 접근법은 당신을 중심으로 한 공동체 형성에 도움이 될 뿐만 아니라 당신이 관심을 가지는 습관이나 기술을 개발할 완벽한 방법이기도 하다. 운동에 푹 빠진 친구들과 모임을 갖거나 축구 동아리에 가입하면 체력 단련이 즐거워지고, 북클럽에 가입하면 독서가 쉬워진다.

유명 코미디언이자 배우인 로니 치엥은 과거에 살을 빼느라 고생을 한 적이 있다. 몇 년간은 달리기와 근력운동 같은 좋아하지 않는 활동으로 몸관리를 하려 애썼다. 그러던 어느 날 실연의 아픔을 떨치려 동네 농구 코트를 찾았다가 커다란 변화의 계기를 맞게 되었다. 그는 매일 코트에 나와 즉흥적으로 열리는 경기에 합류하여 코트를 누비며 짜릿한 희열을 느꼈다. 그는 러닝머신보다 코트에서 뛰는 것이 훨씬 더 즐겁다는 사실을 깨닫고 매일같이, 때로는 하루에 두 번씩도 농구장을 찾았다. 한 달만에 10kg 가까이 몸무게가 줄었고, 그렇게 그는 몇 년 동안 계속 농구를 했다. 그리고 자신의 소셜 서클을 확장하고 싶었던 로니는 브라질 주짓수를 새로 배우며 새 친구들을 사귀고 있다. 이를 통해 턱시도가 잘 어울릴 만큼 몸매도 근사하게 변했다.

명심하라. 소셜 커뮤니티는 좋아하는 사람들과 함께 즐기는 활동에 집중되어야 한다. 그렇다고 그런 활동에 영원히 참여할 필요는 없다. 케아후도 로니도 처음 했던 활동을 계속하지는 않았다. 하지만 그들은 늘 신뢰와 동지애를 바탕으로 공동의 노력을 기울여야 하는 모임이나 커뮤니티에 참여했다. 이처럼 삶의 우선순위가 무엇이냐에 따라 그들은 그러한 가치를 공유하며 함께하고 싶어하는 사람들로 주변을 채웠다.

행사를 기획할 때 나는 행사 중에 하는 활동을 리트머스 시험지처럼 활용한다. 활동명 자체 또는 활동에 대한 설명만으로 찾아올 사람들을 미리 거를 수 있으며, 실제로 현장에 오는 사람에게는 특정한 세계관을 부여할 수 있다. 다음은 영국의 탐험가 어니스트 섀클턴이 1914년에 제국 남극횡단 탐험대를 꾸리며 함께할 대원을 모집하기 위해 신문에 냈던 실제 광고 문구이다.

위험한 여정을 떠날 대원 모집.
낮은 임금, 혹독한 추위, 기나긴 암흑의 시간.
무사귀환 불확실. 성공 시 영예와 표창

이때 지원자가 5,000명이 넘었던 것으로 추정되며 실제로 계약한 사람은 27명이었다. 물론 이 경우는 극단적인 사례이지만 일반적인 행사나 활동, 초대에서도 잘 맞지 않는 사람들은 사전에 추려지게 마련이다. 게임의 밤을 주최하면서 케아후의 모임에서는 나이트클럽에서 파티를 즐기고 싶은 사람들은 배제되었다. 그런 유흥이 재미없어서가 아니라 케아후가 원했던 것이 따로 있었기 때문이다. 그는 깊고 유의미한 관계를 형성하길 원했다. 마찬가지로 로니도 체력 단련을 즐겁게 할 수 있기를 원했다. 그런 활동에 관심이 없는 사람들은 그가 했던 즉흥 농구경기에 적합하지 않았을 것이다.

소셜 커뮤니티 관련
다양한 사례

다음은 참으로 기발한 형식의 몇몇 소셜 커뮤니티 사례들이다. 대부분이 아주 간단하면서도 재미있고 참신한 모임의 방식을 제시하고 있다.

1) 한 단어 글쓰기 Just One Word

옥스포드대학교에서 학생들에게 한 단어에 대해 3시간 동안 글을 쓰게 하는 '한 단어 에세이'처럼 소그룹이 모여 제시된 하나의 단어를 중심으로 단편소설을 쓰는 모임이다. 이들은 다과를 나누면서 각자 자신이 쓴 소설을 공유하며 새로운 인연을 만든다.

2) 더 페인팅 The Painting

이 모임에서는 그룹 페인팅을 살짝 변형하여 단선의 이미지가 그려진 가로 세로 각 15cm 면적의 캔버스를 참가자들에게 나눠주고 각자 원하는 색으로 칠하게 한다. 이후 각각의 캔버스를 다시 하나의 커다란 이미지로 합쳐 아름다운 콜라주 작품을 완성한다. 참가자들은 자기 몫의 기여를 하는 데 뿌듯함을 느끼며 함께 그림을 그리는 사람들과 친분을 나눈다.

3) LA 다운타운 디너 클럽 The DTLA Dinner Club

지난 10년간 조시 그레이-에머는 자신의 집을 개방하여 LA 다운타운 주민들을 위해 매년 20번의 저녁식사 자리를 마련했다. 초대 손님 30명 안에 들 수 있는 단 하나의 조건은 다운타운에 거주하는 것뿐이다. 첫해에 조시는 직접 식사 준비를 했고, 2년 차에는 이웃들이 일손을 거들어 주었다. 3년 차에는 한 가지 아이디어를 떠올려 부담을 크게 덜게 되었는데, 일류 요리사인 일란 홀을 필두로 그 지역의 여러 유명 요리사들을 초대해 요리를 맡긴 것이다. 요리사들이 재능을 기부하고 조시가 재료비를 내는 덕분에 손님들은 멋진 식사를 공짜로 즐길 수 있었다.

4) 어번 셰르파 Urban Sherpas

TV 프로듀서 대니얼 레이킨드는 친구들과 비즈니스 리더들을 모아 몇 주에 한 번씩 뉴욕시를 탐방한다. 그들의 목표는 단순하다. 바로 도시의 새로운 곳을 구경하고 대화를 나누는 것이다. 큰 준비는 필요없다. 인터넷에서 할 만한 활동이나 걸을 만한 길을 찾아 그룹원들에게 이메일과 알림을 보내면 끝이다. 나도 이 모임에 참여하고 있는데, 실외활동이고 안전한 거리를 유지하며 다닐 수 있어서 코로나 팬데믹으로 인한 사회적 거리두기 시행 중에도 대면 사교활동이 가능한 몇 안 되는 모임 중 하나다.

5) 와인견 Dogs of Wine

과거 이 모임에 참여했던 칼 헤이니의 설명에 따르면, 이 비공개 와인 동호회의 신입회원들은 정해진 시간에 한 식당으로 오라는 왠지 으스스한 메시지로 초대를 받는다. 식당에 도착한 사람들에게는 독특한 전통이 기다리고 있다. 10명으로 인원이 제한된 이 그룹은 1년에 10차례 만나 좋은 음식과 그보다 훨씬 더 좋은 와인을 나눈다.

이곳의 규칙은 회원마다 돌아가면서 1년에 한 번씩 식사 자리를 주최하고, 모든 모임에 전 회원이 빠짐없이 참석하며, 모임 도중에 블라인드로 제공할 와인을 2병씩 가져오는 것이다. 그런데 여기에는 좀 무자비한 점이 있다. 회원들이 가져온 와인에는 점수가 매겨지는데, 제 아무리 값비싼 와인이라도 가장 낮은 점수를 받은 와인을 가져온 회원은 그룹에서 방출되고 신규회원으로 대체된다. 혹시라도 모임에 참석할 수 없는 회원은 자기 대신에 다른 손님을 보내야 하는데, 그 손님이 안 좋은 와인을 가져왔거나 자리에 어울리지 않는 사람이었다면 이 사람을 보낸 회원이 그룹에서 방출된다. 이런 형식이다 보니 한 번 회원이 영원한 회원이 될 수 없기 때문에 늘 새로운 피가 수혈되는 장점이 있다. 그래서 이 모임엔 언제나 친숙한 얼굴과 뉴페이스가 혼재되어 있다. 사람들은 오랫동안 친분을 유지하지만 결국에는 모임 창설자를 포함해 모두가 방출된다. 매번 같은 사람들끼리만 모일 때에는 식상한 만남이 되기 쉽지만 사람들이 들고 나며 계속해서 바뀌는 형식에서는 친숙한 사람들에게서 느껴지는 편안함과 새로운 얼굴이 주는 참신함이 공존한다.

이 사례들은 참고할 만한 예시일 뿐이다. 소셜 커뮤니티를 만들고 싶다면 당신이 좋아하는 활동의 목록을 작성해 보고 몇몇 친구들을 초대해 함께해 보라. 그 경험이 긍정적이라면 모임을 지속하고 개선해 나가면서 참신함을 더하고 경로를 가다듬어 보자. 이런 식으로 몇 번 시도하다 보면 언젠가는 대박이 날 것이다. 다른 분야로도 영향력을 확장하고 싶다면 그 분야에 모임을 소개하거나 그 분야 사람들에게 접근하여 초대를 하라. 이때 유념할 점은 이 활동이 당신 스스로에게 즐거운 것이어야 한다는 것이다. 그렇지 않으면 계속 해나갈 동력을 잃게 된다. 그리고 모임의 형식에 싫증이 나면 변화를 주어 새로운 형식을 시도해 보라.

You're Invited

Part 7

온라인 공간에서
커뮤니티를
운영하는 방법

1

커뮤니티에 꼭 필요한
4가지 요소

코로나 팬데믹으로 생겨난
커다란 변화

　2020년 4월 11일 토요일, 나는 턱시도를 입고 거실에 홀로 앉았다. 코로나 팬데믹의 급속한 확산으로 뉴욕에 자택대기 명령이 떨어진 지 거의 3주가 지난 시점이었다. 당시는 사람들이 겁에 질려 휴지를 사재기하고 도시를 탈출하듯 빠져나가던 때였다. 사람들이 공황상태에 빠져 있던 코로나 팬데믹 초창기에 나는 우리 커뮤니티 사람들의 궁금증을 해소해 주고 마음을 안정시켜 줄 필요가 있겠다는 생각이 들었다. 그래서 난생처음으로 인플루언서즈 모임을 온라인으로 소집했다. 예정된 시간은 1시간이었고, 저명한 명사들이 강연과 질의응답에 나섰다.

첫 번째 모임에서는 하버드 의과대학원의 정밀백신프로그램 국장인 오퍼 레비 박사가 당시 코로나 바이러스에 대해 궁금해 하는 사실들을 설명했고, 두 번째 모임에서는 유명 경제학자 누리엘 루비니가 코로나 시국이 세계 경제에 미칠 영향을 전망했다. 수백 명의 인플루언서 디너 동문들이 온라인 모임에 참석했는데 온라인 모임으로서는 대단한 참석률일지 모르겠지만, 사람들 사이에 깊고 유의미한 유대를 창출하는 것이 목표인 나에게는 아쉬움이 남았다.

오해는 없길 바란다. 그때 전달된 콘텐츠는 사람들에게 꼭 필요한 내용이었다. 누구의 말을 믿어야 좋을지 모를 시절에 신뢰할 만한 전문가들이 답을 주었다. 안타까운 사실은 내가 온라인 행사에서 할 수 있는 최대의 실수를 저질렀다는 점이다. 새로운 환경에 맞도록 변경하지 않고 이전의 방식을 그대로 가져다 쓰는 '리프트 앤드 쉬프트lift and shift' 전략을 취했던 것이다. 대부분의 조직들이 온라인 행사를 기획할 때 대면 행사에서 체험하는 내용을 그대로 촬영하여 청중이나 고객들에게 스트리밍하곤 한다. 문제는 애초에 대면 행사 기획도 썩 훌륭하지 않은 데다가 그 내용을 그대로 스트리밍하면 체험의 수준이 훨씬 더 떨어질 수밖에 없다는 점이다. 이는 카메라 앞에 앉아서 책을 읽어 주는 식으로 책 내용을 그대로 TV 프로그램으로 만드는 것과 다름이 없다. 전달매체나 사람들의 행위와 콘텐츠가 어울리지 않는 것이다.

하지만 두 차례의 시행착오 뒤 나는 새로운 도전의 기회를 맞았다. 이날 밤에는 사람들에게 서로 만나 사귀고 배우며 즐길 기회를 만들어 주는 것이 목표였다. 우리 커뮤니티 멤버들은 3개국 10개 도시에 흩어져 있기 때문에 이번 행사는 단지 답을 얻는 것뿐 아니라 하나의 공동체로 모일 첫 번째 기회였다. 나에게는 친숙하지 않은 플랫폼에서 여는 새로운 행사의 기획력을 시험할 기회이기도 했다. 나는 현장에 모이는 사람들을 이어주는 데에는 아주 능숙했지만, 온라인 행사나 체험을 기획할 때에는 대면 행사의 경험들이 죄다 무용지물이었기 때문이다. 경로의 방향을 다시 설정해야 했고, 기술의 특징이나 한계가 목적지에 도달하는 데 어떤 영향을 미칠지 확인해야 했다. 기존 방식을 그대로 차용하려 든다면 리프트 앤드 쉬프트에 그치게 될 뿐이었다.

즐길 거리, 지식, 인맥 형성, 통제감

나는 우리 팀과 수차례 만나 이 문제를 붙잡고 씨름했다. 덕분에 우리는 대면 행사에는 최소한 4가지 요소가 수반되며, 온라인 행사에서도 이를 제공할 필요가 있음을 깨달았다. 그 4가지는 바로 '즐길 거리'와 '지식' '인맥 형성' 그리고 사람들이 하는 체험에 영향력을 미칠 수 있다는 느낌('통제감')이다.

대면 행사에서는 즐길 거리와 지식(공연자와 강연자 등)이 으레 대규모 모임과 기업 행사의 주된 유인책으로 사용된다. 그러나 인맥 형성과 통제감이 얼마나 중요한지는 자주 간과되곤 한다. 대면 경험에서는 일부러 의도하지 않아도 이 요소들이 자연히 뒤따르기 때문이다. 예컨대 단지 누군가와 함께하는 것만으로 또는 주변에 사람들이 있는 것만으로도 인맥 형성은 자연히 이루어지며, 거기에 더해 즐길 거리(강연, 스토리 공유 등)와 지식(인생에 대한 논의, 세상 돌아가는 소식 등)이 제공된다. 그뿐 아니라 대면 행사에서는 엄청난 양의 영향력도 행사된다. 단지 공연을 보는 한 사람의 관객으로서도 우리는 박수를 치고 환호성을 지르면서 주변 사람들에게 영향을 미치며, 타인과 상호작용을 할 수 있다. 그러면서 우리는 자신에게 다소나마 영향력이 있으며 스스로 중요한 존재라는 느낌을 받는다. 반면 대부분의 온라인 행사에서는 우리가 중요한 존재가 아니며 전혀 영향력을 미치지 못하는 듯한 느낌이 든다. 고립이 되고 (음소거 기능으로 인해) 발언이나 질문, 상호작용을 할 기회를 제대로 얻지 못한다. 그리고 이런 끔찍한 느낌을 주는 것이 온라인 행사의 전형이 되었다.

온라인 모임의 문제는 인맥 형성이 제한되고 영향력 행사를 제대로 못한다는 느낌에만 국한되지 않는다. 이런 모임은 넷플릭스보다 재미도 없고 지식은 유튜브에서 오히려 더 간명하게 얻을 수 있다. 따라서 온라인 행사에서 사람들의 관심을 끌려면 4가지 요소를 모두 제공할 수 있는 기획이 필요하며, 사람들이 느끼는 '줌Zoom 피로감'을 덜어주어야 한다.

온라인 행사의 핵심은
경로를 새롭게 설계하는 것

사실 나는 긴장된 마음으로 새로운 형식의 온

라인 행사를 준비했는데, 단지 그런 형식이 낯설어서만이 아니라 내가 잠옷 바지 위로 상반신에만 턱시도를 우아하게 걸치고 있다는 것도 한몫했다. 만약 자리에서 일어날 일이 있었다면 아마 망신을 톡톡히 당했을 것이다.

참석자들이 새롭게 기획된 온라인 커뮤니티 행사에 하나둘 접속하는 동안 나는 어색하게 자리를 지키고 앉아 카메라를 응시하고 있었다. 대면 행사라면 보통 이리저리 분주하게 돌아다니거나 누군가를 붙들고 이야기를 나누었겠지만 온라인에서는 모든 눈이 나를 향해 있었다. 달리 뭘 어떻게 할지 몰라 나는 게스트들을 서로서로 소개시켜 주기 시작했다. 그러다 보니 어느새 올림픽 메달리스트 5명이 자기들끼리 통성명을 하게 되었고, 전 질병관리본부장이 대대적인 환영 인사를 받게 되었다. 그렇게 5분을 보낸 뒤 우리는 본행사에 들어갔다. 원래는 소그룹으로 나누어 인사하고 어울릴 시간 15분과 강연시간 10분으로 이루어진 4회의 강연 등 총 1시간 30분짜리 콘텐츠로 계획이 되어 있었다. 그런데 행사가 진행되면서 뭔가 묘한 조짐이 감지되었다. 진행시간이 지연되며 2시간이 지났는데도 거의 모든 인원이 여전히 접속상태였다. 3시간이 지나고 프로그램은 이미 끝난 지 오래인데도 참석자들 절반이 여전히 남아 커다란 하나의 그룹으로 대화를 즐기고 있었다. 그간의 고립으로 사람들이 얼마나 교류를 갈망하고 있었는지 알 수 있었다. 서구 문화권에서 영향력깨나 있다는 사람들이 이 정도라면 다른 이들도 더 동참시킬 필요가 있었다.

매주 나는 이 행사의 프로세스를 손보고 다듬어 나갔다. 그리고 2

회의 소그룹 미팅과 4회의 강연 및 공연으로 표준형식을 정하고, 마지막은 기분 좋은 마무리가 될 수 있도록 재미난 공연을 배치했다. 시각적인 피로도를 감안해 강연시간은 10분으로 제한했다. 공연을 볼 때에는 장면이 몇 초마다 전환되지만 화상 채팅에서는 한 사람의 얼굴을 계속 응시해야 하기 때문이다. 강연 신청은 행사를 며칠 앞둔 임박한 시점에 했다. 순식간에 바뀌는 사회적 기류에 따라 문화적으로 가장 시의성 있는 이슈들을 다루기 위해서였다. 괜찮다면 사람들의 스트레스를 줄여줄 수 있도록 약간의 재미요소도 추가했다. 다시 한번 강조하지만 공동체의 4가지 요소 중 하나는 영향력이다. 구성원들이 스스로 공동체에 영향력을 미칠 수 없다고 느낀다면 그 공동체는 성장하지 못한다. 우리는 사람들이 행사에서 가급적 양방향적 경험을 하도록 하고 그들 스스로 영향력을 행사하고 있다는 느낌을 가질 수 있도록 끊임없이 독려했다. 그래서 각종 투표를 포함시키고 강연 이후에는 질의응답 시간을 가졌다. 심지어 괴상한 질문과 활동을 끼워 넣어 소그룹 미팅이 더 즐거워지도록 할 여러 가지 방법을 시험해 보기도 했다.

가장 흐뭇했던 순간은 일선의 의료진들을 돕는 여러 비영리단체들을 초청했던 때이다. 뉴욕시 보건정신위생청 부청장이 동참했을 때에는 후원과 의료물품 긴급배송을 위한 기금 수천 달러를 모금할 수 있었다. 모금이 워낙에 잘되어 우리는 온라인 살롱을 열 때마다 사람들이 후원할 수 있는 비영리단체를 한두 곳씩 소개했다.

한 주 두 주가 지날수록 게스트들은 점점 더 오랜 시간 온라인상에 머물렀고 그렇게 행사는 발전되어 나갔다. 우리는 사람들이 원하는 어떤 주제든 화제에 올릴 수 있는 '뒤풀이시간'과 기쁜 소식을 공유하고 그와 관련하여 다른 사람들과 교류할 수 있는 '축하시간'을 추가했다. 9주 차에는 사람들이 5시간이 넘도록 남아 있었다. 커뮤니티에 즐길 거리와 지식, 인맥 형성과 통제감이라는 요소들이 안착되고 나면 나는 자주 호스트의 권한을 다른 게스트에게 넘겨주고 잠자리에 들곤 했다.

눈치챘겠지만 이 온라인 행사에도 내가 이야기했던 모든 원칙들이 다 내재되어 있었다. 우리는 인심이 많고 참신하며 적절한 큐레이션에 가급적 경외감을 자아낼 수 있는 경험을 통해 인맥과 신뢰, 공동체 의식을 형성하고자 했다. 그러기 위해 과거에 해왔던 경험을 전부 버려 버리고 코끼리와 기수를 위한 경로를 다시 처음부터 새롭게 설계해야 했다. 온라인 행사에는 전혀 문외한인지라 두려운 과정이었지만 적응하지 않으면 안 되었다. 예전에 오프라인에서 주최했던 저녁식사와 살롱들은 당분간 보류해야 했다. 우리는 공동체 구축을 무한게임으로 바라보는 사람들이기에 이 새로운 환경에서 어떻게 계속 게임을 지속하며 실력을 쌓아 나갈지 방법을 찾을 필요가 있었다.

이후 몇 달 만에 나는 이러한 배움들을 구체적인 전략들로 전환하여 세계 굴지의 여러 브랜드에게 그 전략들을 적용하도록 교육할 수 있었다. 이제 당신이 활용해 보면 좋을 기본적인 원칙들과 당신의 창의성을 자극할 몇 가지 사례들을 소개하도록 하겠다.

2
온라인 행사의 기본원칙과 플랫폼별 특징

온라인 행사를 기획할 때는 절대 오프라인 행사를 그대로 가져다 쓰는 리프트 앤드 쉬프트 방식을 사용하지 않아야 한다. 새로운 매체에 맞도록 처음부터 다시 설계해야 하는 것이다. 이는 곧 즐길 거리와 지식, 인맥 형성과 통제감이 적절히 혼재되도록 신경 써야 한다는 뜻이다. 대부분의 회사들이 양과 질을 혼동하는 우를 범하곤 한다. 온라인 플랫폼에 1,000명을 초대할 때 드는 비용이 대면 행사에 5명을 초대할 때 드는 비용과 같다고 해서 반드시 더 많은 사람을 불러야 하는 것은 아니다.

문제는, 지식과 즐길 거리는 많은 청중들에게 똑같이 전달될 수 있을지 몰라도 인맥 형성과 통제감은 적절한 속성을 갖추지 않는 한 큰 규모에서는 부여하기가 힘들다는 점이다. 그러므로 사람들에게 유용한 행사가 되게 하고 싶다면 청중의 규모를 그 목적에 맞추어야 한다. 특히 중요한 관계일수록 더 친밀한 모임이 되어야 한다. 그래야만 더 큰 공동체 의식이 생성되고 사람들이 만남을 통해 소속감을 느끼게 된다. 더 많은 사람들과 접촉하기 원한다면 이동 경비와 행사비에서 절약된 금액을 행사의 빈도를 늘리는 데 투입하는 편이 더 낫다.

온라인 커뮤니티 구축시
알아야 할 유형별 특징

그럼, 온라인 행사 형식의 예시들을 살펴보기 전에 온라인 커뮤니티 구축 시에 알아둘 중요한 특징 몇 가지를 알아두자. 온라인 커뮤니티에서는 최소한 3가지 이상의 기술을 활용할 수 있으며, 계속해서 새로운 기술이 생겨나고 있다. 현재는 사람들을 물색하고 모임을 조직할 수 있는 웹사이트(밋업 등) 형태의 모임 방법과 사람들이 동시에 하나의 온라인 플랫폼상에서 활동하는 실시간 커뮤니티(팀스, 구글밋, 게더타운, 줌 등), 어느 그룹에 포스팅을 하면 그에 대한 답을 며칠 또는 몇 년 뒤에 받을 수 있는 블로그형 커뮤니티(페이스북, 링크드인 등)가 있다. 내 경험과 연구는 실시간 커뮤니티 행사에서 빛을 발하지만, 여기서는 다른 두 가지의 중요성과 유용성을 한 번 짚고 넘어가기로 하자.

9·11사태 이후 많은 사람들이 느끼던 고립감을 타파하고자 스콧 하이퍼만과 그 친구들은 '사람들 간의 실제적인 연결을 통해 성장과

목표 달성을 돕고자' Meetup.com을 개설했다. 밋업에서는 뜨개질, IT, 독서, 스포츠 등 어떤 것을 좋아하든 사람들이 기존에 만들어 놓은 33만 개의 그룹 중 자신에게 맞는 그룹을 찾을 수 있다. 190개국에 걸친 밋업 그룹들이 매주 10만 개 이상의 행사에서 같은 관심사를 공유하는 모임들을 가지고 있다. 케냐 나이로비에 사는 여성이 인공지능에 대해 배우고 싶다면 무소니 와뇨이케가 만든 '나이로비 여성 기계학습 및 데이터과학 커뮤니티'에 들어가면 된다. 브롬톤이라는 영국 자전거 브랜드의 특이한 접이식 자전거를 좋아하는 뉴욕 시민은 피터가 만든 수백 명 규모의 커뮤니티에 들어가 함께 주행을 즐길 수 있다.

밋업 주최자인 댄은 1975년에 게이로서 쉽지 않은 커밍아웃을 했다. 고등학교 시절 그는 동성애 혐오자들에게 괴롭힘을 당했다. 그런 만큼 사람들은 아마도 그가 성소수자 밋업 그룹에 가장 관심이 많으리라 생각할지 모르지만, 그가 실제로 주최하는 행사는 음식 밋업이다. 비록 이 그룹이 전혀 다른 배경을 지닌 사람들로 이루어져 있지만 그는 "2년 동안 그들과 고락을 함께했고, 그로 인해 인생이 바뀌었다"고 말한다.

밋업 같은 플랫폼들은 가입 가능한 커뮤니티를 찾거나 직접 대면 및 온라인 행사를 조직할 나름의 방식을 제공한다. 하지만 여기서도 여전히 우리는 자신의 관심사를 중심으로 사람들을 불러모을 체험을 설계하는 것이 중요하다.

밋업이 실시간 상호작용을 목표로 한다면, 거의 대부분의 블로그형 커뮤니티들은 비동시적 참여 기능을 기반으로 한다. 페이스북에서 맘 커뮤니티에 가입하든 링크드인 전문 기관 또는 애완동물 전문 사이트에 가입하든 대부분의 활동은 포스팅과 댓글로 이루어진다. 자료 조사를 하면서 나는 사별이나 질병에 대해 멤버들이 공유하는 감동적인 이야기들 그리고 얼굴 한 번 못 본 사이지만 서로를 응원하는 사람들을 마주쳤다. 그중 가장 심금을 울렸던 사연은 오빠의 크리스마스를 구해 달라고 세상 사람들에게 부탁하는 2017년 SNS의 글이었다.

"저희 오빠 맥스는 스물다섯 살이지만 정신 연령은 다섯 살 정도입니다. 정신과 신체 모두에 장애가 있는 오빠가 크리스마스에 받고 싶어하는 유일한 선물은 2000년에 통카에서 나온 블루 폴리스 허머 트럭이랍니다."

그녀는 오빠가 가지고 놀 장난감이 그 트럭뿐인데 온라인 마켓에 구매 가능한 것이 남아 있지 않다고 설명했다. 이 글을 본 많은 사람들이 자기 장난감을 보내 주겠다고 했고, 심지어 장난감 제조사인 통카도 동참했다. 크리스마스 날 SNS에는 맥스가 미소 띤 얼굴로 '맥스의 허머'라는 라벨이 붙은 새 장난감 상자를 들고 찍은 사진이 올라왔다. 이 사진에는 감사 쪽지와 사람들이 따뜻한 마음으로 보내 준 트럭 더미가 함께 담겨 있었다.

3

온라인 커뮤니티를 운영할 때
고려해야 할 사항들

　당신이 오로지 대면 체험만 추구한다 하더라도 멤버들 간의 교류를 위해서든 아니면 그동안 만든 콘텐츠의 저장소로 사용하기 위해서든 멤버들이 상호작용할 수 있는 모종의 온라인 환경을 개발하고 싶어질 것이다. 나는 최고의 사례들을 샅샅이 뒤지고 연구하다 운 좋게도 팀 스퀘렐을 알게 되었다. 온라인 커뮤니티와 그 활동에 관한 연구로 박사학위를 받은 팀은 몇 가지 중요하게 고려할 사항들을 제안했다.

1) 커뮤니티의 가치관을 정의하라

인터넷 공간은 언제든지 무법천지로 변할 수 있다. 행동지침을 마련해 두지 않으면 커뮤니티가 순식간에 와해될 수 있다.

2) 적절한 플랫폼을 선택하라

당신이 커뮤니티를 구축할 때 이용하는 기술이 이후의 상호작용을 상당 부분 결정짓게 된다. 개별 커뮤니티나 그룹은 페이스북, 링크드인, 맞춤형 커뮤니티 플랫폼 또는 심지어 페이스북 메신저에서도 만들 수 있다. 그러나 트위터와 인스타그램에서는 결속력을 키우기가 불가능에 가깝다.

3) 사람들이 있는 곳으로 가라

당신이 큰 영향력을 지니고 있어서 사람들이 지속적으로 당신의 웹사이트를 방문한다는 보장이 있다면 거기에 투자할 가치가 있을지 모른다. 하지만 그런 경우는 드물다.

4) 커뮤니티의 지형을 이해하라

커뮤니티의 규모가 커지면 커질수록 중심이 되는 온라인 커뮤니티에서 얻을 수 있는 이익이 더 커진다.

5) 기존 커뮤니티 활용이 더 쉽다

나는 이 책의 상당 부분을 새로운 커뮤니티를 어떻게 시작하고 개발할지를 검토하는 데 할애했지만, 이미 존재하는 커뮤니티가 많으므로 그중에서 활발히 운영되고 있는 곳을 찾아 가입하여 활발하게 활동하는 것도 좋은 방법이다.

그런데 밋업 같은 모임 결성 기술과 SNS 같은 비동시적 플랫폼을 활용해 뜻이 맞는 사람들을 찾는 것까지는 가능하지만, 여전히 모여서 무엇을 할 것인가 하는 문제가 남는다. 코로나 팬데믹이 시작되자 대부분의 회사에서 재택근무를 시작했고 몇 주 만에 모든 행사가 화상회의 플랫폼들로 옮겨져 진행되었다. 일주일 단위로 가족들은 가족 모임을, 직장 동료들은 그들 간의 만남의 시간을, 창작자들은 공연을, 기업체들은 비대면으로 온라인 행사를 주최했다.

짐작이 가겠지만 나의 사업은 오프라인에 상당히 치우쳐 있어서 앞날이 매우 불확실했다. 그래서 나는 짧은 기간 동안에 사업 내용의 상당 부분을 새로 고안해야 했다. 온라인 살롱이 훌륭한 플랫폼이 되었지만 그것은 단지 첫걸음일 뿐이었다. 나의 다음 목표는 '마케터'라는 특수직군을 위한 독창적인 형식의 커뮤니티 개발로 정해졌다. 이 전문직종 종사자들 역시 나와 같은 문제를 겪고 있었기 때문에 나는 그들과 머리를 맞대고 지식을 공유하면서 동시에 사업도 활성화시킬 수 있기를 기대했다.

재미와 놀이의 요소로
지루함을 제거하라

나는 한 번에 게스트를 8명씩 불러 화상회의를 열었다. 게스트들에게는 입장할 때 이름을 닉네임으로 바꾸어 표시하도록 했다. 모두 다 들어오면 화면공유 기능으로 퀴즈 게임을 띄웠다. 각각의 질문은 한 명 한 명의 참가자들에 대한 것이었고, 나머지 게스트들은 각자 채팅으로 답을 선택했다. 한 예를 살펴보자.

'새라는 우리가 현재 사용 중인 가장 획기적인 제품의 개발에 기여했습니다. 다음 중 그녀가 개발한 것은 무엇일까요?'

1) Yelp(지역의 맛집, 명소 등을 검색하는 앱)

2) Shake Weight(흔들리는 아령)

3) Pet Rock(반려돌)

4) Snuggie(옷처럼 몸에 걸치는 담요)

답변이 모두 들어온 뒤 정답이 공개되고 점수가 매겨진 후 새라의 자기소개가 이어졌다. 이 게임의 목표는 온라인 행사를 어떻게 하면 역동적이고 재미있게 만들면서도 모두가 각자의 대답에 특별한 느낌을 가지게 할지 보여주는 데 있었다. 게임이 끝난 뒤 우리는 다양한 산업 분야(음악, 기술, 스포츠, 미용 등)에 걸쳐 우리가 알아야 할 점에 관해 45분간 대화를 나누었다.

이런 일련의 행사들은 참가자들을 결속시켜 주고 배움을 주었을 뿐 아니라 여러 결정적인 계약의 성사로 코로나 팬데믹 초창기의 위기 속에서도 나와 회사가 버텨 낼 수 있도록 해주었다.

그렇다면 이런 체험에서는 어떤 요소들을 찾아볼 수 있을까? 여기에는 참신함과 큐레이션 등의 기본적인 특징들이 있고 즐길 거리와 지식, 인맥 형성과 통제감도 적절히 혼재되어 있다. 웬만한 화상 회의 플랫폼에는 화면공유 기능이 있기 때문에 나는 커뮤니티를 설계하며 재미와 놀이의 요소를 더하면서 동시에 참가자 각자가 특별한 느낌을 가질 수 있도록 했다. 살롱과 별도로 우리는 온라인 행사를 1시간 가량 더 진행하는데, 이 정도의 시간은 사람들이 늦게 접속하더라도 여전히 행사에 참여할 수 있을 만큼 충분히 길면서도 사람들의 주의가 흐트러질 만큼 지나치게 길지는 않았다.

그런데 그냥 일반적인 자기소개 시간과 대화를 나누는 시간을 가져도 되지 않았을까? 물론 그 방법도 나쁘지는 않지만 나는 몇 분의 노력으로 즐길 거리의 가치를 극적으로 높였다. 다시 말해 단순히 괜찮은 것을 넘어 신나고 기억에 남는 것으로 바꾸었다. 당신도 행사를 주최할 때에는 어떻게 하면 체험에 놀이의 요소를 가미할지 고려해 보라. 재미있게 할 수 있는 게임들이 엄청나게 많고 심지어 직접 게임을 만들 수 있는 플랫폼들도 있다. 이런 게임들은 상호작용을 일으키는 데 좋으며, 특히 수백 명 또는 수천 명이 한꺼번에 모일 때는 더더욱 그렇다. 이런 게임은 사람들에게 통제감을 부여하며, 웨비나를 진행할 때에도 도움이 된다.

특정 지식을 전하는 체험을 계획하고 있다면 어떤 독보적인 정보나 식견, 전문성을 제공할지 또는 어떻게 그에 대한 이해를 도울지 생각해 보라. 불확실성이 큰 때일수록 그 가치는 더욱 커진다.

인맥 형성의 관점에서는 그룹을 나누거나 모두가 참여할 수 있을 만큼 친밀한 행사를 여는 것이 좋다. 마케터들과 가졌던 행사에서는 다들 서로 다른 업계 출신이어서 허심탄회하게 이야기를 나눌 수 있었다. 같은 방에 경쟁자가 있으면 마음 놓고 이야기를 하기가 어렵다. 참가자들은 마음속 이야기를 편하게 나누고 조언을 얻으며 서로를 응원할 수 있어야 한다. 그리고 소그룹 활동시간을 가질 때에는 과제나 즉석 메시지를 사교의 촉매제로 활용하면 좋다.

온라인 행사 관련
다양한 사례

온라인 행사는 향후 몇 년간 계속해서 발전되어 나가겠지만, 현 시점에서 내가 굉장히 효과적이라고 생각하는, 그리고 이메일을 확인하는 것보다 훨씬 더 재미있는 몇 가지 형식들을 여기에 소개하겠다.

1) 한 사람을 위한 연극 Theater for One
이름에서 알 수 있듯이 여기에 참여하는 사람은 일대일 연극 관람 체험을 하게 된다. 본래는 대면 체험으로 유명했지만 온라인 형식으로 무리 없이 전환되었다. 먼저 로그인을 하고 차례가 돌아올 때까지는 대기공간에서 익명으로 다른 사람들과 채팅을 즐긴다. 자기 차례가 되면 실시간 화상회의 방으로 옮겨진다. 이후 한 배우가 등장해 몇 분 동안 아름답고 감명 깊은 스토리를 연기하며 참가자와 교감을 나눈다. 총 체험시간은 20분 미만이다. 참으로 기발한 교감형 예술 표현방식이다.

2) 애스트로노미컬 Astronomical
내가 본 양방향 엔터테인먼트 체험 중 최고로 꼽을 수 있는 것은 힙합 가수 트래비스 스콧과 온라인 게임 포트나이트 간의 제휴로 이루어진 '애스트로노미컬'이라는 이름의 온라인 공연이다. 포트나이트는 이미 수백만 유저들이 100명 단위의 그룹으로 온라인에서 소통할 수 있도록 하는 기능을 갖추고 있었기 때문에 이 환경을 활용해 유저들이 트래비스의 콘서트에 완전히 몰입할 수 있도록 했다. 놀라운 특수효과와 환경의 변화 덕분에 포트나이트 유저들은 무대 앞에서 춤을 추고 우주를 유영하는가 하면 수중에서 헤엄도 칠 수 있었다.

수백만 유저들이 모여있는 포트나이트에서 트래비스 스콧은 5회에 걸쳐 온라인 공연 Astronomical을 진행했다.

3) 방탈출 게임 Escape Room

집에서 혼자 컴퓨터 앞에 앉아 방탈출 게임이나 하고 있는 모습이 썩 흥미진진해 보이지 않겠지만, 펜실베이니아주 피터스 타운십 공공도서관이 영화 〈해리 포터〉를 테마로 만든 온라인 방탈출 게임은 재미있기로 입소문이 났다. 방법은 아주 단순했다. 그들은 객관식 문제를 낼 수 있는 구글 폼을 활용해 사람들에게 수수께끼를 냈다. 사람들이 옳은 답을 선택하면 방을 탈출할 수 있는 단서가 하나씩 나왔다. 모든 문항이 해리 포터와 관련된 것으로 굉장히 재미있었다. 이 게임은 무료로 이용할 수 있어 원하는 사람 누구에게나 링크를 보낼 수 있다. 이런 식의 방탈출 게임이나 수수께끼 풀이는 입장을 유도하는 훌륭한 도전 과제가 될 수 있다. 문제를 푸는 사람은 행사 참여 링크를 받거나 소정의 상품 또는 지위를 얻게 된다.

　당신이 기업문화를 조성하려 하는 사람이든, 사업 또는 대의 기반의 커뮤니티를 만들어 키우려는 사람이든, 이상적인 소셜 커뮤니티를 키우려는 사람이든, 이제 우리에게 영향을 미치는 것이 무엇인지 완전히 이해했을 것이다. 또 어떻게 신뢰를 구축하고 인맥을 형성하며 공동체 의식을 기르는지도 익혔을 것이다. 내가 이 책에서 이 모든 내용을 공유한 목적은 궁극적으로 당신과 그 조직을 지원하여 발전을 돕고 효율적으로 더 큰 영향력을 행사할 수 있도록 하기 위함이다. 적용 대상은 고객들과의 일대일 만남이 될 수도 있고, 소그룹 사교 모임 또는 사업이나 대의를 위한 대규모 행사가 될 수도 있다. 지금까지 이 책에서 설명한 접근법을 사용하면 친구나 고객, 지인들과 깊고 유의미한 관계를 맺는 과정이 한층 즐거워질 뿐 아니라 당신이 추구하는 가치와 관심사와도 더욱 일치가 될 것이다.

　이제 다음 단계는 당신이 실제로 시험해 보는 것이다. 관계를 맺고 싶은 사람들을 모으는 과정을 즐기고, 거기서부터 계속 범위를 확장해 나가라. 부족한 부분을 개선하면서 공동체를 키워 갈수록 더욱더 자신감이 생기고 더 큰 영향력 있는 사람들과 인연을 맺게 되며 놀라운 성과를 얻게 될 것이다. 나는 항상 당신을 응원한다.